云南省高等教育学会档案工作分会　编

# 高校档案管理探索

College archives Management Exploration

主　编　王晓珠　袁　洪
副主编　王红光　张晓娴
周　荣　秦　侠
雷文彬

云南大学出版社
YUNNAN UNIVERSITY PRESS

图书在版编目（CIP）数据

高校档案管理探索 / 王晓珠，袁洪主编. —昆明：云南大学出版社，2011
ISBN 978-7-5482-0548-7

Ⅰ. ①高… Ⅱ. ①王… ②袁… Ⅲ. ①高等学校—档案管理—文集 Ⅳ. ①G647. 24-53

中国版本图书馆CIP数据核字（2011）第159142号

# 高校档案管理探索

College archives Management Exploration

王晓珠　袁 洪　主编

责任编辑：周永坤　毛　雪
装帧设计：周　旸
出版发行：云南大学出版社
印　　装：昆明市五华区教育委员会印刷厂
开　　本：787mm × 1092mm　1/16
印　　张：18
字　　数：323千
版　　次：2011年8月第1版
印　　次：2011年8月第1次印刷
书　　号：ISBN 978-7-5482-0548-7
定　　价：40.00元

地址：云南省昆明市翠湖北路2号云南大学英华园内
电话：0871-5033244　　网址：http://www.ynup.com
邮编：650091　　E-mail：market@ynup.com

2007年5月29—30日，由分会承办的全国高校《高等学校档案管理办法》修订工作暨档案馆爱国主义教育基地建设专题研讨会在云南大学召开。

教育部办公厅副主任安钰峰、档案处处长蔺海波、云南省教育厅副厅长郝立新、云南大学副校长肖宪、云南省档案局副局长张芸出席研讨会。

2010年12月19—22日，分会第七届理事会换届选举暨2010年年会在西双版纳景洪市召开。

西双版纳州副州长兼西双版纳职业技术学院党委书记唐家华在大会上讲话，第六届理事会理事长刘钢、秘书长王晓珠，第七届理事会理事长黄强、秘书长袁洪在主席台上就座。

大会合影。

2008年4月12日，分会年会在大理洱源召开。

秘书长王晓珠在洱源会议上讲话。

大会合影。

分会部分会员参观合影。

2007年3月29日，分会年会在文山州广南县召开。理事长孙云宾在会上讲话，广南县副县长陈文出席会议。

# 序　言

近日，云南省高等教育学会档案工作分会的同志把即将出版的《高校档案管理探索》书稿交我审阅并索序于我，有幸先一步阅读本书的各篇文章。作为一名教育工作管理者，我深深知道，一代代高校档案工作者以维护高等教育发展历史真实面貌为己任，为云南的高等教育发展作出了非常重要而又默默无闻的贡献。今天，我更为欣喜地看到，为使高校档案工作更好地服务学校管理、服务社会和服务师生，高校档案工作者们在兢兢业业做好本职工作的同时，还从理论与实践相结合的角度，积极进行档案管理的学术探索。在此，对于一代代高校档案工作者对云南高等教育发展所作出的贡献，我表示由衷的感谢！

“以铜为鉴，可以正衣冠；以人为鉴，可以明得失；以史为鉴，可以知兴替”。档案是人类社会各项实践活动的真实记录，是人类文明发展的重要见证，是社会的宝贵财富和人类重要的历史文化遗产。有了档案，人类就找到了反观历史的一面镜子。通过档案的利用，我们不但能够更好地了解过去，也可以更好地把握现在、规划未来。高校档案是广大教职员工在长期从事教学、科研、管理等活动中形成的具有保存价值的文字、图表、音像等不同形式的材料。高校档案不仅直接记录了一所高校发展的历史进程，也客观反映了一个地区乃至一个国家高等教育的发展进程。做好高校档案工作，对推动高等教育的改革与发展具有重要的意义。

云南地处祖国西南边陲，但近代云南高等教育的发展成就并不逊色于其他省份。早在民国初期，云南一批学子就远渡重洋，求学于日本、欧美各国寻求救国强国之路。自1922年12月，时任云南省都督的唐继尧出资号召创办私立东陆大学开始，云南就成为我国西南地区较早建立高等教育的省份。其间虽逢战乱，然高等教育之薪火相传却未曾中断。时至今日，云南的高等教育取得了蓬勃的发展，形成了较为完备的高等教育体系。

随着高等教育的改革与发展，我省各高校积累了大量的档案信息资源，这些档案资源不仅是各高校的宝贵历史财富，也是云南省各个时期高等教育发展的真实历史记录。为了加强高校档案管理工作，发挥高校档案服务教学和科研、服务师生、服务社会的作用，在省教育厅的大力支持下，高校档案界于1988年5月成立了云南省高等教育学会档案工作分会，由各高校的专职档案人员组成。分会组织召开工作协作会议，发布工作信息，开展高校档案管理的检查评估和业务培训、学术交流等活动，为全省高校档案工作者提供了一个相互交流、了解、促进的平台。

服务高等教育的改革与发展是高校档案工作的中心任务，在新形势下，怎样才能加强高校档案管理，使档案资源更好地发挥其功能和作用，有很多值得研究和探索的东西。而《高校档案管理探索》，就是我省高校档案工作者以档案工作分会为交流平台，结合自身工作实际，从各个角度对创新高校档案管理的机制、理论、方法、手段等进行广泛探索和研究的结晶。这里面既有工作经验的总结，也有新方法、新理论的探索。这是作者们一次成功的学术探索之旅，展示给广大读者的是很有价值的研究成果。真诚的希望这本书能够早日出版，让更多的人分享；并希望我省广大高校档案工作者以此为起点，在怎样加强高校档案管理、服务高等教育发展的问题上开展更加深入的研究，拿出更多的学术成果，在平凡的工作岗位上做出更大的工作成绩。

是为序。

罗崇敏

2011.5.9

# 目 录

## 档案管理研究

## 档案队伍建设



## 档案信息化建设



## 档案信息资源开发

## 专业档案管理

# 档案管理研究

# 浅谈高校档案管理工作

西南林业大学　苏文杰*

**摘　要：** 随着高校的发展，高校档案管理工作的地位和作用日益加强，但目前高校档案管理中仍存在一些普遍的问题。本文拟针对高校档案管理工作中存在的问题进行分析，提出做好高校档案管理工作要建立健全档案管理制度、提高档案队伍素质、保证资金投入、加强档案意识和最大限度地提高利用效率等途径。

**关键词：** 高校　档案　管理工作

高校档案管理工作是高校工作的重要组成部分，随着高等教育事业的发展，高校档案管理工作也有了长足的进步，高校档案及档案管理工作为高校的教育、教学、科研质量的不断提高。为高校管理水平的日益进步提供了有力的保证。但随着形势的发展，高校档案管理工作在许多方面还需要进一步地改进和完善。

## 一、高校档案管理工作的现状和问题

近几年来，高校档案管理工作开始逐步进入信息化、规范化管理的轨道。但从整体情况看，存在一些共性问题，如：部分领导和教职员工档案意识不强，对档案管理工作的重视程度不够，档案管理制度不健全，档案工作者整体素质不高等。除此之外，还有一些问题值得我们注意。

### （一）档案资源建设难度大，难以保证档案质量

高校档案管理均实行部门立卷制度，由文件材料的形成部门将文件材料整理立卷后归档。在此过程中，有的部门分管领导对档案工作不重视，导致一般工作人员对档案管理工作采取消极态度，对于办理完毕的文件不及时分类保存，随意丢放，等到需要归档的时候又出现找不到材料的情况，造成归档不及时、不完整或材料长期积压；有的工作人员为了自己使用方便，将应

---

* 作者简介：苏文杰，女，西南林业大学综合档案室副主任，从事高校档案管理工作。

归档的文件自己收藏，使部门立卷人无从收集；还有部分兼职档案人员，以自身本职工作较重为由，拖延归档时间。高校档案部门面对以上情况，只能对未归档部门再三催促，一些部门为了交差了事，就只是草草收集部分文件材料，或者不对文件材料的质量进行鉴定就上交给高校档案部门，造成归档不完整或者档案质量参差不齐的情况。

另外，不少高校档案库藏门类不全，内容单一。主要以党政、教学、财会和科研内容的档案为主，载体形式仅仅是纸质档案，其他载体的档案例如照片档案、声像档案、实物档案等则数量有限，特色档案寥寥无几。这就使档案的利用面变得非常狭窄，不能满足各个层次档案利用主体的需求。

（二）经费投入普遍不足，工作环境亟待改善

少数高校至今未按照《高等学校档案管理办法》的规定，实现档案工作经费单列，尤其是一些未独立建馆的高校，档案经费往往从所属的校办公室或者党委办公室的经费中列支，一定程度上造成档案工作无钱可用的局面。其次，一些高校档案馆（室）库房狭窄简陋，可用面积小，“八防”设施也未能到位，不符合档案存储条件；一些档案馆（室）办公条件较差，库房、办公室和阅览室未实现三分开，常常是档案整理、查阅与办公共用一间办公室；档案信息化及档案保护设备配置不全，导致档案信息化工作不能正常开展，或是珍贵的档案材料得不到适当的保护。另外，针对档案管理工作人员的劳动保护也不到位，对档案管理工作人员的身心健康产生了一定的不良影响。

（三）开发档案信息资源乏力，档案学术研究成果少

高校档案馆（室）虽然每天都从事档案管理工作，但很难见到档案编研成果。档案理论研究成果及档案史料研究成果的数量与我国高校档案人员数量相比显得过少，档案工作者没有较好地利用高校的库存档案来进行编研和信息开发。这除了档案人员个人素质和对档案及档案管理工作的认识不够外，与馆（室）领导缺乏为学校中心工作服务的意识也有较大的关系。

（四）档案利用主体有限，档案价值发挥效力范围窄

长期以来，高校档案管理工作中的利用环节主要是为高校各级领导决策、为机关各部门工作参考服务，而为教学和科研服务则相对较少，这与高校以教学和科研工作为主的主旨相悖。目前高校档案的利用主体主要是学校的教职员工、在校学生和已毕业的学生三类，在提供利用的过程中，由于受到某些陈旧观念和档案制度的规定与制约，一些档案利用主体的正当利用要求无法得到充分满足，或者需要办理大量复杂烦琐的手续才能得以实现，使档案利用主体有所流失，从而影响了档案的利用效率，使得高校档案不能在

大范围中发挥其价值。

## 二、做好高校档案管理工作的对策

以上档案管理工作中出现的问题，主要体现在外部环境、人员素质和档案业务本身等方面，我们只有从这些方面着手，抓住问题的重点，才能解决问题，使高校的档案管理工作又快又好地发展。

### （一）建立健全规章制度，为档案工作提供制度保障

一是要建立健全档案工作制度。要依据《档案法》、《高等学校档案管理办法》和《高等学校档案实体分类法》等法规制度，结合各高校工作实际制订内部使用的各项档案工作制度和办法，用以规范档案工作。二是要确保齐全完整地收集归档材料。在这个方面，建立一支由专（兼）职档案工作人员组成、职责明确、联系密切的档案工作队伍，是做好档案资源建设工作的有效途径。同时，高校档案馆（室）应密切配合校内相关部门，主动了解高校内部各项事务，积极参与学校科研成果鉴定、基建项目竣工、设备开箱验收等重大活动，在对学校主要职能活动有所了解的前提下，才能判定文件材料收集是否齐全，才能对文件材料的价值进行准确的鉴定。三是档案管理工作要科学合理。要按照工作制度规范对档案进行分类、著录、编目和标引，实现档案管理工作标准化，为档案信息资源建设和开发打好基础。

### （二）提高档案队伍素质，保证档案工作顺利开展

建立一支结构合理、业务精通的档案工作队伍是做好高校档案管理工作的重要保证。首先，档案工作人员要有很高的政治素质，必须具有坚定、正确的政治方向，才能保证高校档案管理工作向正确的方向发展。其次，档案工作人员要有很高的综合素质。高校档案管理信息化、现代化建设的任务要求档案工作者的知识面不仅局限于档案工作本身，更要掌握一定深度和广度的其他知识，具备完成档案管理工作的能力和促进档案事业不断发展的良好业务素质。各高校应在引进人才的时候就着重发掘这类人才。再次，对于在职的档案工作人员要通过定期的业务培训和学习等继续教育的机会，不断强化档案管理工作的专业知识，学习新的技术，从而提高档案管理工作人员的业务水平和工作能力。另外，档案管理工作连续性强，许多工作需要档案人员较长时间的学习、积累经验，才能逐渐适应和逐步完善，因此，必须保证档案工作人员的岗位稳定性，积极解决他们的实际问题，使其能够在这个岗位上安心工作。

### （三）保证资金投入，积极保护档案资源

根据《高等学校档案管理办法》的规定，高校档案工作经费应单独立

项，列入学校预算，统筹解决。足够的资金投入是保证各项工作顺利进行的前提和条件，没有足够的投入，档案工作从文件的收集、整理、抢救到文件的保管、查询，就无从开展。特别是随着信息化和现代化的发展，档案管理的手段发生了巨大变化，现代化的管理方法需要相应的设备来配合。硬件投入跟不上，就难以实现档案管理水平的提升，也难以适应档案管理工作发展的需求。除此之外，高校档案部门还应重视运用现有的技术手段，保护和抢救珍贵档案，最大限度地延长档案的寿命。

（四）加大档案资源建设力度，健全各门类档案

第一，各高校要制发规范的制文、行文和办文程序规则，从档案产生的源头把好文件质量关。高校档案馆（室）在收集整理档案的过程中，要认真鉴定进馆档案，同时对库藏到期档案及时进行鉴定，优化库藏档案结构。第二，各高校要坚持文件材料形成部门立卷整理制度，高校档案馆（室）要经常到各部门与兼职档案人员进行工作交流学习，帮助解决文件收集、整理工作中出现的问题，扭转基层部门文件材料收集难的局面。第三，各高校档案馆（室）在对文件材料进行收集的过程中，不仅要注意收集纸质文件，也要注意收集其他载体的材料，同时针对各校的特点，形成特色档案、专题档案等，健全档案门类，为提供利用打好基础。

（五）开发档案信息资源，提高档案利用效率

高校档案馆（室）要主动出击，强化自身的服务功能，努力开发并充分发挥档案的各种功能。我们可以紧紧围绕学校和社会的改革与建设需要，开展档案史料应用研究，出论文、出专著；也可以围绕学校中心工作和中短期规划，进行档案史料汇编，并借助于网络等媒体和传播手段，为学校和社会提供基础性、综合性、系统性的信息服务；还可以结合学校和社会的重大庆祝、纪念活动，举办各种各样的展览会等。

日常业务工作方面，高校档案馆（室）一要主动及时地提供档案信息资料，认真细致地搞好档案的编目和必要的档案检索工具，完善检索体系，实现多渠道、多层次检索；二要积极开展档案资料的编研工作，通过编写档案全宗介绍、组织机构沿革、大事记等资料，把零散档案加工成系统知识，提高档案信息的系统性；三要高度重视计算机信息技术在档案管理中的应用，逐步建立完善的档案信息库；四要在制度许可的情况下，尽量简化办事手续，为利用主体提供便捷的服务，最大限度地提高档案的利用率。

（六）主动参与配合学校中心工作，提高档案工作在学校各项工作中的地位

高校的工作重心是教学和科研，档案人员要摆正位置，调整思路，变被动为主动，从多种途径争取为教学、科研和管理服务。例如，本科教学水平

评估中，提供给评估专家的很多材料都是档案，同时，在评估的过程中也会产生相当一部分有价值的文件材料，高校档案馆（室）必须做好档案材料的提供和收集整理工作，并形成相应的收集制度或根据教学评估的特点形成特色档案或专题档案，为学校领导决策和管理提供参考。

（七）加强宣传，多途径强化档案意识

首先要强化学校领导的档案意识和对档案管理工作的重视程度。高校档案工作部门要充分发挥档案和档案工作的价值，使高校领导认识到档案工作的重要性，将档案工作列入议事日程，实实在在地帮助解决档案工作中存在的问题和困难。其次要强化师生员工的档案意识。广大师生员工是高校档案的直接形成者，也是高校档案利用最多的人群，他们的档案意识是保证学校档案完整和提高档案利用效率的基础。高校档案部门应充分利用校报、广播、校园网等媒介和形式，加强宣传教育，提高大家对档案和档案工作的认识，形成人人关心档案、人人支持档案工作的良好氛围。再次要强化档案工作者的档案意识。增强档案工作者的档案意识是增强广大师生员工档案意识的前提。档案工作者应通过加强学习、参加培训等方式努力提高自身的档案意识，改变传统工作方式，增强开拓服务意识，积极开发档案信息资源，为学校各项工作服务。

**参考文献：**

[1] 苏小妹．试论高校档案管理工作存在的问题及对策［J］．秘书之友，2007，(8)．

[2] 马爱芝．加强我校档案管理的思考［J］．内蒙古农业大学学报，2007，(3)．

[3] 肖少芬．高校档案收集工作若干问题的思考［J］．广东技术师范学院学报，2007，(5)．

[4] 程玉香．关于高校档案工作发展的探讨［J］．山西农业大学学报，2007，(3)．

[5] 刘梅．高校档案利用现状分析及其发展建议［J］．兰台世界，2007，(7)．

[6] 秦建华．高校档案管理工作探讨［J］．机电兵船档案，2007，(5)．

# 高校档案工作以创新为灵魂

云南广播电视大学　赵永珍*

**摘　要：**随着高校的改革发展，办公自动化、网络化的实现，传统的档案管理方式已不能适应新的形势，档案工作只有实事求是、与时俱进、开拓创新，才能满足学校发展的要求。

**关键词：**高校　档案工作　创新

一切事物都在发展变化中，没有变化，发展也就无从谈起。现代社会决不会停滞不前，而是发生了日新月异的变化，各种高科技的运用已影响了社会生活的方方面面。毫无疑问，为了适应不断发展的社会，高校档案工作出于自身发展的需要，应该也必须不断创新，方能永远保持勃勃生机，正是处于这样一个认识的角度，提出了高校档案工作以创新为灵魂的观点。

江泽民同志在党的“十六大”报告中指出：“创新是一个民族进步的灵魂，是国家兴旺发达的不竭动力”，“创新就要不断解放思想，实事求是，与时俱进”。云南省档案工作实践“三个代表”重要思想，提出了“依法治档、科技兴档、强化服务、发挥效益”十六字工作思路。新的形势对档案工作提出了“在工作上要创新，在创新中求发展”的更高要求，如何做好自己的工作，不断创新，在激烈的竞争和发展环境中确立自己的位置，更好地为学校服务，这是我们档案工作者当前必须研究探讨的问题。积极探索新形势下做好档案工作的新思路和新方法，是我们每个档案工作者应尽的责任。

## 一、观念创新是决定性的创新

人们常说“四个现代化，关键是观念现代化”；“改革、改革，首先是观念改革”。经过多年的努力，高校档案工作取得了巨大的成就，但档案工作的继续与发展，仍然取决于人们观念上的不断创新，没有创新，档案工作也就失去了生命力。

---

* 作者简介：赵永珍，女，云南广播电视大学档案室副研究馆员，从事学校档案管理工作。

高校档案工作如何在观念上创新，是一个较大的课题，但完全可以集中到一点，那就是档案工作一定要顺应历史发展、学校发展的潮流，要分析新情况、预见新形势、解决新问题，我们的观念就能不断创新，并进而推动档案工作的发展，否则，观念滞后、保守将势必造成被动、不利局面。

（一）档案理论要创新

理论创新是观念创新的先导。江泽民同志在“十六大”报告中指出：“坚持教育创新，深化教育改革，提高教育质量和管理水平。”档案部门应以马列主义、毛泽东思想、邓小平理论、江泽民同志的“三个代表”重要思想为指导，面临新形势、新问题，我们必须打破原来的思维方式，大胆实践，并不断总结实践的新经验，借鉴人们的有益成果，在理论上不断扩展自己的视野，丰富自己的知识，只有这样，我们才能不断推动档案工作的发展。使我们的思想随着实践的发展而发展。理论创新只有紧跟时代，联系实际，才能保持它的生机活力。

（二）工作思路要创新

档案工作要创新，就必须解放思想、更新观念。过去，档案工作者习惯于传统思想、陈旧观念，框框套套、照抄照搬的传统管理方式从事档案工作，档案工作创新意识不强，严重地制约着我校档案事业的发展。在新的形势下，档案工作者只有坚持改革创新、与时俱进，进一步解放思想、转变观念，用新的思维方式思考，不断提高认识，认清形势，明确任务。抓住机遇，增强责任感和紧迫感，改进工作方法，完善管理手段，不断提高工作水平，走出自我封闭的思维模式，树立竞争意识，并在竞争中实现知识更新，把经验与知识、务实与创新有机结合起来，真正实现工作思路的创新。

（三）知识要创新

在信息时代的大背景下，档案工作不再是手工整理、装订、抄写、编目等简单劳动，丰富的专业知识、计算机操作技术及先进的管理手段是档案人员必须具备的素质，也是衡量档案管理水平的基本标准。目前，我校各项工作都要步入网络化管理，全院逐步实现文档一体化管理，档案工作者应适应学校发展的要求，更新观念，更新工作方法，认真学习新知识、掌握新技术，解放思想、转变观念。不仅要努力学习专业知识，而且要学会并熟练掌握计算机操作，还要对数据库、网络和文件信息等有一定的认识，调整知识结构并不断实现知识的更新，积极迎接时代的挑战，不断提高业务素质，真正实现知识的创新。

## 二、制度创新是档案工作的关键

江泽民同志在为2000年6月30日出版的美国《科学》杂志撰写的社论

中肯定："中国将致力于建设国家创新体系，通过营造良好的环境，推进知识创新、技术创新和体制创新，提高全社会创新意识和国家创新能力，这是中国实现跨世纪发展的必经之路。"江泽民同志一口气说了六个"创新"，回顾中国这半个世纪走过的路，进而纵观国人五百年来留下的足迹，江泽民同志的六个创新里，关键的关键是体制创新。体制创新就是制度创新，这无疑为中国在新时期的发展指明了方向。档案工作作为一项社会分工，它的发展理应遵循这个大方向。

随着我国"依法治国、建设法治国家"的基本国策的确立，云南省档案局提出了"依法治档、科技兴档、强化服务、发挥效益"的发展思路，同样我们高校档案工作也要步入依法治档的正确轨道。这就要求我们依照党和国家的法律法规及有关规定，结合本校实际，建立健全档案管理的规章制度，同时，认真修改、补充完善档案业务规范，只有建立健全一套适应时代要求和适应学校发展要求的档案管理规章制度，以制度的有效执行来确保档案的完整、安全保管和有效利用。全面实现档案管理制度创新，增强制度约束力，从而大大提高高校档案的工作效益，为学校的发展和社会的发展做好服务工作。

## 三、管理手段创新是提高效率的保证

江泽民同志指出："四个现代化，哪一化也离不开信息化。"档案管理手段的创新，主要应立足于这样一个观点，就是充分发挥人的主观能动性，有效利用现代科学技术及成果，在方法上创新，切实提高工作效率。随着高校办公自动化、信息化的发展，把档案工作也带进了自动化、信息化、网络化的新阶段，档案工作者对档案管理现代化建设的认识应有所重视、有所深化。随着网络技术、信息技术的发展，记载档案消息的方式将走向多媒体化，电子文件、电子档案收管用全程信息化管理将进入档案管理领域。与之相应的档案收集、整理、鉴定、统计、分类、保管、利用等档案消息服务技术也将实现现代化。网络化、数字化档案管理是发展的新趋势。档案的网络化、数字化能充分发挥档案部门的职能，及时、高效、准确地为利用者服务。利用者可以不受时间、地点的局限，随时、随地实现档案的查阅。它的运用改变了以往档案消息存储、加工、管理、利用的传统方式，借助网络技术和高性能计算机等实现信息的有效利用，发挥其增值作用。因此，高校档案部门应根据学校发展目标，加快档案管理现代化建设步伐，逐步实现应用计算机处理档案业务和网上查询，努力提高办公自动化水平，力争尽快实现信息数字化管理。同时，改善学校档案管理设施，增加档案管理设备和管理手段的技术含量，提升档案利用工作的科技含量。档案室要大力推进管理技术的创新，并积极推广档案管理先进技术，实现科技兴档，带动各部门档案管理工作逐步走向现代化，做到“科技服务档案，档案服务学校”。

## 四、服务创新是档案工作的活力所在

按照江泽民同志“三个代表”重要思想的要求，代表人民根本利益是我们党的一切工作的出发点和归宿。高校档案工作为社会和学校服务，是档案工作的根本任务和永恒主题。没有服务，档案就失去其应有的价值。随着学校信息化的发展和进步，以数字化、信息化手段提供优质高效的档案消息服务已经成为我们档案工作的方向和重点。这就要求我们牢固树立服务意识，更新观念，改进服务方式，增强应变能力，提高服务的及时性、有效性，不断拓宽服务领域，强化服务功能，在服务中实现自身价值，实现档案服务的创新。为此，档案部门应从以下几方面做好工作。

### （一）树立服务第一的观点

档案工作要体现学校的根本利益，就是从学校的一切利益出发。这就要求我们在每个工作环节都要以服务为宗旨，按照“三个代表”的思想要求，在提高服务质量和效益上多想办法，改变以往重管理、轻服务的管理模式。同时，为学校发展服务的重要基础是拥有丰富的馆藏，只有做好这项基础工作才能满足学校的需要。这就要求我们提高认识，打破以往接收档案范围的约束，采取积极措施，强化档案的收集工作，进一步调整和完善馆藏结构，丰富馆藏。

### （二）坚持主动、优质服务的原则

端正服务态度，克服“坐等上门”的陈旧观念，在服务上进行改革、改进和提高。充分利用计算机、缩微、磁盘、光盘等方式储存档案信息，进一步办好档案信息网站，通过网络信息的快速传送，达到信息共享，提高服务质量和效益，从根本上改变服务。

### （三）实现档案的综合性服务

改变过去档案服务单一和简单的方式，简化实体管理，加强信息管理，提供网络化服务。把工作重点从档案实体管理转移到档案服务管理上来，创造新的服务手段和服务方式。本着“着眼未来、立足当前”的原则，结合馆藏实际积极组织编写各种档案史料汇编和各种档案参考数据，并且适时推出新的服务项目、内容，为当前学校领导决策和各部门对档案的多种需要，运用多种利用方式和多层次地提供利用。

总之，档案部门只有紧跟时代步伐，不断改革创新，以创新为档案工作发展的灵魂，加强依法治档，实施科技兴档，强化服务，转变服务机制，充分发挥档案的效益，逐步探索适应社会和学校发展的现代化技术管理档案的路子。这样，档案部门才能在为社会和学校服务中找准自己的位置，永远充满生机和活力。

# 《高等学校档案管理办法》解读

云南大学　毕学军*

**摘　要**：2008 年 9 月 1 日开始实施的《高等学校档案管理办法》是指导新时期新阶段高校档案工作科学发展的法规性文献。本文在学习的基础上，对此进行解读，以期抛砖引玉。

**关键词**：高等学校　档案管理　办法　解读

2008 年 8 月 20 日，教育部部长周济、国家档案局局长杨冬权联合签署中华人民共和国教育部 27 号令，即《高等学校档案管理办法》，并明确规定《高等学校档案管理办法》自 2008 年 9 月 1 日起施行。《高等学校档案管理办法》分为总则、机构设置与人员配备、档案管理、档案的利用与公布、条件保障、奖励与处罚、附则七章，共四十三条。

第一章“总则”共五条，包括新法制定目的、高校档案定义、高校档案工作地位和领导体制以及校长的档案工作职责等。办法有以下特点：（1）对高校档案的定义，增列了“招生”，强调出“学生”这个主体，教育以学生为本，学生以学习为本，学生类档案对学生具有重要的查考价值，高等学校档案机构应该为学生服务，这是《高等学校档案管理办法》以人为本，面向学生开展服务的重要体现。（2）明确了高校档案工作的领导关系和业务指导关系，规定“国务院教育行政部门主管全国高校档案工作。省、自治区、直辖市人民政府教育行政部门主管本行政区域内高校档案工作”，“国家档案行政部门和省、自治区、直辖市人民政府档案行政部门在职责范围内负责对高校档案工作的业务指导、监督和检查”。明确了高校档案工作的领导关系和业务指导关系，领导体制层次清晰、责任明确、操作性强。（3）规定：“高校档案工作由高等学校校长领导”，“分管档案工作的校领导协助校长负责档案工作”，同时规定了高等学校校长在领导档案工作中的主要职责是：“（一）贯彻执行国家关于档案管理的法律法规和方针政策，批准学校档案工作规章制度；（二）将档案工作纳入学校整体发展规划，促进档案信息化

* 作者简介：毕学军，女，云南大学档案馆副研究馆员，长期从事学校档案管理工作。

建设与学校其他工作同步发展；（三）建立健全与办学规模相适应的高校档案机构，落实人员编制、档案库房、发展档案事业所需设备以及经费；（四）研究决定高校档案工作中的重要奖惩和其他重大问题。”这既明确了高等学校校长是高校档案工作的第一责任人，又照顾到高校档案工作中存在的由分管校长领导的实际，强化了学校主要领导在高校档案工作中的责任。

第二章“机构设置与人员配备”共八条。内容包括高校档案机构设置、性质和管理职责，高校档案机构负责人和档案工作人员的职责、任职条件以及待遇等。办法有以下特点：（1）高校档案馆设置为高校自主行为，取消了高校设立档案馆报批制度。只要符合条件“建校历史在50年以上”，“全日制在校生规模在1万人以上”，“集中保管的档案、资料在3万卷（长度300延长米）以上”即可自主设置档案馆。（2）增设“有条件的高校档案机构，可以申请创设爱国主义教育基地”，开创了高校档案工作服务的新领域，拓宽了档案工作服务的辐射面。（3）关于档案机构的人员配备，明确规定，档案工作人员不仅要“具备档案业务知识”，还要具备“相应的科学文化知识以及现代化管理技能”，“高校档案机构中的专职档案工作人员，实行专业技术职务聘任制或者职员职级制，享受学校教学、科研和管理人员同等待遇”。（4）对高校档案机构负责人要求应“热心档案事业，具有高级专业技术职务任职经历”，“有组织管理能力，具有开拓创新意识和精神”，同时要“年富力强，身体健康”，突出了人才兴档、人才强馆的理念。（5）针对档案工作特殊的工作环境，规定“高等学校对长期接触有毒有害物质的档案工作人员，应当按照法律法规的有关规定采取有效的防护措施防止职业中毒事故的发生，保障其依法享有工伤社会保险待遇以及其他有关待遇，并可以按照有关规定予以补助”，体现了对高校档案工作者的人文关怀。（6）对档案信息化工作，增加了“组织实施档案信息化建设和电子文件归档工作”。档案信息是高校档案的灵魂，高校档案部门应努力做好馆藏档案数字化、档案信息资源开发、档案网站和数字档案馆建设等档案信息化建设。

第三章“档案管理”共十三条。办法有以下特点：（1）在归档要求中，把工作重点放在“建立、健全档案工作的检查、考核与评估制度，定期布置、检查、总结、验收档案工作，明确岗位职责，强化责任意识，提高学校档案管理水平”。（2）规定“高等学校应当对纸质档案材料与电子档案材料同步归档”，彰显了档案工作与时俱进的精神。（3）充实完善了文件材料归档范围，增加了“学生类”档案，对“仪器设备类”档案规定，仪器设备价值10万元的应该归档。（4）由于档案的不可再生性，档案的鉴定和销毁一直是一件必须严肃对待的事情。办法规定“对保管期限已满、已失去保存价值的档案，经有关部门鉴定并登记造册报校长批准后，予以销毁”，对档案鉴定和销毁采取了更为慎重的态度。(5) 对于归档时间，规定“科研类档案应当在项目完成后两个月内归档，基建类档案应当在项目完成后三个月内归档”，表达更准确。目前，高校在建的基建项目都比较大，投入的资金多、涉及的部门多、产生的材料繁杂，归档时间适当放宽有利于归档部门高质量地完成归档工作。(6) 明确了高校档案机构的业务职责，即“高校档案机构应当对档案进行整理、分类、鉴定和编号”。“确定档案材料的保管期限”、“对保管期限已满、已失去保存价值的档案，经有关部门鉴定并登记造册报校长批准后，予以销毁”、“采用先进的档案保护技术，防止档案的破损、褪色、霉变和散失。对已经破损或者字迹褪色的档案，应当及时修复或者复制。对重要的档案和破损、褪色修复的档案应当及时数字化，加工成电子档案保管”。(7) 关于高校与其他单位分工协作完成项目，规定“高校档案机构应当至少保存一整套档案。协作单位除保存与自己承担任务有关的档案正本外，应当将复制件送交高校档案机构保存”。这就保证了高校档案的完整及将来的利用。(8) 对于高校档案机构征集与学校有关的各种档案史料，规定“应当制定专门的制度和办法”。

第四章“档案的利用与公布”共九条。办法有以下特点：(1) 主动公布和提供利用成为档案开放的主要形式，这种档案开放利用姿态的改变，是高校档案机构适应社会需要、主动服务社会、响应《政府信息公开条例》的生动体现，必将更好地发挥高校档案信息资源的作用和价值。(2) 明确了档案复制件的效力，规定“加盖高校档案机构公章的档案复制件，与原件具有同等效力”。解决了长期存在的档案复制件的法律效力问题。(3) 明确了高校档案机构出具档案证明的合法性和唯一性，规定“高校档案机构是学校出具档案证明的唯一机构”。(4) 对于提供利用档案收费问题，明确规定，“高校档案机构应当为社会利用档案创造便利条件，用于公益目的的，不得收取费用；用于个人或者商业目的的，可以按照有关规定合理收取费用”。“社会组织和个人利用其移交捐赠的档案，高校档案机构应当无偿和优先提供”。明确了高校档案机构的社会责任。(5) 建议“有条件的高校，应当在相关专业的高年级开设有关档案管理的选修课”。这意味着档案学科知识将被更多人了解和掌握，档案人才的来源将更加多元化。

第五章“条件保障”共三条。办法有以下特点：(1) 对于不适合档案事业发展需要或者不符合档案保管要求的馆库，“按照《档案馆建设标准》的要求及时进行改扩建或者新建”。(2) 规定“存放涉密档案应当设有专门库房”。(3) 规定“高等学校应当设立专项经费，为档案机构配置档案管理现代化、档案信息化所需的设备设施，加快数字档案馆（室）建设，保障档案信息化建设与学校数字化校园建设同步进行”。

第六章“奖励与处罚”共两条。办法有以下特点：在奖惩方面，新法更加明确详细。关于表彰和奖励，新法列举了五项具体表现：“（一）在档案的收集、整理、提供利用工作中做出显著成绩的；（二）在档案的保护和现代化管理工作中做出显著成绩的；（三）在档案学研究及档案史料研究工作中做出重要贡献的；（四）将重要的或者珍贵的档案捐赠给高校档案机构的；（五）同违反档案法律法规的行为作斗争，表现突出的。”关于处罚，新法详细列举了六个方面的行为：“（一）玩忽职守，造成档案损坏、丢失或者擅自销毁档案的；（二）违反保密规定，擅自提供、抄录、公布档案的；（三）涂改、伪造档案的；（四）擅自出卖、赠送、交换档案的；（五）不按规定归档，拒绝归档或者将档案据为己有的；（六）其他违反档案法律法规的行为。”新法对奖励和处罚进行了细化和比较明确的规定，表彰和奖励的对象增加了单位，奖励的范围也有所扩大。在应该处罚的范围中，明确把“不按规定归档，拒绝归档或者将档案据为己有的”视为违法行为，这为高校档案机构在档案收集过程中下了一剂猛药，必将大大促进高校档案的收集工作。

第七章“附则”共三条。涉及办法的适用范围和实施的具体日期等。

总之，新法适应信息时代的管理要求，关注新技术环境下档案工作的发展趋势，体现出新形势下高校档案工作法制化、规范化、制度化的管理思想，始终贯穿“依法治档”的思想；立足“以人为本”和“与时俱进”的原则；构建了档案工作的组织体系、人员体系和条件体系；突出了档案资源建设、档案信息化建设、档案馆建设和档案信息资源开发建设。新法更适应高校档案工作发展的需要，能更好地指导和规范档案工作实践。总之，希望新法的颁布能成为一个新的起点，促进高校档案工作的发展，使高校档案机构能真正担当起历史记忆库的重任。

**参考文献：**

[1] 中华人民共和国教育部、国家档案局．高等学校档案管理办法[Z]．2008－8－20.

[2] 牟阳春．学习贯彻《高等学校档案管理办法》促进高等学校档案工作发展[N]．中国教育报，2008－9－23.

[3] 赵豪迈．《高等学校档案管理办法》解读[DB/OL]．http://dog. xijing. eud. cn/Article/Showznfo. asp? ID＝87，2009－05－13.

[4] 张晓．高校档案管理办法之嬗变与刍议[DB/OL]．http://www. danganj. net/bbs/viewthread. php? tid＝9810，2008－10－16.

# 对高校系级档案管理工作的思考

云南警官学院　王　旭*

**摘　要：**高校系级档案管理是高校管理工作的重要组成部分。针对目前高校系级档案管理中存在的问题，既要转变观念，明确认识，又要提高档案管理人员的综合素质；既要重视文件材料收集归档，又要重视对档案信息资源的开发利用。同时，应加强对高校系级档案管理工作的研究。

**关键词：**高校　系级档案管理　档案管理人员　档案开发利用

高校系级档案管理是高校管理工作的重要组成部分。在现代科学技术飞速发展，信息网络技术广泛应用，市场经济规律泛化到社会生活的各个领域，人们的价值观念、道德观念趋于功利化和多元化的形势下，如何进一步做好高校系级档案管理工作，这是需要认真研究探讨的新课题。

高校系级档案是高校系级教学、科研、管理活动中形成的对教学和科研管理各个层面有保存价值的信息资料。高等教育的延续性、周期性使高校系级档案成为交流教学科研经验和成果的重要工具，成为评价系级办学质量和社会效益的重要依据之一。近年来，教育部对各类高校进行评估验收时，除听汇报外，主要是看在教学科研活动中形成的档案资料，在评估过程中如果拿不出“真凭实据”就难以过关。可见，档案管理在高校系级教学科研活动中的重要地位和作用。

档案管理范围是档案管理工作的纲领。高校系级档案管理范围按照档案管理工作的属性原则、价值性原则可分为公文档案管理、教师业务档案管理和学生学籍档案管理三大类，三者有机结合能完整地反映系级教学科研管理活动的全过程，也能反映出一个系的发展历史。但因各自产生的渠道和在管理中发挥的作用不同，因而其收集归档工作有许多特殊要求，公文档案主要是学院为指导系级教学科研工作下发的具有约束力的文件，是系级教学单位贯彻党的教育方针和学院办学指导思想、加强教学科研管理的依据。因此，在公文档案管理中，必须建立严格的收集、登记、传阅、归档制度。使来文来函及时登记，严格交接手续，做到不遗漏、不错登。传阅时要有明确的传

---

* 作者简介：王旭，云南警官学院副教授。

阅要求、时间、范围。传阅后要及时分门别类归档，以避免文件的散失。教师业务档案是教师在教学科研活动中形成的，作为对其聘用、晋升、奖励依据的考核、鉴定和评价等材料，它具有专业性、开发性、实用性的特点。一个教师不但可以借鉴自己所积累的教学档案提高教书育人的效率和质量，而且还可以查阅教学业务档案，吸取其他教师的长处，做到教学相长。因此，在教师业务档案的采集过程中，既要体现学院文件规定的精神，又要有所创新，要重点突出教师在教学科研活动中产生的各种有价值的信息资料及研究成果，如教学计划、工作量表、教学质量评估、科研成果统计等，以便档案信息资源的再开发和再利用。学生学籍档案主要包括学生的入学资格、在校学习情况及毕业资格的审查、考核等情况。学籍档案管理要做到完整、准确、规范、及时，要认真细致、一丝不苟、客观公正、实事求是、不弄虚作假。

目前，高校系级档案管理存在的主要问题有：大多数教师包括档案管理工作者对系级档案管理工作的重要性缺乏正确认识；系级档案管理工作人员的专业素质有待进一步提高；市场经济的负面影响使系级档案工作者的敬业精神有所滑坡；系级档案管理缺乏一整套科学有序的规范；系级档案管理手段落后，不能满足教学科研管理需要。

针对上述问题，加强高校系级档案管理工作应采取以下措施：

（一）转变思想观念，提高对系级档案管理工作重要性的认识

在现代社会，由于科学技术和信息产业的飞速发展，档案管理手段日益现代化，档案信息量成倍增长，社会对档案信息依存度增强。在高校，档案管理是教学科研管理工作不可缺少的环节，对于正确评估办学水平，研究教学及其管理规律，改进教学管理，提高教学质量，调动师生的积极性都有十分重要的作用。因此，高校系级档案管理绝不是可有可无的，档案工作也绝不是一看就懂、一摸就会的简单劳动。档案工作者不可妄自菲薄，更不可有低人一等的思想，而是要树立信心，转变观念，重塑形象。一要善于推销自己。从事档案工作的许多同志习惯于做无名英雄，不喜欢表现自己，不善于与社会打交道，很少与同事交流。在新的形势下，一定要转变观念，要主动向领导、教职工宣传档案工作的重要性和自己在工作中取得的成就，使人们认识到系级档案管理是高校管理工作的重要组成部分，是对一个系历史与现实的反映和记录，用工作业绩来赢得大家的理解和尊重。二要有参与和竞争意识。作为系级档案工作者要克服“不请不到，不给不要”的被动工作方式，要积极主动地参与本系的重大活动和重要会议等，拓宽收集信息渠道，掌握档案采集的主动权。要从系上的整体利益出发，树立全局观念，发挥档案工作的自身优势，提高工作质量，为领导和教职工主动及时地提供有价值

的信息资料。三要有创新意识。档案工作者要适应高等学校面向世界、面向未来、面向现代化的新形势，其管理方式必须由传统的经验管理向现代的科学管理转变，即要有创新意识。没有创新意识就不能实现档案管理现代化，不能接受现代科学技术为档案管理工作提供的办公自动化、机读文件、电子文件等先进手段，也就无法担当起现代档案管理的任务，开发不出教学科研所急需的各种软件和信息资源，使自己陷入困境，也就失去了档案工作存在的价值。

（二）加强业务学习和职业道德修养，不断提高档案管理工作者的综合素质

就目前系级档案管理人员的整体素质而言，虽然相当一部分同志经过学校教育、自学考试、函授、档案管理短期培训、学术交流，业务能力有了不同程度的提高，基本能胜任本职工作。但能适应现代信息技术、既懂专业知识又懂现代化管理知识、动手能力强的复合型人才仍然很缺。这同高校档案工作的要求是不相适应的。因此，高校系级档案管理工作者要认识到自己的不足和自身肩负的重任，要不断学习专业知识和相关科学知识，具备合理的知识结构，既要精通档案专业的基本理论和基本技能，又要掌握文书学、管理学、计算机学科的基本知识和操作技能，利用一切机会如学校教育、自学考试、函大、夜大、电大、短期培训等形式来充实自己，提高自己驾驭现代化管理手段的能力。要经常使自己在学中干、干中学、边干边学，只有这样才能使自己开阔眼界，拓宽思路，有所创新，才能跟上时代发展的步伐，也才能不断地发现、研究和及时解决档案管理工作中出现的新情况和新问题。档案管理工作不同于一线教师的工作。教师课讲得好，学生欢迎，同行尊敬，而档案管理工作者像蜡烛一样默默无闻地燃烧着自己，照亮着别人。因此，树立为教职工服务、甘为人梯、甘当配角的奉献精神是至关重要的。在社会主义市场经济和科教兴国的新形势下，更要解放思想、更新观念，树立强烈的进取意识、竞争意识、质量意识和效率意识。只有这样才能有强烈的事业心和高度的责任心，才能不计较个人得失、不择环境、不择条件，竭尽全力搞好工作。同时档案管理工作本身也是服务工作，要全心全意为教职工和学生服务。工作上要主动热情，对学生态度要和蔼，对老师要尊敬，要注意处理好领导、同事和各部门之间的关系。要养成认真、严谨、细致的工作作风，只有如此，档案管理工作才能为教学科研提供优质、高效的服务。

（三）建立科学、规范、有序的文件材料收集归档制度

系部是高校教学科研的基层单位，作为高校办学活动真实记录的档案材料，最初形成于系级教学科研管理工作的全过程。但由于系级办学不是孤立的，它既要接受学院的领导，又要获得有关部门的支持。因此，档案材料也就同时分散于学校、系、各个部门，如果没有一套科学规范、完整系统的网

络式流向收集制度，这些材料就容易散失。系办公室处于系级教学科研活动的中枢地位，要建立以系办公室为中心，上承学校各部门，下接各教研室、教学班级的档案材料网络式流向制度。系办公室要根据文件材料形成的规律和特点，采取定时收集、定向收集、跟踪收集、补充收集等办法，确保文件材料及时归档。同时要加强对文件材料收集工作的宣传力度，制定切实可行的规章制度，采取必要措施，保证各种档案资料及时归档。目前，在许多高校迎接教育部评估验收的大背景下，要以《普通高等学校评估暂行规定》为依据，教职员工要增强档案意识和责任意识，档案管理人员要克服困难，主动出击，深入到能形成文件材料的教学科研活动中去。一要重点抓好能突出系级办学指导思想、办学特色的文件材料的收集，如教学计划、经验交流、工作总结、年度工作要点等；二要进一步完善能反映系级教学运行规律和常规教学环节产生的文件材料的收集，如教师每学期布置及批改作业、执行教学纪律、教学进度、教案提要、卷面分析、教学评估等情况；三要建立健全本系教学名师和学科学术带头人的教学科研成果材料的跟踪收集制度。总之，系级档案工作者只要增强档案意识和责任心，从各个层面主动出击，变被动服务为主动服务，就一定能收集齐全档案材料，为教学科研和管理工作助一臂之力。

（四）注重对档案信息资源的开发和利用

档案的价值和作用是通过对其有效开发和利用体现的。因此，收集档案的目的在于利用，如果档案管理者不注重档案的开发利用，那么档案就像“文物古董”一样仅有供人们观赏的价值，这就违背了档案管理工作的初衷。高校系级档案的开发利用具有重要的作用，如教师职称评定、学科梯队建设、专业评估、课程评估都需要档案工作者提供详细的教学业务信息、师资队伍建设信息和专业课程结构改革信息等。在毕业生分配工作中，用人单位往往会通过档案获取毕业生的第一手资料，如学业成绩名次、毕业生的表现及奖惩情况、兴趣、爱好和特长等。这些无疑对高校系级档案管理工作开发利用提供了广阔的空间，只要档案工作者改变“坐等上门”的旧习，打破传统的封闭型服务模式，主动了解广大师生的需求，对收集到的信息能够进行专题分析研究，运用各种现代化技术手段，搞好分析预测，探索档案信息资源需求及其利用规律，从而不断改进服务工作，提高利用效益，高校系级档案开发利用就会出现一个崭新的局面。

（五）加强对高校系级档案管理工作的研究

档案管理与档案工作研究是密切联系、相互促进的。档案工作的目的是开发利用档案。档案工作者不能仅局限于低层次的收集归档工作，要运用档案专业的基本理论和基本知识，分析研究档案资料，探索系级教学科研管理的规律，为改进教学管理、提高教学质量献计献策。同时，档案管理人员进行科学研究也是提高自身素质、增强创新和独立工作能力的需要。一个档案工作者仅埋头于具体事务，不搞调查研究，不掌握档案管理的最新动态，不吸收档案管理研究的最新成果，其自身素质和工作能力就很难提高。因此，一个档案工作者，特别是高校系级档案工作者一定要把档案管理与档案研究结合起来，要把档案研究作为提高工作水平的有效途径。结合工作实际，根据当前的中心任务和本单位的工作重点，确立科研题目，只有这样才能真正使档案管理工作上台阶。

（六）领导要重视系级档案管理工作

要将档案管理工作纳入系上的总体规划和年度工作计划，真正把档案管理工作作为系上整体工作的组成部分和办学的一项基础工作来抓，适当增加档案经费投入，努力改善工作环境和设施，提高档案人员的待遇，重视专业人才的培养和提高，加强考核，以保证档案管理人员的专业化和稳定性。

**参考文献：**

[1] 周振朝．高校系级教学档案管理工作初探［J］．山西大学学报（哲学社会科学版），1999，（1）．

[2] 魏小寅，张红．新时期普通高校系级档案管理工作初探［J］．绍兴文理学院学报，2005，（12）．

[3] 江瑜．高校本科教学工作水平评估中系级档案的建设与管理［J］．皖西学院学报，2005，（2）．

[4] 唐山师范学院政史系．关于加强高校系级教学档案管理的思考［J］．唐山师范学院学报，2008，（5）．

# 论图书馆学与档案学的差异性探析

云南师范大学商学院　张贤军　段卫红　沈丽晶*

**摘　要：** 图书馆学与档案学在来源、分类、价值、组织结构、人员要求、工作方式和服务对象上存在差异性。

**关键词：** 图书馆学　档案学　差异性

图书馆学和档案学研究的都是信息资源的管理，档案和图书都是知识的载体，同为人们提供服务，但它们存在很大的差异性，笔者现从以下几方面进行探讨。

## 一、图书馆学和档案学所研究的对象在产生和来源上存在差异性

图书馆学研究对象——图书，是作者把自身的知识和经验撰写在书本上或各种载体上，通过书店销售给图书馆室，图书馆学就是研究如何把这些图书用科学的方法进行整编、保管，有效地提供给人们使用。而档案学研究的对象——档案，是人们在各项活动中直接形成的具有保存价值并记录在不同载体上的文件材料，档案馆室的档案是其按《档案法》及有关法规从归档单位收集的。档案学所研究的是如何遵行档案文件材料的形成规律，完整、准确、系统地收集及整理，并安全地保管和提供利用。为此，从图书和档案的产生和来源上可以区分图书馆学和档案学的差异性。

## 二、图书馆学和档案学在分类整理方面存在差异性

分类整理方法不同。图书馆工作的分类以人类全部知识为对象，通常应用杜威十进分类法的原理制定本国家、本地区、本图书馆的标准，对图书馆内的全部图书进行分类整理，如我国图书馆（室）采用的是《中国图书分类法》，在杜威十进分类法的基础上，对类目的扩展灵活应用了八分制（1、2、3、4、5、6、7、8、91、92、93…）、双位制（11、12、13、14～19、

---

* 作者简介：张贤军，男，商学院院长办公室副主任。段卫红，女，商学院档案室馆员，主要从事档案管理实践及理论研究。沈丽晶，女，商学院院长办公室文书，兼职档案员。

21、22…）复分表和组配等方法，把图书分为22个大类，分别用汉语拼音大写字母作为标识，如A－马列毛邓、B－哲学、C－社会科学、D－政治法律、E－军事、Z－综合性图书。类目的详简级次由图书馆（室）自定。单本的图书就是分类的对象，在某一类目上取得一个种次号，就是一个保管单位，无须进行深加工。如F12－中国经济类下，有五种有关中国经济的书，分别是第一《中国工业经济》2本，第二《中国农业经济的发展趋势》1本，第三《政治经济学》3本，第四《经济学原理》上下册2套，第五《商业经济》1本。其分类整理排列就是：F12/1C1、F12/1C2；F12/2C1；F12/3C1、F12/3C2、F12/3C3；F12/4P1C1；F12/4P2C1、F12/4P1C2、F12/4P2C2；F12/5C1……这里的1、2、3、4、5表示种次号，C1、C2表示本次号，P1、P2表示册次号，图书馆（室）图书的实际上架排列与此一致。

档案分类采用对档案实体的分类和对检索工具索引的分类。档案的实体分类尊重来源原则，把具有法人资格的归档单位划定为一个全宗，尊重全宗内档案的独立完整，在全宗内按时间、内容、形式等特征对档案实体进行分类整理，并维护文件的系统性和有机联系，对档案文件材料的一页、一张、一份文件进行排序，把一组有机联系的文件材料进行组合，如行政管理类有关人事管理文件的系统性，请示和批复、来文和复文的有机联系等，最后形成保管单位。所形成的档案编号就是排架存取档案的依据。档案的实体分类各行业按自身特点制定了分类标准，如《工业企业档案分类试行规则》、《高等学校档案实体分类法》。企业档案分为十大类，标识自定，大多数省份用数字0～9进行标识，分别是：0－党群、1－行政、2－经营、3－生产、4－产品、5－科研、6－基建、7－设备、8－财会、9－干部职工档案。若一个工业综合档案馆有25个归档单位，首先要区分全宗，那就是25个全宗，然后在全宗内再按0～9十大类进行分类，例如2009年有5个归档单位移交科研档案，分别是1、6、8、12、25号全宗的档案，其分类标识就是：1－2009－5、6－2009－5、8－2009－5、12－2009－5、25－2009－5。高校档案的分类采用双位制设置类目，一级类目11个，用汉语拼音标识，二级类目用数字标识，分别是：DQ－党群、XZ－行政、JX－教学、KY－科研、CP－产品、JJ－基建、SB－设备、CB－出版、WS－外事、CK－财会、SX－声像。党群二级类目的分类就是：DQ11－党务综合、DQ12－纪检、DQ13－组织、DQ14－宣传教育……实体分类的结果与馆藏的物理位置相一致，是调阅档案的依据。然而，档案实体分类的尊重来源、区分全宗的方法，把很多学科的信息都固化在各全宗内，若按学科查找某一知识的档案就非常烦琐，所以必须制作有效的检索工具查找利用档案。为此，国家档案局制定了《中国档案分类法》，它是一部分类标引与检索标准化的工具书。其以中国全部档案作为分类对象，设19个大类，分别是：A－中国共产党党务，B－国家政务总类，C－政法，D－军事，E－外交，F－政协、民主党派、群众团体，G－文化、教育、卫生、体育，H－科学研究，J－计划、经济管理，K－财政、金融、保险、审计，L－商业、旅游业、服务业，M－农、林、牧、渔业，N－工业，P－交通，Q－邮电通信，R－城乡建设、建筑业，S－环境保护，T－海洋、气象、地震、测绘，U－标准、计量、专利。每一大类下，再分设若干属类，形成等级分明、次第清楚的分类系统。它的分类结果不是馆藏的物理位置，只是某一档案的索引代号，还必须与实体分类号相对应。

从以上论述中可以证明，图书馆学和档案学在分类上存在明显的差异，图书馆学以全部人类知识为分类对象，分类的结果就是馆藏排架的物理位置，不存在区分全宗和组成保管单位。而档案分类有实体分类和索引分类，实体分类要尊重来源和区分全宗，反映馆藏物理位置，索引分类只是检索工具的标识，与实体分类相互辅助。

## 三、图书馆学和档案学的管理对象在价值上存在差异性

图书是知识和经验的载体，是作者事后写的，存在客观和主观的认识，如科技专著和科技论文，对于一个科研人员来说，是不可缺少的参考资料，可以了解行业科研水平和发展动态，引发创造动力，但资料中的数据只能参考，不能照搬，否则会造成失误。而档案是人们在活动中产生的，不是事后产生的，如在科研活动中形成的各种文件材料——产品配方、工艺规程、产品质量标准等，是真实的科研档案文件材料，生产部门可以按其加工生产。再如房屋交易过程中，房产证是房屋产权的档案凭证，这是交易的前提条件，然后在交易过程中又会产生新的档案文件，即房屋产权人和购置人双方签字的协议和收付款单据等，在过户时要把这些文件提交产权颁发部门作为交易的凭证，才可以登记过户颁发新的房产证。如果在交易中发生司法纠纷，这些文件可以作为凭证出示法庭，但若丢失上述文件，事后单方或旁人形成陈述材料，只是一种参考资料，不是交易的凭证材料，司法上不易采用。可见图书馆学和档案学所研究的对象在价值上存在差异性。

## 四、图书馆学和档案学在组织结构、人员要求、工作方式和服务对象方面存在差异性

档案馆（室）组织机构比图书馆机构严密，因为档案是各单位工作活动中形成的，有各种使用价值和密级，对档案人员的素质要求较高，除了要求具备档案业务知识外，还要忠诚可靠，自我约束力强，具备保密意识和保密

方法，维护档案的安全。另外，档案的服务对象有特定规定，重要的档案还需领导批准，图书馆的服务对象范围很广，如中国图书馆服务于全中国人民，某一高校图书馆服务于全校师生。为此，档案及档案工作受到各级领导的重视，我们国家专门制定了《档案法》，规定档案工作实行统一领导分级管理，档案馆（室）在接受本单位行政领导的同时还接受上级档案部门的业务指导，档案馆（室）又要指导基层各部门的档案业务，层层负责，形成网络。而目前据笔者了解，没有那个国家制定了图书馆法，而且图书馆学所研究的是图书馆（室）的工作，不同其他职能部门发生业务关系，更不存在业务指导。这就是图书馆学和档案学的差异性。

综上所述，图书馆学与档案学在来源、分类、价值、组织结构、人员要求、工作方式和服务对象上存在差异性。

**参考文献：**


［1］全国人大常委．中华人民共和国档案法［Z］．1996－7－5.

［2］中国图书分类编委会．中国图书分类法［M］．北京：北京图书馆出版社，1999.

［3］中国档案分类法编辑委员会．中国档案分类法［M］．北京：档案出版社，1987.

［4］国家档案局．工业企业档案分类试行规则［Z］．1991－5－30.

［5］国家教委办公厅．高等学校档案实体分类法［M］．成都：四川科技出版社，1994.

# 浅议民办高校档案管理工作

云南科技信息职业学院　段雪梅*

**摘　要：** 本文通过分析民办高校档案工作的现状及存在的问题，浅议了对民办高校档案工作问题的思考。

**关键词：** 民办高校　档案管理　工作

“民办高校”在云南是一个新生事物，2001年云南成立了第一所民办高校——云南科技信息职业学院，并成为探索云南民办高校发展的排头兵。之后的十年内云南的民办高等职业学校从一所迅速增加至十所，而民办高等教育作为社会教育体系中的一个重要组成部分，公办民办学校共同发展的格局已经形成。

民办高校档案记录了民办高校办学历史，民办高校的档案工作虽起步较晚，还存在一些问题，但可在借鉴公办高校已形成的全面管理经验的基础上结合民办高校的实际情况有所创新。

笔者从事民办高校档案管理工作十年，现对民办高校档案管理工作的体会进行浅议。

## 一、民办高校档案管理工作现状及存在的问题

云南民办高校先后成立以来，档案工作从无到有，建起了档案室，购置了档案设备，配备了专兼职档案人员，制定了规章制度，积累和保存了档案资源，为办学、教学和科研工作作出了一定贡献。但与公办高校档案工作相比尚有很大差距，主要存在以下几方面问题。

### （一）档案管理工作机制不健全

民办教育与公办教育相比，在管理体制等方面有着明显区别。民办教育办学者具有充分自主权，他们注重教育产出而对教育基础管理工作重视不够，对档案工作能促进民办教育发展的认识不足，一些学校领导不愿对档案工作投入。在云南省十所民办高等职业学院中，只有很少的学校建立了学校

* 作者简介：段雪梅，女，云南科技信息职业学院办公室，长期从事民办高校档案管理工作。

档案室，而档案室内的材料并不完整，部分业务档案还未实现集中统一管理，还由部门保管。有些学校还未实行部门立卷归档制度，导致归档材料分散于民办高校领导、经办人员手中或已经散失，一些档案材料残缺不全，一些重要文件没有得到规范整理和有效保管，给民办高校档案工作造成了无法挽回的损失，直接影响了教学、科研及管理工作的正常进行。没有成立综合档案室或建立部门立卷归档制度，在民办高校实行全员聘用制，职工流动性大，致使一些离开本校的职工把他们经办的档案材料带走，造成了档案丢失，使学校在工作中受到一定影响。

有些学校虽然有档案室，但档案员只是负责把档案放入档案柜，对档案不进行系统的整理分类保管，有些档案长年不用，出现虫咬、霉变，而档案员却怕脏不愿意整理。可见管理机制不健全严重制约了民办高校档案工作的发展。

（二）档案管理业务不规范

民办教育办学者对教育基础工作的投入十分有限，一般只派 1 名或几名兼职档案人员完成全校各类档案的收集、整理和保管等档案管理业务工作。而档案人员又要忙于日常的档案整理、接待、利用工作，疏于与同行的业务切磋与交流，信息闭塞致使本校制定的档案管理规章不能完全指导实际工作，降低了档案质量，存在不同程度的不规范做法。这样不仅会降低档案利用的查准率，还会对档案的信息化管理带来某些困难。

而一些民办高校档案员对高校档案的概念不清，不理解学校档案是学校教学活动中直接形成的对学校和社会有保存价值的各种文字、图表、声像等不同形式的历史记录，而认为红头文件就是档案，忽视了日常教学过程中发生的重要事件所产生的各种文字、图表、声像档案的收集和保存。

可见不规范的档案管理业务工作会对档案工作造成影响。

（三）远未实现档案现代化管理

开展计算机档案管理工作，不仅依赖于计算机的硬件设备，还必须配置适用的档案管理软件。在被检查的几所民办高校中，虽然各校都配备了计算机，只有少数几所民办高校通过学习有丰富档案管理工作经验的公办高校自行开发研制的单机版高校档案系统软件，实现单机条件下的档案目录检索，暂时满足了计算机系统管理档案的要求。但这与借助计算机网络，实现档案信息资源共享的利用目的还是不相适应。

还有几所民办高校基本没有使用档案管理系统软件，这是因为民办高校为节约开支，无法投入完善的档案信息化管理系统所需要的设备，使实现档案信息化管理就成了档案工作的一大难题。

## 二、解决民办高校档案管理问题的对策

民办高校与公办高校的管理体制、运行模式不同，其档案工作管理模式、运作方式可与之相适应，但不必完全照搬公办高校档案工作管理模式。民办高校应从以下几个方面入手，科学规范档案管理工作，促进民办高校档案事业的全面发展。

### （一）加强法规宣传，提高档案意识

档案工作是高校整体工作中不可缺少的重要组成部分，只有不断提高和增强高校全体人员特别是学校领导对此项工作重要性的认识，才能搞好高校档案工作。如果高校领导对此项工作缺乏认识，对档案工作就很难给予足够的重视和支持，那么，档案机构的设立、人员的配备和设备的购置等就难以得到保证，整个学校的档案就难以保证其完整性。由此可见，提高对档案工作的认识，就是搞好高校档案工作的先决条件，这就要求我们认真学习《高等学校档案管理办法》，树立起全员的档案意识，杜绝档案工作说起来重要、做起来次要、忙起来不要的实用主义短期行为。

民办高校档案记录了民办高校创建、发展、壮大的事件历史进程。利用这些档案，可以总结过去、指导现实、服务未来，所以民办高校档案是民办高校的宝贵财富。因此，从民办高校发展初期开始，就要重视做好档案工作。民办高校领导对档案工作的重要性认识不足、支持不够的现状，必须加强档案法规宣传的深度，利用上门宣传、汇报工作、会议间隙等时机，反复耐心地向民办高校领导宣传做好档案工作的重大意义；通过校园网、校报、广播、宣传栏、举办展览等形式，借助于正反面典型档案利用实例，大力宣传档案发挥作用取得的经济效益和社会效应；以创新思维、主动周到的优质服务引起民办高校领导对档案工作的关注，从而真正使档案工作列入民办高校工作发展规划，列入领导议事日程，列入各个有关管理部门职责和有关人员岗位责任制，进而形成上下一致、协调统一的档案工作网络，推动民办高校档案工作科学有序地向前发展。

### （二）建立档案管理工作体系

坚持档案集中统一管理原则，是民办高校档案工作必须遵循的基本法则。未实现集中统一管理的民办高校，首先应成立综合档案管理机构，而综合档案管理机构是进行统一管理档案的部门，要直属民办高校领导主管，减少中间管理层次，这样更能保证各项档案政策法规的顺利贯彻实施，才能实现档案统一管理。统一制度，统一管理，将本校产生的各类档案全部接收整理，由学校专兼职档案人员统一管理。统一管理的档案收集是档案工作的基

本环节，在档案工作中处于一种特殊的地位，是实现档案集中统一管理的重要手段，收集工作的质量关系到能否建立起丰富的档案信息资源，以及适时有效地为高校的教学、科研等工作服务。档案材料能否完整、准确，直接影响档案的可信程度。因此档案员要以满腔的热情、积极的行动、有效的措施去争取各方面的理解、支持和配合，只有依靠材料形成部门及广大教职工的积极配合与支持，才能保证收集工作的顺利开展。在各类文件材料收集齐全后，接着便是档案的整理工作，对于形式多样的文件材料如果不加整理和分类，就会影响档案的利用价值，只有对档案进行分组、编制目录和排列，使之系统化，才能方便管理和利用。统一管理档案的部门要设立独立的综合档案机构，直属民办高校领导主管，减少中间管理层次，这样更能保证各项档案政策法规的顺利贯彻实施，实现档案统一管理。

其次，要对档案进行系统的收集、整理、保管，根据民办高校管理部门设置少、管理人员兼职多的特点，可以采取灵活掌握的方式，推动部门立卷归档制度，即兼职档案人员只负责各类文件材料的整理工作，主要保证归档文件材料的齐全完整，而将整理工作交给学校专职档案人员去完成。当档案整理工作量较大时，学校领导可安排临时工或实习生协助专职档案人员完成整理工作任务，以保证全校每年的档案材料及时归档。

再次，为方便利用档案满足实际工作量较大的情况，可设立学校档案分室，学校综合档案机构应经常对档案分室工作进行业务指导与督查。如我院2007年评估材料中数量最多的就是近两年的分年级分专业的教学档案，这些档案是评估材料的重要组成部分，同时也是检查我院教学管理的重要依据，从每学期的期中、期末考卷到毕业生论文都是了解我院办学水平的第一手原始资料，但这些档案资料数量十分多，每个学部都有近千卷材料，为方便评估办公室检查、利用这些档案资料，为教学服务，根据我院实际情况成立了教学档案室，主要管理教学档案及评估相关档案。这样对我们民办高校来说，即方便了工作，又增强了工作效益。而作为专职档案员，则对教学档案室从建档到分类全程进行了业务指导和档案系统软件培训，使教学档案室顺利地完成教学评估的档案检查工作，为评估专家提供了快捷、高效的查档服务。

（三）配备档案软硬件设施，积极推动计算机管理

档案信息的数字化和档案利用的网络化已成为整个档案事业的发展趋势。实现档案信息电子化，不断提高档案服务工作质量和工作水平，更好地为经济建设和高校改革发展服务，是高校档案工作的永恒主题。我院选用了适合我院实际情况的昆明理工大学档案馆自行开发研制的单机版档案管理系统软件，简化了整理程序，规范了归档文件整理，提高了档案工作效率，一

步到位为文档一体化管理打好基础。

通过档案管理系统对纸质档案目录进行了分类存档，对部分电子档案也进行了同步收集，并通过刻录光盘的形式对每年的纸质档案目录和电子档案进行了保存，确保了档案的完整、齐全。

档案的开发利用，是档案的生命力所在，而通过计算机管理档案，则大大提高了档案的开发和利用进程。我院通过对档案资源的开发和利用，提高了服务效率，并使档案室成为学院的“信息中心”，为我院的评估工作提供了大量真实的数据信息，从学院建校以来领导的办学思路、办学方针的相关材料，全院教职工为学院争光取得的奖状、证书，到师资队伍建设情况等大量材料为我院的《人才培养水平评估报告》提供了第一手材料，使领导对档案工作更加重视。通过高校档案管理系统，对各年的档案进行了整理，并对每年发生的大事按时间先后顺序编写大事记，为领导年终总结工作，编写《人才培养评估报告》提供了准确的重要依据。

### （四）继续教育，提高档案人员综合素质

建设一支结构合理、素质精良的民办高校档案工作队伍，是做好民办高校档案工作的根本保证。民办高校现有档案工作人员数量偏少，知识结构单一，要改变这种状况，必须通过继续教育，坚持理论联系实际，迅速提高民办高校档案人员的信息素养和专业技能。一般可采用在岗位培训的途径。

首先，对不同层次的兼职档案人员有针对性地进行分期分批的档案基础知识的系统培训，掌握档案管理的理论基础和业务知识。我院现已分别对收集、整理教学档案、招生档案、人事档案、评估档案的兼职档案员进行了档案基础知识培训。

其次，支持他们学习和掌握现代科学技术知识，特别是计算机基础知识、档案管理应用软件培训学习，普及上机、系统操作的能力，只有运用科学的方法和技术，才能更准确、更及时提供利用档案，适应档案现代化管理的需要。

再次，档案人员还要掌握必要的法律知识。通过组织专兼职档案员学习党和国家有关档案工作的方针政策和档案工作法规、标准、制度，增强他们的档案意识和法律意识。

## 三、搞好民办高校档案工作是社会发展的需要

档案是学校发展的重要历史记录，是学校变迁的历史见证，因此档案工作是学校各项工作中应坚持常抓不懈的基础工作。档案工作的好坏，直接反映出一所学校的管理水平和管理效率，为后人留下我们今天的记录，留下丰富的文化积淀，搞好档案工作是我们每个档案工作者共同的责任。

21 世纪，特别是我国加入 WTO 后，高等教育与社会经济生活的联系必然会更加密切，民办高校的作用将变得越来越重要，民办高校档案工作者将成为知识的管理者，而民办高校档案管理工作也将会随着民办高校的迅速发育成长而蓬勃发展。

**参考文献：**

[1] 中华人民共和国教育部．高等学校档案管理办法［Z］．2008－9－1.

[2] 云南省高教学会档案工作分会．云南省教育厅关于对全省高校档案工作抽查情况的通报［J］．云南高校档案工作通讯，2007，(1)．

[3] 党秋霞．检查民办高校档案管理工作引发的若干思考［A］．陕西省档案学会第八次档案学术讨论会论文选辑［C］．2004.

[4] 刘超，韩淑华．从高校评估论高校档案［J］．河北科技师范学院学报（社会科学版），2004，(6)．

[5] 姜之茂．档案人员岗位培训教程［M］．北京：中国档案出版社，2006.

# 浅谈新时期学校档案建设与管理

红河州财经学校　李进德[*]

**摘　要：**在学校人才培养过程中，档案工作显示出其举足轻重的作用，它是研究改进、提高教育事业不可多得的宝贵史料和学校管理工作不可缺少的重要环节。文章从档案管理的组织保障和制度建设、档案资料的规范保存、档案工作者知识能力的培养等方面进行了全面深入的探讨，并对进一步加强档案工作提出了几点建议。

**关键词：**学校　档案　建设　管理　研究

学校档案是学校直接记录和反映学校活动、保存备查各种学校文件材料的总称。它是研究改进、提高教育教学不可多得的宝贵史料和学校管理工作不可缺少的重要环节，也是衡量一所学校管理和教育教学工作水平的标尺之一。只有建立健全高效、快捷的学校档案管理体系，才能更好地为教育科研和学校各项工作提供优质服务。下面就如何加强学校档案的管理工作提出一些粗浅的认识。

## 一、档案管理的组织保障和制度建设

档案管理工作是提高学校工作效率和进行教育教学的重要基础和必要条件，要抓好学校档案工作，首先要提升档案管理水平。

### （一）档案管理的组织保障

建立健全管理机构，加强对档案工作的领导。学校要成立以校长为组长、各处室负责同志参与的档案工作领导小组，健全档案机构管理网络，建立综合档案室，配备专职档案员。学校党委、校长办公室、教务处、政教处、招就处、培训处、总务处、工会、团总支以及各系等都要设有兼职档案员，从组织上、人员配备上保证档案工作的顺利开展。档案工作领导小组要认真研究解决档案管理工作中所涉及的经费、设备、档案用房等硬件问题，改善档案管理条件和工作环境，建立指挥灵活的档案管理信息网络，使档案

---

* 作者简介：李进德，男，副研究馆员，现任红河州财经学校党委委员、党政办公室主任。

工作与学校其他各项管理工作同步发展。学校要组织好《档案法》学习、宣传。学校领导要结合实际，做贯彻落实《档案法》的带头人。通过学习与广泛宣传，使教职工增强档案意识，形成人人重视档案、支持档案并自觉维护学校档案工作的氛围。

（二）档案工作的规范化管理

学校要建立完善的档案管理工作制度，使档案工作逐步实现规范化管理。学校还应把档案工作纳入处室和各系工作目标管理责任制的检查考核中，各部门按工作目标责任制和学校制定的档案、台账资料考评表的要求，结合年终考核与个人奖励挂钩外，还要作为年终评优选先的依据，认真研究落实本部门的档案工作任务，做到各部门、各科室职责明确，建立规范化的制度，基本做到归档有范围，立卷有标准，借阅有规定，保密有条例，库房管理有措施，开发利用有目标，这就在细节上保证了档案管理的顺利开展。

## 二、档案资料的收集整理和规范保存

档案资料是学校正确决策、研究工作、处理重大问题的依据，搞好各类文件材料的收集整理是确保档案材料齐全完整的前提和基础。而档案资料的规范保存也直接反映了本单位的工作实绩。

（一）档案资料的收集和整理工作

学校档案形成不同于一般的文书档案，它形成的时间具有特殊性，是每年的9月1日至下一年的8月31日而形成的，如学生的学籍表（卡）、学生登记表、各科成绩表等，是按学制年度形成的，在最后一个学年内才立卷归档；学校档案还具有很强的周期性，即每一届学生从入学到毕业为一个教学周期，档案材料是每届学生从入学到毕业这段时间延续产生。这就要求档案管理人员要勤收集、勤整理、勤检查核实立卷，把好收集整理关。档案的收集要不分巨细，悉数保存，原始的东西往往是最宝贵的东西，在大量的收集留存的基础上“去粗取精”。对于教师资料，学校要抽出专人搞好收集整理，帮助教师建立个人档案，并帮助他们整理保存，教职工个人资料每年要由教职工本人填写一次，这样将对教师产生凝聚和促进作用；图片资料，学校举行的各类活动，比如重要会议、学术交流、培训、观摩、接待来访、采访录像、师生奖惩等，这些都要按年度登记保存；学术资料也应整理好编印成册，全部归档保存；新闻资料，国内外各类报纸刊物及电台互联网上发表的图片和文字材料，平时要注意收集；荣誉档案，即获奖的资料，除登记外，还将奖品的照片、证书的复印件及原件作为资料存档。

（二）规范档案簿、册管理，健全登记检索系统

档案资料收集整理齐全后，接下来的重要工作就是把好质量关和利用

关。要特别抓好《教师登记簿》、《学生的学籍表》、《毕业生登记簿》、《统计资料登记簿》、《后勤职工登记簿》等重要账簿的管理。《教师登记簿》是很重要的登记簿，它是教师情况总的登记簿，它的检索要素为总顺序号。要按照时间顺序进行流水登记，并进行逐个编号。编号可由三个成分组成，即教师的编号、登记簿的顺序号和资料室总顺序号。《后勤职工登记簿》主要记录后勤职工的个人资料，登记方法同《教师登记簿》。《学生的学籍表》、《毕业生登记簿》是以班级为单位建立户头的登记簿，设置项目与《教师登记簿》大体相同，要分别按系别、班级逐个登记，这样，任何人都可以毫不费力地找出其中的相关资料。《统计资料登记簿》即登记教育教学数据统计资料等。此外还有《活动图册》、《奖惩登记簿》等众多簿、册，就不一一列举。

（三）改善档案的保存条件

学校档案大多是纸质资料，保存档案是至关重要的工作，要注意调节档案室湿度，保持通风良好，并要做好药物防蠹等工作。除了改善保存条件之外，解决这个难题的途径要在材料和制作技术上进行改善了，而这一途径目前尚待探索。在高科技飞速发展的现代，媒介手段日趋电子化、信息化，档案资料不能只满足于有几本登记簿和图录，而应注意于针对这些资料融汇到信息媒介的汪洋大海中去，打破时空界限，通过电脑上网流通。

## 三、档案工作者知识和能力的培养

面对不断发展的档案工作的需要，要不断加强档案人员的业务能力培养，提高档案工作者素质，这是加速档案科技进步，推动档案事业发展的关键。要不断拓宽知识面，学习技术，学习相关领域的知识，开阔视野，增长技能，以提高工作能力。在加强档案管理员政治思想教育和职业道德教育的同时，还必须要求档案员真正做到“业务精通，爱档如珍，维护历史，兢兢业业，服务现实”；要选配工作责任心、事业心强的档案工作人员来充实学校档案工作岗位；增加智力投资，定期开展培训，加强档案人员自身业务建设。一方面学习档案专业知识理论，另一方面学习现代化管理知识和先进技术设备的操作技能，更新知识，提高管理水平，使学校的档案工作跟上办公自动化步伐。使他们能一心扑在档案工作岗位上，扎扎实实地做好档案工作，为学校教学、科研和其他工作服务。

## 四、进一步加强档案工作的建议

（一）加强档案馆建设

提高学校档案服务功能，进一步加强档案基础建设，扩大馆藏能力，切实改善档案保管条件。要把档案资源建设作为重点任务，进一步丰富和优化馆藏，加强基础业务建设，特别是要做好重点教学档案工作，为档案馆充分发挥服务功能、更好地为满足学校各方面需求提供基础性保障。

（二）加强档案利用工作

拓展学校档案公共服务功能，档案工作在为领导决策、工作查考做好服务的同时，要主动、自觉地做好相关服务工作。要创新学校档案服务工作思路，丰富服务手段，改善服务条件，提高服务水平。要积极主动地深入探索档案信息资源的深度开发，大力拓展档案馆的公共服务功能，不断提升档案部门的服务能力。

（三）加强科技带动作用

依靠科技加强档案工作要集中优势力量和资金，对学校档案工作中亟待解决的瓶颈问题进行重点研究，充分利用国内外先进的科研成果，进一步提高档案工作的科技含量。要充分认识人才队伍建设在档案工作中的关键性作用，为档案人才的成长进步和施展才能创造有利条件。

**参考文献：**

[1] 包世同．学校档案管理基础［M］．南京：南京大学出版社，1991.

[2] 王秀文．档案管理基础［M］．第二版．北京：高等教育出版社，2000.

[3] 曹润芳．文件写作与处理［M］．北京：中国档案出版社，2006.

[4] 杨汝鉴，等．档案工作培训教程［M］．昆明：云南民族出版社，2008.

# 如何在构建和谐社会中做好档案工作

红河州财经学校　胡春华*

**摘　要：**党的十六届六中全会提出了构建社会主义和谐社会的重大任务，“十七大”对此提出了新的更高要求。构建社会主义和谐社会，需要发挥各方面的作用和职能。档案工作服务和谐社会建设，既需要充分认识档案工作在和谐社会中的重要意义，也要深刻认识档案工作面临的形势，更重要的是要与时俱进地发挥作用，服务好和谐社会建设。

**关键词：**档案　和谐社会　建设　研究

构建社会主义和谐社会，是我们党从全面建设小康社会、开创中国特色社会主义事业新局面的全局出发提出的一项重大任务，适应了我国改革发展进入关键时期的客观要求，体现了广大人民群众的根本利益和共同愿望。档案工作应主动发挥自身特有的优势，把最广大人民群众的根本利益作为工作的出发点和落脚点，进一步整合资源，协调关系，积极参与，加强宣传，真正发挥档案工作“四位一体”功能，为构建社会主义和谐社会作出应有贡献。

## 一、充分认识档案工作在和谐社会中的重要意义

构建社会主义和谐社会，是我们党顺应历史发展变化，为推进中国特色社会主义伟大事业作出的重大战略举措，是我国处于体制转轨、社会转型这一特殊历史时期经济社会发展的必然要求，是满足人民群众不断增长的物质文化需要的必然要求，是巩固党执政的社会基础、实现党执政的历史任务的必然要求，是全面落实科学发展观、实现全面建设小康社会奋斗目标的必然要求。深刻理解和把握构建社会主义和谐社会的丰富内涵，对我们全面落实科学发展观，促进我国经济社会协调发展、全面进步，实现全面建设小康社会宏伟目标，具有非常重大的意义。同时，也对做好新时期档案工作提出新的目标和要求。

档案工作是在构建社会主义和谐社会中各项工作中的一项工作，档案工

* 作者简介：胡春华，女，红河州财经学校成教处助理馆员。

作的对象——档案，是国家机构、社会组织以及个人在社会活动中直接形成的有保存价值的不同形式的历史记录，它具有凭证作用和参考作用。档案也就是在构建社会主义和谐社会的伟大实践活动中的真实记录，它对各项工作的具体作用主要表现在七个方面：档案具有延伸人类记忆作用；档案具有文化存贮作用；档案具有社会教育作用；档案具有文化传播作用；档案具有资政决策作用；档案具有知识产生作用；档案具有社会调解作用。构建社会主义和谐社会，它包含构建社会主义和谐的档案工作在内的各方面工作，档案工作要自始至终地为构建社会主义和谐社会服务。

## 二、在构建和谐社会中档案工作面临的形势

进入新世纪，我国正处于一个机遇与挑战并存的转型时期。在构建社会主义和谐社会的过程中，档案工作的发展面临大好机遇，但也对档案工作带来诸多的挑战，它们已经而且必将继续对档案工作产生深刻的影响。

一是人才队伍难以适应新形势、新任务。在基层综合档案馆中，真正是档案专业毕业的人才极少，绝大多数是从其他事业、企业中调进来的。因此，在档案工作队伍中，文化知识结构不合理，内耗不少，思想保守，缺乏开拓创新的精神。

二是档案信息化建设任重道远。人类社会在科学技术的强劲推动下，正以惊人的速度跨入“信息时代”，电子计算机和网络技术的广泛利用，产生了越来越多的电子文件。电子文件的产生，决不仅意味着一种新型载体档案的诞生，而且也标志着人类记录信息、承载信息、传达信息、留存信息和开发信息的方式发生了深刻的革命。这场革命是纸张发明和近现代档案学理论产生以来，在档案工作等领域里发生的最剧烈的一次变革，它直接影响着档案工作的运作、方式、基本理论及思维观念。

三是资源共建与共享已成趋势。资源共建与共享是整个社会信息存贮、传播事业的理想境界。现阶段档案工作存在的主要问题是：缺乏宏观规划和管理，条块分割，各自为政；热衷于追求“大而全”、“小而全”，满足陶醉于自给自足的古代档案库、藏书楼的收集观念，并依然影响着当前的档案收集工作；有的地区、部门的档案馆（室）不顾档案利用中的全局利益和档案保管中的社会总成本，相互争抢；有的档案馆（室）之间，特色不明显，却又有大量不合理的重复，你有我也有，你无我也无。

## 三、发挥作用，服务和谐社会建设

我国人均国内生产总值已达 1 000 美元，这既是难得的“黄金发展期”，又是充满风险的“矛盾凸显期”。我国经过三十多年的改革开放，取得巨大

成绩，各种社会矛盾也越来越突出。构建社会主义和谐社会在社会主义建设中越来越重要。档案工作要从多方面入手，为构建社会主义和谐社会提供服务。

（一）要服务公众，为民主法治建设服务

和谐社会是民主法治的社会。要形成民主法治离不开群众的参与，离不开群众了解政策的需求。档案部门不是立法机关和重要的执法部门，而是保管党和国家重要档案的基地。党和国家形成书面文件的方针、政策由档案部门保管，是当地的政策中心。要及时、准确地向公众开放档案，让群众可以查找到所需要的政策法规，使群众知法、懂法、用法、守法。档案开放不能落后于群众的要求，要及时地走在群众需求之前。

（二）建成教育基地和文化休闲场所

发挥档案的文化存贮作用、社会教育作用和文化传播作用，促进文化事业的发展，向社会提供积极健康向上的精神食粮，营造良好的社会风气。构建社会主义和谐社会需要大力弘扬民族精神和时代精神，提高社会文明程度和公民思想道德素质。构建社会主义和谐社会需要繁荣发展文化事业和文化产业，满足人民群众日益增长的精神文化需求。充分利用档案部门丰富的档案资源，把档案馆建成爱国主义教育基地。爱国主义教育基地的创建，可以作为广大中小学生和市民接受传统教育的场所，激发他们爱党爱国的热情，增强社会的凝聚力和向心力。利用档案资料做好编研工作，除为有关单位提供服务以外，还可以编印反映当地社会发展历史、社会文化、社会风尚等广大群众所喜闻乐见的历史传统事件。档案部门不能只看重于档案的保管和查阅，而要把档案馆办成市民文化休闲的好去处。随着人们生活水平的提高，人们对于精神文化的需求越来越多，要求越来越高，有的人不满足于给他提供编研材料，而是他自己要作一些了解，搞一番研究，作一番历史探求。档案工作要顺应时代发展潮流，积极创造条件把档案馆办成市民休闲的好去处，为市民创造精神生活的场所。

（三）做好专题档案工作，为社会提供服务

专题档案是针对性非常强的档案，往往是利用率非常高的档案，事关群众的切身利益，对社会和个人矛盾纠纷的解决，起到非常好的作用，如土地证档案、房产档案、婚姻档案、山林权证档案等，这些档案的保管和开放利用既可以维护群众利益，又可以疏导矛盾，起到顺利化解人民内部矛盾、安定社会的作用。

（四）创新服务，促进和谐

构建社会主义和谐社会涉及社会的方方面面，档案工作面广、量大、触角深，做好档案工作要促进和谐社会构建。在做好经常性档案工作的同时，档案工作要不断创新，要把档案工作伸向现在社会上热点、难点问题的档案，为妥善协调各方面利益关系，正确处理各方面社会矛盾服务。做好热点、难点问题的档案，为解决热点、难点问题提供帮助。做好促进人与自然和谐相处的城建档案、环境保护档案、土地档案。做好促进社会各群体间关系调整的档案。做好社会保障方面的档案，为构建社会保障体系服务，保护弱势群体就业再就业、社会保险、社会救助、社会福利，维护弱势群众的生存权，保障他们的尊严和合法权益，促进社会和谐。档案工作要为社会管理体制的建立提供资政决策服务，促使建立健全和完善社会管理制度，使之符合建立和谐社会的要求。

**参考文献：**


［1］胡锦涛．高举中国特色社会主义伟大旗帜为夺取全面建设小康社会新胜利而奋斗——在中国共产党第十七次全国代表大会上的报告［R］．2007－10－15.

［2］中国共产党第十六届中央委员会第六次全体会议．中共中央关于构建社会主义和谐社会若干重大问题的决定［S］．2006－10－11.

［3］王民康．社会主义和谐社会的理论与实践［M］．成都：西南交大出版社，2007.

［4］晏友琼．构建社会主义和谐云南［M］．昆明：云南教育出版社，2005.

［5］王秀文．档案管理基础［M］．第二版．北京：高等教育出版社，2000.

［6］艾丽．做好档案工作服务和谐社会［DB/OL］．http：//www.ynda.yn.gov.cn.

［7］尚丽萍．档案工作为构建和谐社会服务的几点思考［DB/OL］．http：//www.ynda.yn.gov.cn/ynda/2740725146766540800/20090811/21390.html.

# 试论档案工作中的保密问题

玉溪师范学院 李 薇 孙康燕*

**摘 要**：档案是国家的宝贵财富，各门类档案本身具有机要性质，因此，档案部门的工作人员必须遵守保密制度，履行保密手续，严格遵守保密十条原则，确保档案的安全。

**关键词**：档案 保密

随着社会的发展进步，档案资源巨大的社会价值日益为公众所认知，这就涉及档案保密和利用工作的重要性，这项工作做得好与否，将直接影响党和国家及单位的平安和利益。保守国家机密是每个公民应尽的义务，更是档案管理工作人员的神圣职责，在严格做好保密工作的同时，切实完善工作职能，使档案得到充分合理的利用。

## 一、档案库房管理中的保密工作

档案的库房管理是档案保密的重点。从总体上讲，档案库房应按照国家有关规定单独兴建，但是有一些不具备条件的单位，往往将库房附设在机关办公楼内。应注意的是，不是任何一间办公室都可以用作库房的，从档案保密的角度来看，不宜将库房设在办公楼的最底层，库房门窗等应专门加固，以防盗窃。还应尽量做到库房与办公室分开，库房与阅览室分开。档案库房应指定专人负责管理，制定严格的库房管理制度，无关人员一律禁止入内。实践证明，档案库房的科学管理，是做好档案保密、维护档案安全的基本保障。

## 二、做好档案的保管期限与保密期限的区分工作

确定保管期限的原则是正确分析和鉴别档案内容的现实作用和历史作用，根据本机关工作的需要和为国家积累历史文化财富的需要，全面确定档案的保存价值，准确地判定档案的保管期限。而保密期限是根据国家秘密事

---

* 作者简介：李薇，女，玉溪师范学院档案室，现从事档案工作。孙康燕，女，玉溪师范学院档案室馆员，主要从事档案工作及档案基础理论研究。

项在一定时间内，如被泄露，将对国家的安全和利益造成的危害来确定的，它表示该国家秘密事项在其确定的期限内，受国家有关保密法律、法规的保护，产生法律效力的时限。《国家秘密保密期限的规定》规定：除有特殊规定外，绝密级事项不超过30年，机密级事项不超过20年，秘密级事项不超过10年。保密期限在一年及一年以上的以年计，在一年以内的以月计。这里所说的“特殊规定”是指制定保密范围的中央、国家机关可以规定有关保密范围中某类事项的保密期限为“长期”。对规定为“长期”的国家秘密事项，在授权机关作出解密前，其他机关、单位应当对其采取长期的保密措施，不得擅自决定解密和随意对外提供。

## 三、做好档案利用过程中的监督工作

档案利用监督是做好档案利用过程中保密工作的一项重要措施，它能有效地发现并制止纠正档案利用过程中不利于档案保密的各种不良行为，从而做到既能利用档案，又能保证档案的完整与安全。具体说来，档案利用监督可以从以下几个方面实施。

### （一）制度建设

档案利用规章制度一般有阅览制度、外借制度、复制制度等。根据实际情况，对不同层次的利用人员确定不同的利用范围，规定不同的审批手续，使提供利用工作有章可循，在大力开展档案利用工作的同时，确保不失密、不泄密及文件的完好无损。各项档案利用规章制度的条文应严密而简明，便于执行，并在实践中认真加以总结，不断充实和完善。

### （二）队伍建设

担负利用服务工作的档案管理人员，是利用制度的直接贯彻者，对档案的安全负有直接责任，必须具备较高的素质。一是政治素质，要有高度的政治责任心和全心全意为人民服务的精神，热爱档案和档案事业；二是业务素质，要具备专业知识，熟悉所保管的档案内容，熟悉档案法规；三是文化素质，要有较高的文化知识，能总结和分析利用工作中的经验与问题，从中掌握利用工作的规律。此外，还要有敏锐的工作能力和观察能力，善于做利用者的工作，能独立处理利用中出现的一般问题。

### （三）监督措施

在利用中，要根据利用对象的不同目的，掌握其心理和思想动机，加强重点监护。有条件的档案馆（室）还可以安装摄像监视器。对某些为获取凭证而来馆查阅档案的利用者，要防止偷撕或涂改档案；对一些平时养成看书画线或翻书沾口水之类习惯的利用者，要及时提醒。做好利用监督，还要做到三勤：一是嘴勤，勤宣传利用档案的制度与规定，勤与利用者交谈，掌握其利用目的与动机；二是眼勤，勤观察动态，置每个利用者于视觉之中；三是手勤脑勤，勤分析利用者的情况和利用效果，勤检查被利用的案卷，勤督促利用登记制度的落实。要在利用者离去之前，仔细检查翻阅被利用过的案卷和文件，发现问题及时查处，并在利用登记簿上备注说明。对于损毁档案较为严重的违法行为，应及时报告有关领导，以便及时查处，挽回损失。

## 四、正确处理好档案保密与利用的关系

保守国家机密是每个公民应尽的义务，更是档案管理工作人员的神圣职责。日常工作中，档案管理人员十分重视档案保密，工作尽心尽职，但由于在传统的保密观念影响下，档案工作普遍存在着重保轻用、利用不足的现象。由此产生一些弊端：大批档案得不到充分的利用，甚至有些很有价值的档案长期被束之高阁，变成一文不值的废纸，造成档案浪费；领导不能及时全面地了解情况，有效地利用档案；档案管理人员的管理价值也难以在利用档案的效果中体现出来。上述情况表明，档案部门应改变传统的观念，在严格做好保密工作的同时，切实完善工作职能，为领导决策服务势在必行。机密档案应该保密，但保密的目的之一是为了利用，是有时间、地点、范围限制的利用，保而不用只会失去保的意义，失去档案的价值。当然，利用必须是在保密基础上的利用，无限制的利用会给党和国家的安全和利益造成危害。所以，对档案工作来说，保密与利用两者都十分重要，决不可偏颇。

## 五、档案管理人员的职责

档案管理人员的职责，就是要维护档案的完整与安全。这既是档案保管工作的基本任务，也是档案保管工作的目的。在具体的工作中应做到：

### （一）做好档案的审查工作

审查工作是档案开放前的一项重要工作，也是开放档案工作的一个重要环节，其主要任务是科学而准确地区分、判定档案的开放与控制使用范围。这项工作可以分三步进行：一是初审，档案馆工作人员根据标准，对开放期限内的档案逐件进行审查，初步判定开放与控制使用范围。二是中审，由具有较高政策水平和业务能力的同志，重点审查初审中没能判定开放与控制使用的部分档案，以确定其取舍。三是终审，由有关领导根据初审和中审的情况，权衡利弊，进行综合分析、审查，最终决定和批准档案的开放与否。

### （二）做好档案的解密工作

保密档案是有等级的，其划分等级是根据《保密法》规定，划分为

"绝密"、"机密"、"秘密"三级。确定档案的密级，就是为了让档案工作人员根据不同的密级采取不同的管理措施，最大限度地提供利用档案。但是秘密不是一成不变的，一旦秘密保管期限届满，便失去了它的保密价值，为此我们就不能按原有的保密文件管理，而应该按照公开文件进行管理。这就是档案保密的时效性。向社会各界开放的档案，必须是到了规定时限的档案，要开放，必须先进行划密解密，把未解密的列入控制使用的范围。过去，许多档案馆对其所保管的注有密级的档案没有定期解密，影响了档案的开放利用。对划密档案进行解密工作，应当遵循《保密法》的有关规定，即"国家秘密事项在保密期限内不需要继续保密的，原确定密级和保密期限的机关、单位或者其上级机关应当及时解密"。（《中华人民共和国保守国家秘密法》第16条）这也就是说，解密是由原确定密级的机关、单位或其上级机关进行。

（三）做好档案开放前的基础工作

首先要提高开放档案案卷的内在质量，利用原有基础，进行系统整理，达到分类科学、组卷合理、编目清楚、排列系统的要求；其次要建立健全档号，要适应开放后检索与管理的要求；再次要编制检索工具，如《开放档案目录》、《开放档案卡片目录》、《全宗卷》等，使开放档案的检索工具逐步形成以骨干性检索工具为主、以基础性检索工具为辅、以叙述性检索工具为必要补充的检索工具体系，实现检索途径的多元化；最后要准备好副本，对珍贵、重要的档案，应采取抄录、复印、照相等形式进行复制，搞好档案副本。

**参考文献：**

[1] 王金玉．档案学论著[M]．北京：中国档案出版社，2004.

[2] 丁光勋．信息时代档案学理论研究与实践[M]．北京：中国档案出版社，2006.

[3] 周雪恒．中国档案事业史[M]．北京：中国人民大学出版社，1994.

[4] 杨毅．中国档案管理史[M]．昆明：云南大学出版社，1999.

[5] 覃兆刿．中国档案事业的传统与现代化[M]．北京：档案出版社，2003.

# 浅谈加强学校档案管理的几点措施

红河州财经学校　朱　兰*

**摘　要：** 本文通过对各级各类学校档案工作的研究，就如何做好学校档案管理工作进行一些初步的探讨，使档案为提高学校教育教学质量、管理水平和办学效益作出积极的贡献。

**关键词：** 学校　档案管理　研究

学校档案是学校教育教学活动的真实记录，它全面反映了学校最基本的职能活动，是评价学校综合办学水平的"窗口"，是从事教育教学活动、学校管理、教科研工作和教育督导评估必不可少的资料。因此，档案管理是学校管理工作的一个重要组成部分。一所学校的管理水平、发展轨迹、文化积淀、办学特色，常常可以从档案中反映出来。下面就如何加强学校档案的管理工作提出几点粗浅的认识。

## 一、加强意识，建立机构

档案工作首先要得到学校领导的高度重视，把档案工作列入学校工作的议事日程，深入持久地组织好《档案法》、《高等学校档案管理办法》、《云南省档案条例》等法律、法规的学习与宣传活动。结合实际，领导带头学，做贯彻落实执法带头人，通过学习与广泛宣传，使教职工能增强档案意识，形成人人重视档案、支持档案并自觉地维护学校档案工作。建立健全管理机构和管理网络，成立以校长为组长、各科室负责同志参与的档案工作领导小组，配备 1 名专职档案员，学校各科（处）室都设有兼职档案员，建立综合档案室，从组织上保证档案工作的顺利开展。

## 二、健全制度、规范管理

建立完善的档案管理工作制度，是档案工作逐步实现规范化管理的有力

* 作者简介：朱兰，女，红河州财经学校成教处助理馆员。

措施和可靠保证。各科（处）室做到职责明确，使归档有范围，立卷有标准，借阅有规定，保密有条例，库房管理有措施，开发利用有目标，这就在细节上保证了档案管理的顺利开展。《综合档案室工作职责》、《档案人员工作职责》、《档案库房管理制度》、《档案保密制度》、《档案利用制度》、《档案鉴定、销毁制度》、《档案室管理制度》等制度的制定，促使各科室人员都重视档案工作，认真研究落实本部门的档案工作任务，使学校档案工作保质保量限期完成。

### 三、强化业务，提高能力

档案管理工作水平的高低、质量的优劣，取决于档案工作人员的素质。在加强政治思想教育和职业道德教育的同时，还必须要求档案员真正做到“业务精通，爱档如珍，维护历史，兢兢业业，服务现实”。加强档案人员自身业务建设，一方面积极参加档案业务培训，学习档案专业知识理论；另一方面建立档案工作网络，选拔年纪轻、懂电脑且热爱档案事业、默默奉献的人担任学校专职档案管理员，运用现代化管理知识和先进技术设备，提高管理水平，使学校的档案工作跟上办公自动化步伐，为学校教学、科研和其他工作服务。因此，加强档案人员的业务能力培养、提高档案工作者素质，是加速档案科技进步、推动档案事业发展的关键。

### 四、稳定干部队伍，改善工作条件

要采取切实措施，建立一支有较好的政治、业务素质的档案干部队伍，并保持相对稳定。专职档案干部属专业人员，与教学、科研、图书管理人员同等对待，按有关规定，认真做好专业技术职务聘任（或任命）工作。档案干部中的骨干，一般不要轻易调动。档案部门的经费，应列入学校预算，统筹解决。学校各职能部门要对与本部门关系密切的归档材料、设备，从学校经费中给予支持。要为档案部门添置必要的设备，以便于开展工作。档案馆（室）的库房建设，应列入学校基本建设规划，逐步改善工作条件，维护档案的完整与安全。

### 五、注重收集，加强管理

学校档案材料是领导正确决策、研究工作、处理重大问题的依据，搞好文件材料收集是确保档案材料齐全完整的前提和基础，也是直接反映本单位工作实绩的有力证明。学校文件材料收集能否齐全完整，一方面，要根据事业单位档案管理的要求，抓好上级单位发给本校的文件材料的传阅和归档，定期对文件材料进行清理检查，确保材料齐全；另一方面，强化文书管理，抓好学校活动所形成的文件材料的收集，使“账外”材料的作用得到充分发挥。对有请示没有批复或有批复没有请示等有联系的文件材料，档案人员应及时查询，保证这类文件材料的按时归档。利用复印的机会收集。档案人员在复印文件材料时，对有价值，需要归档的文件材料当即留下原件，以备日后归档。

**六、提供服务，开发利用**

学校档案信息资源开发与利用，我们要坚持按规章制度办事，注重改善服务态度，提高服务质量，做到热情、主动、准确、迅速。做好后勤服务工作。强化学校档案室的服务功能，努力开发其教育功能，使档案由过去的以藏为主转化为以开发利用为主。健全档案的检索工具，汇编各种能反映学校特色的有较高利用价值的编研材料，利用多媒体辅助档案管理，使管理方法科学化、管理机构高效化、档案工作标准化，不断增强档案室的综合服务功能，让档案信息资源更好地为教育教学服务。

总之，学校档案管理工作是学校基础工作的重要组成部分，我们在做好档案的收集、整理、归档工作的同时，要做到主动提供服务，使档案的价值得以充分体现。

**参考文献：**

［1］王秀文．档案管理基础［M］．第二版．北京：高等教育出版社，2000.

［2］底红艳．对学校教学档案管理的几点认识［J］．晋图学刊，2002，(3)．

［3］吴宝康．档案学研究中的一些想法［J］．档案学通讯，1996，(3)．

# 浅谈高校档案在教学评估中的作用

云南财经大学　鹿继敏*

**摘　要：**高校档案管理与教学评估有着密不可分的关系，只有抓住机遇，努力做好档案工作，提升服务水平和管理水平，处理好教学评估工作与档案工作关系，使它们相辅相成，才能使高校教学水平和档案管理实现共同发展。结合教学评估和档案工作的实际，阐述高校档案工作在教学评估中的作用和存在的问题，并通过分析，提出加强高校档案管理的措施，对提高服务质量和效率、适应教育教学改革和发展、迎接教学评估及创建高水平大学具有现实意义。

**关键词：**教学评估　高校　档案　作用

为了促进高等教育工作健康、可持续发展，教育部建立了全国高等学校本科教学工作水平评估制度，主要对高校开展教学、科研、校园文明建设等多方面的评价。实践证明，高校档案是教学评估的基础，是衡量高校办学水平和教学质量的重要依据，直接影响高校水平评估的结果。如果没有档案作为依据，教学水平评估就成了无源之水、无本之木，评估结果就失去了真实性。鉴于以上情况，谈几点体会。

## 一、档案管理在教学评估中的作用

高校档案作为高校建设和发展的基础和依据，在高校各项评估工作中起到重要的作用，可以说，没有高校的档案，就无法进行高校的各类评估工作，这是因为，档案具有其他信息资料不可替代的功能和作用。第一，档案是随着学校的建立而产生，随着学校的实践活动而形成，随着学校的发展而逐步地积累，它详细真实地反映了一所学校的历史全貌，它是知识和信息储存的一种形式，具有查考凭证的作用；第二，档案是由文件材料有条件的转化物，它原样地保留形成者的亲笔手稿、领导签署机关和个人的印章以及当时的照片、录像或原声录音，是形成者的原稿、原作、原声、原貌，这些历史标记可以作为历史真迹的证明，作为查考、争辩和处理问题的依据；第

* 作者简介：鹿继敏，女，云南财经大学档案馆馆员。

三，档案记录了人们在各项活动中的思想发展、经验教训及创造性成果，学校工作只有依据档案材料，才能综合地去分析学校的过去和现状，为学校的未来作出科学的决策，评估中最有说明力的依据就是档案材料，只有档案材料齐全完整，才能对一个评估单位进行客观、公正、全面地评估。

## 二、档案管理存在的问题

通过开展教学评估活动，档案工作越来越受到高校领导和广大师生员工的密切关注和重视。但是，目前高校档案工作的现状与高校的改革发展要求不相符，高校的档案工作相对滞后，表现在：第一，档案意识薄弱，与高校培养高素质人才的大环境不相协调。如许多当时应该形成的材料没形成；应该及时收集保管的材料，还散失在教师和学生手中；在机构调整和办公用房调整时，由于部门领导和经办人员档案意识薄弱，许多重要材料已被当做废纸处理了。第二，院系档案工作不规范，文件材料不归档、漏归档现象严重。由于学院、系教研室、建档、存档部门职责不明，重复归档或“档案死角”现象普遍，最终导致了高校档案混乱、不全。第三，高校档案信息编研存在诸多不足。一是档案信息编研仅限于原始资料的简单汇总，信息含量低，日常教学档案的归类统计不够。二是高校档案信息的编研忽视了对档案用户的需求调查，针对性、实用性不强，利用率低。第四，专业队伍建设状况不佳。教学评估档案内容杂、涉及范围广、工作量大，而院系级档案管理人员大多数是兼职，许多由教学秘书或干事兼任，工作繁忙，还要兼收集、归档、立卷工作，加重了他们的工作量，没有更多时间顾及档案工作。

## 三、以教学评估为契机，进一步做好档案管理工作

### （一）重视宣传，增加档案意识

档案人员要树立和强化宣传意识，利用各种机会大力宣传档案工作。首先，学校领导要高度重视档案工作，将档案工作纳入学校计划和规划中，纳入管理制度中，纳入有关人员的职责范围中，定期对档案工作进行检查、总结。其次，学校要利用传播媒体、各种会议等形式，广泛开展档案宣传活动，让各级领导和部门、广大教职员工和学生充分认识档案的重要性，重视档案的平时收集和积累，充分调动全体师生员工形成档案、保护档案的积极性和自觉性，增强人们的档案意识。再次，利用收集档案资料和档案提供利用时宣传，档案利用本身是无声的宣传，而且是最好的宣传方式和途径。

### （二）加强档案队伍建设，提高档案人员素质

随着知识、技术发展日新月异，高校档案工作对档案人员“一专多能”

的要求，大力加强专、兼职档案人员继续教育显得尤为重要。我校档案队伍除了少数专职档案人员外，大部分是各院系、各职能部门的兼职档案人员，根据学校档案队伍的现状，学校可采取举办短期业务培训班、专题业务讲座、参加业务研讨会及到已评估院校参观学习等灵活多样的形式，有计划地对学校档案人员进行培训，提高档案工作人员的业务水平。档案人员也可以通过自学和互学交流的方式掌握各门类档案、各种载体档案的管理方法，不断丰富、更新自己的知识结构，全面提高自己的综合素质，适应时代对高校档案工作者的要求。除此之外，还要加强对档案人员爱岗敬业、无私奉献教育，提高档案人员政治素养，踏实自觉地搞好档案工作，积极主动为教学评估服务。

（三）建立规范的收集归档制度

档案材料分散于学校的各个部门，如果没有一套完整的、系统的、网络式的收集制度，这些文件材料容易散失，因此，应该在以下几个方面下工夫：（1）利用院系办公室为教学科研活动的中枢地位，建立以院系办公室为中心，上承学校各部门，下接各教研室、教学班级的档案材料网络式流向制度，院系办公室要根据文件材料形成的规律和特点，采取定时收集、定向收集、跟踪收集、补充收集等办法，确保文件材料及时归档。（2）档案工作人员要加强档案意识和工作责任心，克服障碍，采取主动出击的办法，深入到能形成文件材料的活动中去，以便能直接了解和收集形成文书档案的文件材料。如教学计划、交流、总结、申报科研项目、上报科研成果等环节。（3）对于教师个人的教学、科研等成果材料，要抓住各种机会进行收集。如评奖、评职称等，就是收集材料的好机会，收集时对于交接的材料要办理手续，当教师需要时，又随时提供方便，从而取得他们的支持和配合。总之，档案工作者只有从各个方面主动进攻，才能做好档案收集工作。

（四）发挥档案作用，搞好档案编研工作

编研工作针对性强、系统性好、利用效率高，是开发档案信息，提高工作水平的最好途径，也是高校档案工作的薄弱环节，因此，高校档案工作者要根据教学评估工作的要求，转变观念，树立全新的服务意识，提供高效的档案信息服务，做好参考资料的编制与报道工作，充分发挥档案信息资源效能。以开发利用高校档案信息资源为目的的编研工作不能停留在以往简单的档案材料汇编的水平上，要充分利用档案信息高标准、高质量、高水平做好编研工作。首先要有时效性，这就要求档案工作者必须具备社会责任感和观察事物的敏感性，能主动配合学校活动和党政大事，决不放过一次显示档案工作乃至档案部门自身价值与作用的机会，及时把握各个时期学校的关注点，并把这个关注点作为档案信息编研开发的着力点，使档案信息在教学改革和发展中真正用得上，见实效；其次要主动提供馆藏档案信息，让教职工了解馆藏档案情况，提示教职工利用档案，目前还有许多人对档案、档案工作的了解尚不够充分，对馆藏更是知之甚少，等到需要利用时仓促寻找，查全率、查准率都不能保证，因而影响利用效果。编研要切合实际，讲求实用，应根据当前的中心任务和本单位的工作重点，确定题目，不可“闭门造车”。

总之，高校档案不仅对教学评估意义重大，而且在学校其他方面的工作中也发挥着重要作用。我们要乘教学评估之机，改变传统工作方式，采用先进的档案信息管理方式，利用现代化管理手段，更有效地实现档案的利用价值，真正发挥高校档案在学校发展中的作用。

**参考文献：**

[1] 冯兢．迎接本科教学评估推动高校档案建设［J］．广西大学学报，2005，(11)．

[2] 谢丽春．浅议高校档案对教学评估的影响［J］．兰台世界，2005，(9)．

[3] 金鑫．高校档案利用的新思路［J］．档案与建设，2003，(8)．

# 浅议档案馆如何为建设和谐社会服务

昆明理工大学　杨淑芸*

**摘　要：**随着信息时代和知识经济时代的到来，构建和谐档案馆是建设和谐社会的需要，也是档案馆自身发展的需要。档案工作能否走出一条为全面建设和谐社会服务的新路子，是档案馆及全体档案工作者亟待解决的新课题。

**关键词：**档案馆　和谐社会服务

## 一、准确定位是搞好服务的前提

党的“十七大”提出了构建和谐社会的发展理念，和谐社会是国家富强、民族振兴、人民幸福的重要保证，构建和谐社会是一个渐进的过程，需要全社会共同努力。高校是先进文化、先进技术的汇集地，高校档案馆中蕴涵着丰富的珍贵资源和信息，档案馆作为党和国家的科学文化事业机构，不仅具备收集、保管、利用资料的三项基本功能，而且还具备保存人类文化遗产、维护历史真实面貌、繁荣科研、发展经济、宣传教育等社会功能。档案真实记载着人类社会实践活动，反映着社会生产力的发展水平，凝聚了中华民族的传统文化精华，对国人的民族精神和心理培育有着不可替代的作用。利用档案育人具有真实、生动、新颖、直观、易为大众接受等特点，档案馆可以对民众进行世界观、人生观、价值观和爱国主义教育，起到传承知识、凝聚思想、开发民智、净化社会风气的作用，对推进社会主义物质文明、精神文明、政治文明发展历史进程，完成构建和谐社会重要任务具有深远而重要的作用和意义。

因而，重视档案在创建和谐社会中的教化作用，加大档案信息资源的开发利用，走出一条为全面建设和谐社会服务的新路子，是档案馆及全体档案工作者亟待解决的新课题。发达国家重视档案服务的社会化，重视档案的教化作用，通过向社会发放各种参考资料，发行检索工具，发表评论文章，公布档案开放的消息，举办讲演、讨论会，发表档案研究的学术论文，举办档

---

* 作者简介：杨淑芸，女，昆明理工大学档案馆馆员，从事档案业务指导及档案收集工作。

案展览等方式，激发广大用户对档案的兴趣，了解档案的作用和馆藏内容，从而扩大档案的利用范围和档案馆的影响。档案馆购买和接受移交、捐赠、寄存私人档案以丰富馆藏，优化馆藏结构，增强为社会服务的实力，扩大档案服务范围。档案馆可为社会及公众提供的服务甚多，利用档案向公民进行各种教育的方式新颖多样。在过去相当长的历史时期内，我国的档案部门一直是国家政治机器的组成部分，档案较多强调的是政治性、机要性和保密性，其造成的结果是使公众望档案馆而却步，加之长期以来国家对档案事业投入有限，所以档案的育人作用无从体现。改革开放以来，档案在为社会、为大众服务方面逐渐与世界接轨，档案已跳出档案部门的铁皮柜，其视线和触角已延伸到社会的各个方面，档案为社会服务的范围也将会越来越宽广。凭借高校档案资料的先进性、科学性和权威性，为社会各方面提供服务。档案工作者应当紧紧抓住服务社会、服务公众这个主题，随时了解社会需求，主动及时提供利用，让高校档案在社会舞台上发挥重要作用，与时俱进，为构建和谐社会服务。

## 二、为社会主义精神文明建设服务

国家档案局在《关于在全国档案系统加强社会主义精神文明建设的意见》中，要求档案馆充分发挥爱国主义教育基地的功能，充分利用史志档案资源的优势，开展爱国主义，革命传统，基本国情、省情教育。许多档案馆近年来的实践证明，档案工作可以在精神文明建设中发挥重要作用。档案工作应改变过去默默无闻的状态，从后台走向前台，展示档案的依据性、凭证性和不可替代性。通过展示形式多样、展出内容丰富、展现手段现代化逐步让大众认识和接受，档案馆要逐渐满足民众的精神生活需要，促进社会主义精神文明建设更好更快地发展，为构建和谐社会搞好服务，让档案的价值和作用得以最大体现和发挥。构建社会主义和谐社会，既需要雄厚的物质基础、可靠的政治保障，又需要有力的精神支撑、良好的文化条件。没有思想、文化上的和谐，就难以把社会各方面的力量凝聚起来。因此，建设和谐文化是构建社会主义和谐社会的首要任务。构建和谐社会必须要着眼于提高全民族的文化素质和道德修养。如何提高全民族的文化素质和道德修养，必须要有先进的文化建设来为其提供坚实的思想保证、精神支撑、道德基础和文化条件。档案馆具有保存人类文化成果、开展社会教育、传递科技信息、开发智力资源的基本功能，是社会教育、科学研究、文化事业及其重要的组成部分，档案馆已经成为缩小社会差别，均衡社会利益，构建和谐社会的重要社会因素，在构建和谐社会中担负着不可推卸的责任和使命，它的发展可以有力地促进和谐文化建设、和谐社会的形成。

### 三、为社会主义经济建设服务

档案部门曾为我国的经济建设作出了杰出的贡献。随着我国改革发展进程的深入，面对社会的日益增长，全方位、多角度、多层次的需求，档案部门立足“服务”进行了积极探索，及时把有用的档案信息开发出来，为经济建设服务，注重科研成果档案的信息开发和技术转让，进行档案咨询工作，开展档案法律、档案管理、档案鉴定评估、档案缩微、人才培训、代为保管档案等业务；立足于服务这个出发点，通过对一些新建单位建档工作战略和工程项目档案的咨询论证评估，为有关机构和领导决策提供服务；帮助单位档案达标升级，抓重点，抓新建单位，抓薄弱环节，为基层档案事业建设发展服务，将工作着眼点放在社会新经济领域、新经济增长点等方面的档案课题的开发与研究，使档案咨询向更高层次迈进；为各级各类档案部门和企事业单位代整、代存、代管、代理各种档案业务；为个人代存字画、邮票、古书籍、古钱币、各种凭证等档案资料，使档案部门在为社会精神文明服务的同时，更好地为社会的经济建设服务。

### 四、为社会主义文化建设服务

档案与社会文化紧密相关，正是有了社会文化的产生、积累和发展，才有了档案事业的产生、兴盛和发达；而档案事业为社会开展全方位服务，将在一定程度上促进民族文化的发展与繁荣。档案工作者应及时抓住这一特点，利用档案馆自身优势服务社会，丰富民众文化生活，让档案馆为群众服务。适时制定一些亲民、便民措施，为解决就业、生活等问题实施免除档案利用咨询费、档案利用保护费、档案证明费、接受委托代查档案服务费等措施。同时，为实现与大众的亲密接触，在馆内完善服务设施，改善服务条件，向居民开放庭院，提供晨练场地，开放馆内会议室、多功能厅等，使档案馆真正成为社会主义文化教育基地。总之，在新的历史时期，我们要坚持以科学发展观为指导，不断提高构建社会主义和谐社会的能力，积极做好档案工作各方面的协调、全面发展，使档案事业更好地为其他各项事业服务，为实现全面建设小康社会的目标而奋斗。

**参考文献：**

[1] 骆威．社会主义和谐社会与社会主义和谐文化［N］．中国文化报，2005－05－12.

[2] 严书翰．大力促进和谐文化发展［N］．人民日报，2006－10－09.

# 浅谈档案在高校精神文明建设中的作用

楚雄师范学院　谢怀方*

**摘　要：** 档案在学校精神文明建设中属于精神文明建设范畴，是精神文明建设的有机组成部分。档案本身就是宝贵的民族文化遗产，是国家珍贵的文化财富，它的真实性、多样性特点使其在学校精神文明建设中发挥着不可替代的作用。它是学校开展思想品德教育的真实教材，是学校校园文化建设和提高人文素养永不枯竭的源泉，是学校办学智慧的结晶，是最能反映学校办学成就和精神文明建设成果的有力支撑材料。

**关键词：** 档案　文化　精神文明　作用

社会主义精神文明是中国特色社会主义和现代化建设的重要目标和重要保证，它不但为物质文明的发展提供精神动力和智力支持，而且为物质文明的发展提供有力的思想保证。当前，我国正处在经济、政治、文化大发展和社会重要转型时期，这不仅意味着国家经济领域的重要变革，更意味着整个社会物质生活和精神世界的深刻变化。随着我国经济的快速发展，人们对精神文化的需求和愿望越来越强烈，因此，在党中央号召下，全国各地掀起了社会主义精神文明创建活动新高潮。我院作为一所地方普通高等院校，也在 2005 年走进了全国精神文明建设工作先进单位行列，并于 2009 年 1 月被中央文明委授予“全国精神文明单位”荣誉称号。笔者作为一名普通的档案工作者参与学院全国精神文明单位的创建工作，深刻感受到档案在社会主义精神文明创建活动中的重要作用。

## 一、档案是学校宝贵的历史文化遗产

高校档案是高校在各个历史时期社会实践活动的真实记录，是学校在长期教学实践中积累起来的具有重要价值的历史资料，它真实地反映了学校历史发展的行进轨迹，是学校一切工作的综合反映，它不但是学校过去工作活动的历史记录，更是学校历史发展的见证，也是学校日后教学、管理工作不可缺少的重要条件。我国有着悠久的文明历史，中华民族创造了灿烂的历史

---

* 作者简介：谢怀方，男，楚雄师范学院办公室政工师，档案管理科科长。

文化，留下了众多的文化遗产。但是，由于各方面的原因，有难以数计的文化遗产没有保存下来，档案作为保存下来的文化遗产就显得更加珍贵。高校档案作为学校进行社会实践活动的自然产物，是不可再生的信息资源，是宝贵的文化遗产，它作为原始的历史记录，不管其形成者是谁，用意何在，都记述着一定的史实，镌刻着时代的烙印，透视着确定的信息。通过档案的内容，我们能够清晰了解档案所记述的每一项重大活动内容，因此，它是存储社会记忆、传承人类文明的历史文物，是一个国家和民族文化遗产的重要组成部分。随着社会的进步，人们越来越意识到，文化财产中最宝贵而无法用金钱衡量其价值的是文化遗产。学校档案正是被保留下来的不可多得的文化遗产，它深深植根于人类社会生活，与人类社会同步发展，并随着社会文明程度的提高，越来越深入到社会生活的各个方面，在经济发展、科技进步、社会文明中发挥着越来越重要的作用。

## 二、档案是学校思想道德建设中的真实教材

高校档案是学校历史发展的结晶，是学校各方面工作的长期积累，它包含了教学、管理、科研等诸多方面的内容，反映了教职工、学生各个不同层面的活动记录，是时间和空间的汇合，是创造与发展的凝聚，其内容生动多样，是学校思想道德教育不断的源泉。首先，它是学校思想道德建设的生动素材。高校档案记述了学校历史发展的优良传统，有着丰富的爱国荣校的教育内容，它记载着的是学校创业史、发展史和奋斗史。校史陈列室中展现的每一幅精美图片，各种引以为豪的奖状，发出光芒的奖杯、奖牌等，正是我们生动的爱国荣校史，是对师生进行爱国爱校教育的真实教材。其次，档案凝聚了学校良好的校风和学风，它反映了学校不同时期的办学历程，总结了学校办学的思想精华，是进行品德教育的模范读本。学校在长期的办学实践中会在各个时期档案里沉积不少带有自身特色的办学思想理念，良好的校风、教风和学风，以及在教书育人过程中涌现的模范人物事迹等，这些档案所反映的内容是学校在长期办学实践中自然形成的，是真实的历史再现，其实质上是学校办学进程中一种精神文明的产物，这无疑是对师生进行品德教育的最好读本。再次，高校档案作为高校育人资源的重要组成部分，它可以通过开展适合学校学生特点的宣传教育，充分利用校史陈列室、专题校史展等，展示学校办学特色、宣传办学成就、弘扬办学精神，强化青年学生的爱国爱校意识，达到档案教化育人的作用，是学校进行思想品德教育的真实素材。

## 三、档案是学校开展校园文化和提高人文素养的源泉

高校档案作为高校历史文化的重要载体，它与生俱来就具备文化的内涵与品格。精神文明建设的实质就是塑造人，不断提高全民族的思想道德素质和科学文化素养，从而实现社会的全面进步。大学校园文化建设也是学校提高人文素养的一种重要手段，而在高校档案中所承载的正是学校各个历史时期教育、教学、科研、学术、文化、艺术、建筑、卫生、体育等事业发展中的一种文化积淀，它可以作为学校开展校园文化和提高人文素养不断的源泉。校园文化是一所学校在长期育人过程中形成的独特的价值观念、社会心理、审美情趣、思维模式、行为方式以及与此相关的校风、学风，它能为师生共同创造具有校园特色的文化氛围，它包含学校的物质文化、精神文化和制度文化。一所学校如果没有一定的历史文化沉淀，要谈校园文化也就成了无源之水、无本之木。档案作为学校历史发展的记载，被称为学校历史的储存器，它随着学校的发展而不断充实、丰富，它不仅是学校教学、管理过程的真实记载，更是广大师生集体智慧的结晶，是学校重要的文化财富，它具有丰富的文化属性，它在陶冶学生情操、规范师生行为等方面都发挥着很重要的作用。在开展校园文化建设中，我们可以利用档案馆丰富的档案资料，尤其是老照片、奖状、奖杯、实物、科研出版物等档案充实校史展览馆，可以展示一些馆藏名人字画、手稿、领导题词、珍贵图片等档案，让它们在校园文化建设中发挥应有的作用。也可以利用校报、广播站、校园网络等宣传媒体介绍一些学校历史上的名人事迹、校史典故、著名校友成长经历。也可以利用馆藏相关文件编制学校规章制度汇编，促进学校制度文化建设，组织编制大事记、校史、年鉴等为校园文化建设服务。因此，档案是学校开展校园文化和提高人文素养的源泉。

## 四、档案是学校精神文明创建陈列展览的形象资料

举办陈列展览是创建高校精神文明的一项重要内容，是对广大教职工和青年学生进行思想道德教育、爱国主义教育的一种重要形式。无论是档案部门还是宣传部门举办的宣传陈列展览，其内容和素材大多来自于档案资料，特别是照片档案，由于这些档案更为直观生动，而且内容丰富，是高校精神文明创建活动中陈列展览生动的形象资料。详细的史料文字说明、图片、音像、出版、奖状、奖牌、科研成果等档案是陈列室最真实的形象资料，它能寓思想教育于潜移默化之中，起到在不知不觉中感化、激励观者的作用。在精神文明创建中，可以利用档案资源的丰富性特点，让丰富多样的档案资源进入校史陈列室，展现学校办学育人成果，帮助青年学生了解学校历史和取

得的各种成就，培养荣誉感，增强凝聚力，促进青年学生形成良好的学风。

## 五、档案是学校精神文明创建活动评价的重要支撑材料

档案是人类活动的原始记录，它把人们在学习、生活、工作中往复不断的现象真实地记录下来，使过去的状态变成永恒的凝固，变成准确寻找事物发展规律的可靠依据。学校在精神文明创建活动中取得的成果，会被痕迹档案完整记录在册，它是接受主管部门和上级机关检查、考评的重要依据。高校档案汇集了学校教学、管理、科研的最新成果，它能客观全面地反映学校综合办学实力和教书育人成果，也是学校物质文明和精神文明的结晶。比如反映学校精神文明创建的工作计划、总结，创建工作会议记录、纪要，学校科学民主管理的决策、规章制度，党风廉政建设、群团工作建设中取得的各种成绩，能反映当前学校状态的包括单位性质、规模、机构设置、业务能力、工作成效以及社会和上级部门对学校的评价等相关材料都得由单位档案管理部门来提供，是作为上级主管部门考察学校精神文明创建成果的有力凭证，它是学校精神文明创建活动评价的重要支撑材料，是学校开展精神文明建设最有力的证据。这些支撑材料涵盖了学校办学指导思想、理论学习、民主决策、制度建设、工作业绩、思想道德建设、科技文化发展水平等方方面面的工作，是最具有说服力的考评、检查材料。

综上所述，档案在学校精神文明建设中属于精神文明建设范畴，是精神文明建设的有机组成部分。档案本身就是宝贵的民族文化遗产，是国家珍贵的文化财富，它的真实性、多样性特点使其在学校精神文明建设中发挥着不可替代的作用。它是学校开展思想品德教育的真实教材，是学校校园文化建设和提高人文素养永不枯竭的源泉，是学校办学智慧的结晶，是最能反映学校办学成就和精神文明建设成果的有力支撑材料。

**参考文献：**

[1] 贾书梅. 档案工作与精神文明建设 [J]. 行政论坛，2001，(3).

[2] 朱金兰. 档案文化与校园文化 [J]. 兰台世界，2005，(8).

[3] 中共中央. 爱国主义教育实施纲要 [J]. 人民教育，1994，(10).

[4] 陈伟. 关于建立精神文明建设专题资料档案的思考 [J]. 伊犁州委党校学报，2001，(4).

# 档案文献编纂学论著述论

昭通师范高等专科学校　吴兴菊*

**摘　要**：文章把三十年来档案文献编纂学论著按研究对象侧重点的不同分为传统的档案文献编纂学、科技档案编纂学、档案编纂史学、大编纂思想下的档案文献编纂学论著四大类加以评述，并对档案文献编纂论著演进历程对学科性质的揭示和学科体系的构建等方面进行了思考。

**关键词**：档案文献编纂学　论著

## 一、传统的编纂思想和第一本档案文献编纂学专著的问世

从有史可考的孔子编纂“六经”开始，档案编纂工作在我国历代相传。刘向和刘歆父子采取了“广罗异本，仔细勘对”，“彼此互参，去其重复”[①]等程序和方法，唐代史学评论家刘知几所著《史通》，倡立“制册章表书”[②]，司马光编《资治通鉴》首开修史先作长编的先例，清代学者章学诚的“比次之法”、“纂辑”之学等，都给后人留下很宝贵的编纂经验。历经千年虽然未见一本专门的档案文献编纂学著作问世，但前人对编纂实践活动和档案文献编纂的理论与方法的探讨和总结，才使得档案文献编纂学有得以创建和发展的可能。

新中国成立以后，由档案学奠基人吴宝康先生带领，在借鉴苏联专家谢列兹聂夫文献公布学基础上，1956 年中国人民大学历史档案系文献公布学教研室编写刊印出中国第一部《文献公布学》油印教材，该书约为 10 万字，是我国档案编纂学专著的雏形。吴宝康先生 1981 年著文《档案文献编纂学是档案学的重要科学科目》，1982 年出版《档案学理论与历史初探》，对档案文献编纂学的学科对象、性质、学科体系和研究领域等一系列重大问题作了精辟的论述，促使档案文献编纂学作为档案学一个重要的分支学科得以发展和繁荣起来。

---

* 作者简介：吴兴菊，女，从事高校档案管理工作。

① 曹喜琛．档案文献编纂学［M］．北京：中国人民大学出版社，1990：13.

② 曹喜琛．档案文献编纂学［M］．北京：中国人民大学出版社，1990：17.

## 二、三十年档案文献编纂学论著述论

十一届三中全会后至今，共有30余种档案文献编纂专著问世，充分显示出了档案文献编纂学学科从创立到今天繁荣发展的学科历程。笔者根据各时期论著研究对象侧重点的不同，将这些论著分为以下四类。

### （一）传统的档案文献编纂学

档案文献编纂学论著中研究比例最大、最为成熟的当属围绕文书档案编纂工作来展开的。早期的档案文献编纂学理论研究主要集中在文书档案方法论研究上，受史学影响较多，有明显的时代烙印，但能在档案学及档案文献编纂学的初创时期在总结前人的研究经验上自成一体，形成了档案文献编纂学的基本框架。《档案史料编纂学概要》由丁永奎、曹喜琛编著，1982年出版，合计10万字，是我国第一本公开出版的档案史料编纂学著作。全书由十个章节构成，从编排体例来看，该书围绕档案文献编纂工作展开，主要由概论和方法论两部分组成。该书是在初步总结我国学术界和档案界档案文献编纂现实经验的基础上形成的，是一部具有较高学术价值的著作。20世纪80年代档案文献编纂论著主要有1981年由韩宝华编写的《档案文献编纂学纲要（初稿）》，1987年2月由曹喜琛、刘耿生编著的中央广播电大大专教材《档案文献编纂学》，它是第一本公开出版的以“档案文献编纂学”命名的教材，1987年王权编写的《档案文献编纂学》。20世纪90年代出版的有曹喜琛主编的《档案文献编纂学》、梁毓阶主编的《档案史料编纂学》和潘玉民主编的《档案编纂学》等等。从编纂体例、内容、例证等方面来看，最为突出的是由曹喜琛主编的《档案文献编纂学》，1990年作为高校文科教材正式出版。全书内容涉及学科概述、编纂历史、编纂工作和编纂方法，新增档案文献编纂学史略，丰富了学科历史研究，诸多论述为众多学者纷纷引证。该书堪称传统档案文献编纂学论著中的经典著作，它的出版表明档案文献编纂学学科建设已经向正规化阶段迈出了一步，是这门学科正式确立的重要标志之一。①

### （二）科技档案编纂著作

在科教兴国战略的指导下，人们认识到科技档案的特殊性，对科技档案的编纂原则、程序、方法等进行了一系列的研究。专著成果主要有徐绍敏《科技档案编纂工作（论著）》，温学志、潘齐靖的《科技档案编研学基础》，徐绍敏的《科技档案编研工作》，贺真的《科技档案编研的理论与方法》。

① 曹喜琛．中国档案文献编纂学的繁荣［J］．档案学通讯，2000，（5）．

其中把文书档案与科技档案编研合为一书的徐绍敏主编的《档案文献编纂学》（1994），涉及科技档案编研的内容集中地写了两章，即《科技档案编纂成果种类及编法》和《文书档案编纂和科技档案编纂比较》，在比较研究章节中对文书、科技档案编纂现状、编纂步骤、汇编成果类型等作了比较研究，对比较研究的方法和比较研究对构建学科体系的作用进行了论述，提出了建立比较档案编纂学分支学科的思想。该书还对档案文献编纂成果用户需求研究和档案文献编纂人员的素养问题进行了初步论述，不失为该书的亮点。20 世纪 80 年代末 90 年代初出现的众多科技档案文献编纂学论著可谓异军突起，突破传统的以围绕文书档案编纂研究，拓宽了档案文献编纂领域，使得人们更加注重编纂成果的利用，对编纂工作学科性质的认识进一步深化。

（三）编纂史学研究

在对档案文献编纂史方面，上述的 1990 年曹喜琛和 1994 年徐绍敏主编的《档案文献编纂学》与韩宝华的《档案文献编纂学教程》等著作中均作为全书的一个章节加以论述，2007 年刘耿生主编的《档案文献编纂学》作为该书三篇中的一篇用 5 个章节来阐述。成书中对通代编纂史学研究只有 1999 年由曹喜琛和韩宝华编著的《中国档案文献编纂史略》。全书介绍了不同历史时期的编纂工作内容、编纂成果、方式、特点，并对各自价值进行分析评价，书中还详细描述和评价传统的编纂思想。该书是研究档案文献编纂通代史方面的一本集大成著作，填补了本学科史学研究领域的空白。在对档案文献编纂断代史方面的研究，还未见公开出版的专著，对特定时期的编纂学史研究主要体现于各个时期学术论文的发表，从先秦到当代各时期都有学者学术论文发表，充实和丰富了档案文献编纂史学研究。

（四）大编纂思想下的档案文献编纂学论著

所谓大编纂学即把传统的档案编纂学和档案编研论熔于一炉，铸为一体，形成一门以研究一次、二次、三次文献编纂的理论、原则和方法相结合而构建的全新的学科体系。① 韩宝华的《档案文献编纂学教程》（1999 年）即为倡导大编纂学思想的代表。从编排体例来看，全书分为原理、体例、编纂程序、编纂技能四个部分，它将编纂工作的一系列活动所涉及的指导思想、程序方法和技能作为一个整体来设计，对了解档案文献的编纂历史及掌握一定技能有较大的参考作用。21 世纪后，我国少有档案文献编纂学专著问世。2007 年刘耿生教授编写了《档案文献编纂学》作为普通高等教育“十

① 彭明或．大编纂学观及其引发的相关思考［J］．浙江档案，2004，（1）．

一五”国家级规划教材出版。全书以方法篇、历史篇、专题篇三大部分来论述，该书不仅研究了档案文献编纂学的性质、研究对象、研究范围、编纂原则和方法等，和以往类似著作相比较增加了回忆录、谱牒、地方志的编纂，也新增了《信息技术对档案文献编纂的影响》章节，丰富了编纂信息化研究的内容。

## 三、我的思考

档案文献编纂学经过了近三十年的发展，在档案基础理论、档案编纂史学研究、档案文献编纂工作等方面都获得了长足进展。不断问世的档案学论著丰富着档案文献编纂学学科内容，使得学科从稚嫩到逐步成熟。但是我们要看到至今虽有30余本专著问世，然而它尚是一门不成熟的学科，在学科名称、学科性质、学科体系等方方面面都还认识不清。而且近年来关于档案文献编纂的专著或学术论文仅从数量上来看学科研究就非常薄弱。对众多基础理论特别是学科性质认识不清，这就影响和制约了学科的发展。从围绕历史文书档案为主档案文献编纂研究到今天的把档案编纂作为档案信息资源开发的重要工作内容的转变，笔者认为档案文献编纂学的学科性质即为信息资源整理与开发性。可喜的是近年来档案界越来越重视档案信息资源的开发和利用，出现了众多围绕信息资源开发进行档案文献编纂的论著。刘耿生2001年版的《档案开发与利用》一书就从编纂的角度阐述档案信息的开发利用。陈愚在《也谈档案文献编纂与档案信息资源开发利用》对这一问题也有所论述，出版的著作有赵巨华等编的《档案信息论纲要》、罗辉著的《档案信息开发和利用》、吴建华著的《科技档案信息资源开发策略研究》都从信息开发的角度对档案文献编纂学进行论述。纵观档案文献编纂学科走过的历程，我们看到的是档案文献编纂学从最初的文献公布学发展成为下设众多分支学科的学科，研究内容不断丰富和发展，但是从目前学科发展来看尚未形成紧密的学科体系结构。若把档案文献编纂纳入整个信息资源大环境当中加以考虑和利用，以面向用户多种信息需求的档案信息资源开发利用思想来认识档案文献编纂工作，随着档案文献编纂现代化的发展，我们相信现代技术将对档案文献编纂学学科体系的发展增加新的思路。

**参考文献：**

[1] 吴宝康．档案学概论［M］．北京：中国人民大学出版社，1988.

[2] 曹喜琛．档案文献编纂学［M］．北京：中国人民大学出版社，1990.

[3] 曹喜琛，韩宝华．中国档案文献编纂史略［M］．北京：高等教育

出版社，1999.

［4］刘文杰．中国档案学文书学要籍评述［M］．成都：四川大学出版社，1987.

［5］吴宝康．档案学理论与历史［M］．成都：四川科学技术出版社，1985.

［6］朱玉媛．档案学研究进展［M］．武汉：武汉大学出版社，2007.

［7］曹喜琛．中国档案文献编纂学的创建［J］．档案学通讯，2000，(4)．

［8］曹喜琛．中国档案文献编纂学的繁荣［J］．档案学通讯，2000，(6)．

［9］张关雄．档案文献编纂学著作（1981—1999）述评［J］．档案学通讯，2001，(2)．

［10］彭明或．大编纂学观及其引发的相关思考［J］．浙江档案，2004，(1)．

［11］张关雄．一部富于创新的跨世纪佳作——评韩宝华先生所著的《档案文献编纂学教程》［J］．档案学研究，2000，(4)．

［12］黄夏基．论中国传统档案学的理论所在［J］．广西民族学院学报（哲社版），2002，(5)．

［13］胡鸿杰．档案文献编纂学评析［J］．档案学通讯，2003，(2)．

［14］杨晓晴．从文献计量学角度探析我国档案文献编纂学研究［J］．档案学研究，2006，(5)．

# 档案用户利用心理障碍分析及对策研究

红河学院　石　瑛*

**摘　要：**档案用户是档案部门服务的对象，是档案价值的体现者。但是，由于受外界或个人因素的影响，档案用户极易产生各种利用心理障碍，从而影响到档案利用行为。分析研究档案用户利用心理障碍，有助于档案部门强化档案利用服务工作，是提高档案服务质量、满足社会和公众对档案利用需求的必然要求。

**关键词：**档案用户　档案利用　心理障碍　分析

档案用户是档案部门服务的对象，亦即我们常说的档案利用者，是档案价值的体现者。档案用户利用率的高低，是档案管理工作赖以生存和发展的重要因素。但是，由于受外界或个人因素的影响，档案用户极易产生各种利用心理障碍，从而影响到档案利用行为。有份调查资料显示，约占64.5%的档案用户在获取档案时会遇到各种各样的障碍。因此，研究、分析影响档案用户利用行为的心理因素，有助于档案部门有针对性地开展档案利用服务工作，提高档案利用率，最大限度地发挥档案的作用。

## 一、档案用户利用心理障碍及其表现

在心理学上，心理障碍是指由于生理、心理或社会原因而产生的心理异常。由此，我们这里所说的“心理障碍”是指档案用户在利用行为发生前或实施过程中由于受到外界因素和个人因素等的影响所产生的一种反常心态或反应。在社会实践活动中，档案用户主要通过档案利用行为获取一定的档案信息，以解决遇到的各种疑难问题。在这一过程中，档案用户往往会表现出求快、求全、求准、求便的心态，对档案部门充满了期待和信任。但另一方面，由于受环境、社会和个体心理特征的影响，档案用户的利用心态又是极其复杂的，甚至存在着各种心理障碍。笔者认为其中较为重要和典型的有以

---

* 作者简介：石瑛，女，副研究馆员，主要承担学校档案管理工作及档案学应用理论研究。

下几种类型。

（一）认知障碍

认知障碍是档案用户对档案及档案工作的认知偏差而产生的心理障碍。一提到“档案”，许多人便自然地想到那些使人颇感神秘的人事卷宗或深藏于铁皮柜中的红头文件，使档案披上了异样的色彩，常常把“机密”一词和档案联系起来，认为一般人是不能轻易利用的，对档案和档案工作充满了神秘感、畏惧感。在这样的心理因素影响下，在一定程度上使档案用户对档案工作产生偏见，对档案部门“敬而远之”，阻碍了档案利用行为的发生；即便到了档案部门，有的用户还是顾虑重重，在行动上谨小慎微，担心自己的利用需求遭到拒绝，也就必然会影响其利用行为。相反，有一些人又认为档案不过是一些发黄、尘封的“故纸堆”，轻视档案信息的作用和档案工作的社会地位，对档案部门提供信息的能力有所怀疑，因而不能正确利用档案和档案馆。持这种心理的用户，干脆不来利用档案，即使在查找无门的情况下亦如此。

（二）情绪障碍

情绪障碍是指档案用户在利用行为实施过程中所产生的不良情绪。一般来说，用户到档案部门查阅档案，都是希望能尽快地获得相关档案信息，以顺利解决工作、学习、生活中遇到的问题。因此，有的用户只从自己急于解决的问题出发，不考虑档案部门的实际情况，要求档案人员在最短时间内提供有效信息，表现出焦虑、急躁的情绪。特别面对一些与切身利益息息相关的问题，如工资、养老保险、房产、土地争议等，一旦档案部门不能及时地提供或是提供不了所需的档案，档案用户的这些不良情绪就表现得更为突出，有的甚至会把本身的不满发泄到档案人员身上，恶化为争吵、谩骂等情况。

（三）个性障碍

个性障碍主要指由于档案用户不同的个性倾向和个性心理特征所造成的沟通障碍。由于气质、性格、能力、兴趣等不同，每个人都会表现出较明显的个性差异。这种差异性使得档案用户利用行为中也会存在差异。性格内向的档案用户，往往因平时缺少交往、不善于交际而表现出胆怯、多虑，面对档案人员往往十分注意档案人员的神态和动作，说话时非常谨慎，声音缓和；文化程度较低、表达能力较差的档案用户不能准确、清楚地表述查档目的，和档案人员会存在沟通上的困难，容易产生自卑心理；没有查档经验、不具备独立查档能力的档案用户，由于对查档案程序和方法缺乏了解，会伴随着不同程度的紧张感，对档案人员的心理依赖性很强；有的档案用户自身优越感较强，恃强高傲，盛气凌人，极易使档案人员产生反感，甚至产生双方僵持的局面。

## 二、档案用户利用心理障碍形成的原因

形成档案利用心理障碍的原因，既有社会的外部环境因素，也有档案工作的内部环境因素和档案用户本身的内在因素。从档案部门的角度看，主要有以下几个方面。

### （一）传统档案工作的政治本位的影响

由于历史的原因，档案工作历来都被统治阶级所掌握，为一定的社会制度和一定的路线、方针、政策服务的，是政治的一部分，作为上层建筑存在。即使现在，不少档案部门还是和党委、政府机关同处于机关深宅大院中，查阅档案要履行烦琐的手续，人为地加重了档案的神秘，使得档案工作更多的是服务于机关和党政领导，忽视了档案工作为社会服务的需要，从而使得档案工作的政治本位更为凸显。

### （二）“局馆合一”管理体制的影响

“局馆合一”即“一个机构、两块牌子，履行两种职能”，是一种政事合一的体制。一方面，“局馆合一”既模糊了档案行政管理部门的法律地位，丧失了作为行政部门的行政主体资格；另一方面，“局馆合一”的体制又强行将档案工作的行政管理职能和档案事业功能交织在一起，导致事业功能的严重扭曲，加剧了档案工作的封闭性，容易产生档案馆也是高高在“上”的“行政管理者”的误区，以至于淡化了档案馆本应有的社会化功能。

### （三）档案馆藏结构不合理的影响

长期以来，我国各级各类档案馆普遍存在着馆藏资源单一、信息量低的问题。虽然近几年档案部门已开始加大了关乎民生的各类档案的收集以及开展对部分企业的档案接收进馆，但是“公务档案”一统天下的局面仍未得到改变，有关公众生产生活的历史记录比较少，这种状况必然制约着档案馆开展公众服务，无法满足档案用户对档案利用的需求。

### （四）档案部门服务能力的影响

档案部门的服务能力取决于两大因素。一是档案人员的因素。目前，我国档案人员队伍中本科以上学历及具有档案学科专业背景的人才所占比重较少，有很大一部分人对现代管理知识及技术掌握不好，对馆藏档案不熟悉，不能充分利用现代技术为档案用户服务。加之长期以来形成的“吃大锅饭”的状况，缺乏应有的事业激励机制，档案工作者社会地位不高，档案人员对职业满意度不高，工作热情不高，情绪低落，久而久之，必然对档案用户有

一种厌烦、不负责任的心理情绪。二是档案部门硬件的因素。虽然近年来我国各级各类档案馆使用的技术设备已有所改善，但从总体上看，档案工作的现代化管理程度并不高，由此造成检索技术不高，档案查找效率低下，无法快速、准确地为档案用户提供档案信息。

## 三、消除档案用户利用心理障碍的对策

针对档案用户产生的利用心理障碍，档案部门有必要采取一系列措施，改进工作，以一种更为亲和、贴近公众的形象，影响和吸引档案用户的利用行为，提高档案利用率。

### （一）改革档案管理体制，塑造服务公众的开放形象

根据《中华人民共和国档案法》第八条的规定："中央和县级以上地方各级各类档案馆，是集中管理档案的文化事业机构，负责接收、收集、整理、保管和提供利用各分管范围内的档案。"也就是说，档案馆的主要职责就是保管好档案，并提供利用。同时，档案馆作为事业单位，在管理方式和运行机制上，不应该再照搬政府机关的模式，而应在国家法律法规指引下，走向社会，面对市场，以一种开放的形象服务于公众。特别是随着我国法制化、民主化进程的加快，公众对政府工作的知情权得到了更多的尊重，提供档案服务已不再是档案馆的单纯业务行为，它与公民的权利和义务密切相关。因此，要努力转变档案工作中重机关团体利用、轻个人利用，重为机关团体服务、轻为群众服务的传统观念和认识，像重视机关团体利用那样重视人民群众利用，建立方便人民群众的档案利用体系。

### （二）优化馆藏结构，建设社会公众的档案信息基地

丰富的馆藏资源是档案利用的根本保障。就档案馆而言，应该进一步丰富馆藏资源，改变过去以党政机关、专家学者利用为主的馆藏资源结构，增加反映社会公众需要，与公众的生活和生产活动密切相关的馆藏资源，如婚姻、房地产、土地承包、社保等相关的民生档案。另一方面，档案馆还应积极利用馆藏信息，做好档案信息加工，把孤立、分散的原始信息变为有序、集中、共享的信息，把档案馆建设成为信息基地，使档案馆真正走近寻常百姓。

### （三）提高专业素质，强化档案工作者的服务能力

档案工作者的素质决定服务能力。首先，档案工作者必须具备档案管理的专业知识和业务能力，对档案管理的工作内容、工作流程有细致的了解，对档案工作事务有清楚的认识，并熟悉档案的分类、整理、立卷等一整套档案工作的规程。其次，档案工作人员要跟上时代步伐，学习电子信息技术，

能够掌握现代的电子工具来提升工作效率。因此，档案工作者必须具备使用现代技术设备的能力，掌握档案管理系统软件的使用方法，并能使用新型的保管档案的仪器，如档案防霉杀虫机、电子档案防磁柜等。再次，档案工作者应该具有良好的职业道德和敬业精神，工作认真负责，严谨细致，有责任心，努力将档案工作做到最细，能积极主动地完成本职工作；档案人员的工作必须围绕“以利用者为中心”这一理念，多为利用者着想，以热情、周到、平等、公平的态度对待每一位档案用户。

（四）加大档案宣传，实现档案利用的社会化

为影响和吸引档案用户的利用行为，加快档案工作从封闭性向开放性转变，档案部门应开展多种形式的档案宣传。档案部门可以通过举办档案展览、建立爱国主义基地、开设网站、开展档案进社区和档案利用咨询等形式，最大限度地让档案利用贴近社会公众，让档案用户切身感受到档案就在身边，感受到利用档案的方便、快捷与舒适，消除公众利用档案的心理障碍。

总之，随着档案利用的社会化日益凸显，面对档案用户的多元化和利用需求的立体化趋势，档案部门应积极分析档案用户的各种利用心理障碍，逐步完善和改进工作，引导档案用户树立正确的档案利用心理，为档案用户提供优质的档案信息资源，满足社会及公众对档案信息的利用需求，提高档案工作在社会的影响力。

**参考文献：**

［1］何嘉荪．档案管理理论与实践［M］．北京：高等教育出版社，1993.

［2］罗军．还档案馆“文化事业机构”本来面目［J］．档案学通讯，2007，（1）．

［3］高永青．中国档案管理体制及重构［J］．档案管理，2005，（6）．

［4］魏莉，方丽萍．满足公众休闲与档案利用的对策［J］．北京档案，2009，（4）．

# 家庭档案——提高人们档案意识的切入点

云南大学　马　丽*

**摘　要**：人们的档案意识淡薄是当今一个普遍的社会现象，它给档案工作的开展增加了难度，影响了档案事业的发展。因此，提高人们的档案意识迫在眉睫。而家庭是社会的细胞，社会是由无数个家庭组成的，因此，帮助他们建立家庭档案，对于在全社会普及档案知识，进一步提高全民档案意识，具有重要的现实意义。

**关键词**：提高　档案意识　家庭档案

## 一、档案意识的内涵及现状

在谈档案意识之前，我们先来看看什么是档案。《档案法》第二条解释道："档案是指过去和现在的国家机构、社会组织以及个人从事政治、军事、经济、科学、技术、文化、宗教等活动直接形成的对国家和社会有保存价值的各种文字、图表、声像等不同形式的历史记录。"档案是历史的真实记忆，是传承文明的载体，是现实工作的必然依托。我们所说的档案意识，就是指社会全体对档案和档案工作这一客观事物的反映和认识程度。它是社会意识的组成部分，是档案工作赖以生存和发展的重要条件。

提到"档案"，人们总给它罩着种种神秘的面纱，特别是在20世纪六七十年代，由于特殊的历史原因，档案是为党和国家各项事业服务的，一般百姓很少接触，因此，人们对档案的认识就变得越来越模糊和片面了。有人认为档案是神圣的，不可随便接触的；有人认为档案就是人事档案，保密性极强、不可翻阅和查考；也有人认为档案只不过是一份记录自己简历而又不能亲自翻阅的秘密而已；更有人认为档案只是档案工作人员的事和自己无关。如今新生事物如雨后春笋，人们往往将视线放在这些新生事物上，没有多少精力来关注默默无闻的档案工作。因此，社会上经常发生重要的文件和材料被随意丢弃和损毁的现象。

人们常说："书到用时方恨少。"而我要说："档案用时方恨少。"很多

---

* 作者简介：马丽，女，云南大学档案馆信息部助理馆员。

单位到了迎评、迎检时因为缺乏支撑材料才突然发现档案馆（室）的重要；很多家庭在遇到重大问题和变故时才发现以往该保管的凭证和材料没有保管好；很多人在评职称、升学、出国、入伍时等才发现翻箱倒柜之苦、多方准备材料的奔波。所以，让更多的人逐步认识档案，认识到它的利用价值，从而增强全民档案意识，就成为档案工作者的努力方向。

## 二、提高人们的档案意识应从家庭档案入手

### （一）家庭档案的内涵

家庭档案，就是一个家庭中各个成员在从事家庭事务活动及社会活动过程中形成的，记录并保存起来以备日后查找使用的各种资料，如日记、书信、手稿、照片、录音带、录像带、磁盘、证件、凭据等。

家庭档案是家庭成员工作和生活的历史记录，是全社会档案的重要组成部分，是培养家庭美德的重要依托，是家庭教育的生动教材，是维护家庭成员合法权益的法律书证，是传播精神文明的有效载体。家庭档案既是家庭发展的见证，又是社会演变的缩影，建立完整的家庭档案，可以为家庭中的各项管理，如家庭理财、子女教育、物资管理、安全管理、生活管理等提供可靠的信息依据。家庭档案可以成为家庭生活的好帮手，使家庭生活有序化、多样化、情感化、消费理性化、投资合理化、管理科学化，免去许多翻箱倒柜之苦，从而提高人们的生活、学习、工作质量，美化家庭，丰富个人的生活。

### （二）建立家庭档案的意义

中华民族是一个家庭观念很浓厚的民族，自古以来，在每个中华子孙的心目中，总有着深深的家庭情结。古时的人以家庭信物来证明一个家庭的延续，或者通过家谱来记载一个家族的流传。而今对于家庭生活的记录则通过另一种新的形式来进行，就是建立家庭档案。

一个人生活在社会上，每时每刻都与档案联系在一起，家庭虽小，但作为社会的细胞却是内务、社交、经济等活动一样不少。建立家庭档案，让档案贴近生活，会给你带来诸多方便和快乐。建立家庭档案是社会进步的体现，把一家人的生活经历像建档案样整理出来，既满足了个人生活需要，又为后人留下一份宝贵的财富，同时还可以从一个小小家庭的变化中，看到中国老百姓生活上发生的变化，见证社会天天在进步。档案，是历史的真实记载，昨天是今天的胚胎，而今天又指示着明天的命运，这三者之间有着不可分割的联系。随着时间的推移和人类社会的进步，家庭档案的重要性被越来越多的人所认识。家庭档案对社会对家庭都有着十分积极的作用，首先是维

护家庭及成员权益的法律凭证；其次是家庭日常生活管理的依据；再次家庭档案是家庭教育的教材，为家庭文化增添了内涵，增添生活乐趣，有利于陶冶情操；复次，一套完整的个人档案，将忠实地记录一个人的出生、成长、成才、成功的一生；最后，家庭档案也是科学研究的资料，翔实的家庭档案资料，从不同的侧面诉说着家庭、社会发展的历史，它充实和丰富了国家档案的资源。建立家庭档案是个人、家庭、社会的大好事，家庭档案是个人宝贵的物质和精神财富。

（三）家庭档案可作为提高全民档案意识的有效途径

在社会发展的过程中，凡是与人民生活密切相关的事物，都会迅速发展。家庭档案有其自身的特殊性：它遍布于社会各个家庭，能渗透到社会各个角落，和人们的工作、生活密切相关，是人们工作、生活中不可缺少的一部分。云南省档案馆在充分认识到这种特殊性以后，开展了“档案进家庭”活动，号召各地各级档案部门的工作人员先从自身做起，在总结和完善经验之后推广到社会普通百姓家中。通过这几年“以点带面”的努力，人们在认识上慢慢实现了“档案与我无关”到“档案就在你我身边”的改变。

通过建立和普及家庭档案，让人们亲自整理家庭活动中形成的各种档案材料。就能把概念和行为结合起来，这样，就等于给公众上了一堂生动的档案教育课，对提高公众的档案意识将会产生积极的影响。提高了对家庭档案的认识，就会将档案意识渗透到各自的工作中，自觉地整理好在工作中、生活中形成的档案材料。在建立家庭档案的过程中，家庭档案的独特魅力日益受到普通百姓的喜爱，其重要性也被越来越多的人所认识。家庭档案成为现代档案观念渗透到社会最基本的组织细胞——家庭当中的最佳切入点，它给档案工作带来了真正的春天。家庭档案的建立，对于在全社会普及档案知识，进一步提高全民档案意识，具有重要的现实意义。

档案意识的提高并不是一天、两天能办到的事，但只要我们不懈努力，建立并不断完善家庭档案，那么档案工作就会深入到千千万万个家庭，档案意识就一定能在人们心中生根，使我国的档案工作得到进一步发展，档案工作者的价值就一定能充分体现。

**参考文献：**

［1］朱纪秀．从家庭档案看历史变迁［J］．山东档案，2004，(6)．

［2］李雪垠．家庭档案的社会作用［J］．中国档案，2004，(4)．

［3］郭银泉．家庭档案对现代社会生活的影响［J］．办公室业务，1999，(4)．

［4］夏晓梅．谈谈建立家庭档案的意义［J］．濮阳教育学院学报，

1999，(1)．

[5] 武彤云，刘洁．提高全民档案意识［J］．黑河教育，2000，(3)．

[6] 苏晓霞．小议家庭档案［J］．云南档案，2004，(5)．

[7] 王红珍．也谈提高档案意识［J］．宿州师专学报，1999，(3)．

[8] 易传珍．家庭建档：百姓生活新需要［J］．湖北档案，2002，(2)．

# 浅谈教学评估支撑材料的档案化管理

昆明理工大学　樊荣珍　李建民
昆明医学院　欧炯光*

**摘　要：** 教学评估支撑材料是上级主管部门检查评估学校的重要依据。如何科学规范管理学校的教学评估档案材料，是我们面临的新课题。本文旨在采用档案分类编号方法及管理模式对教学评估材料的管理作一探讨。

**关键词：** 教学评估　档案管理　分类编号

## 一、问题的提出

教学评估支撑材料是学校根据教育部评估指标体系标准，用于支撑说明学校各项工作，从学校各部门收集，经过系统整理、编目、装盒后，提供给评估专家查看的材料。为全面真实地再现学校在教学管理、教学水平、教学质量等方面的成果，每个学校在教学评估工作中都将产生大量的支撑材料，少到几十盒、多至几百盒。在评估期间，评估专家要在有限的时间内查看上百盒数以千计的文件材料，并通过材料来佐证学校的工作，对评估学校作出一个综合客观的评价，这就需要我们提供的材料必须准确无误、内容精练、有序规范。

但事实上，许多已评估过的高校，支撑材料的收集整理、分类编目、装盒方法等没有统一规范标准，“各编各的号，各吹各的调”，以至在评估期间，专家每到一个学校评估，首先要适应、熟悉各种支撑材料的编号代码、材料体系、支撑对象、查找方式等，给评估专家查看材料带来诸多不便。评估工作结束后，由于教学评估材料的编号模式与档案管理方法差异较大，也不便于教学评估材料的后期管理及长期利用。加之评估材料的归属问题不确切，有的存放在教务处、有的归属档案部门、有的存在学校评估办，导致评估材料的借阅、保管、利用工作不规范，抽出/借出的评估材料无法及时归位，随着时间的推移材料逐渐流失，使学校在评估期间投入人力、物力、财

---

* 作者介绍：樊荣珍，女，原昆明理工大学档案馆研究馆员，从事高校档案管理工作。李建民，男，副研究员，从事高校档案管理工作。欧炯光，男，教授，从事教学管理工作。

力所形成的教学评估资料毁于一旦。

近年来，教育部开展本科教学评估工作的目的之一，就在于规范学校的教学管理。作为学校教学管理的信息载体——教学评估支撑材料是学校管理工作的表现形式。开展教学评估从某种意义上讲是对教学评估支撑材料即教学档案材料和教学档案管理的检验。因此教学评估支撑材料的规范管理与教学评估工作一样，应引起教学管理部门和档案部门的关注。

## 二、教学评估支撑材料管理模式的思路

### （一）教学评估材料与教学档案的比较

教学评估材料是按照教育部《普通高等学校本科教学工作水平评估指标体系》要求进行收集、整理、分类、装盒。而教学档案是根据《高等学校档案实体分类法》，按年度、问题、保管期限进行分类编号、编目、装盒。两者共同点在于对每份材料都必须进行分类、编目、装盒，快速、准确地给利用者提供调用盒内材料。不同点在于一个是按“指标体系”分类，一个是按“实体分类法”分类。

采用档案分类编号模式管理教学评估材料，有利于教学评估支撑材料的规范化、系统化、科学化，表现在评估工作前期支撑材料的收集整理，评估期间教育部专家的调阅、查看材料，以及评估工作结束后，教学评估材料的长期保管、利用等规范标准的一致性。

### （二）教学评估材料的完整性、成套性、系统性管理方式

教学评估材料集中反映了学校某一特定时期的教学水平、教学成果、办学理念等综合性的教学文件材料，是一组密不可分的教学评估档案。当然不可否认，在支撑材料中有一部分是来自档案材料复制件。从教学评估与教育部指标体系作为一个完整的体系及以便于日后利用管理考虑，应允许这一特殊性的存在。教学评估对任何一所高校都是头等大事，为了创建“优秀”学校，全校教职工共同参与而形成的一整套、全面反映学校教学工作的评估材料，其价值意义远远超出了文件材料的重复性。

评估支撑材料应注重成套性、系统性管理，凡是对今后工作有参考利用价值的评估材料都应归档保存。而不是在评估工作结束后，为避免材料的重复，而将所有材料打乱，取出该归档的那部分，破坏了评估材料的完整性、成套性和系统性。

### （三）教学评估材料的存放地点及保管期限

为保持评估材料的完整性、成套性、系统性，在评估工作结束后，应由评建办将评估支撑材料整体向档案部门移交，归属学校档案部门统一保管，

直到下一轮评估工作产生新的评估材料。评估材料的保管期限，应视评估材料的使用价值、学术价值而确定，一般为10年或30年。

## 三、教学评估支撑材料的编号管理模式

### （一）编号方法

应用档案的分类编号模式，对教学评估材料进行分类编号管理。支撑材料在编号时，首先以《普通高等学校本科教学工作水平评估指标体系》为依据，将七个一级指标、十九个二级指标、四十四个观测点（三级指标）与该指标下的支撑材料融为一体进行编号。其次，将编号的代码标注在每份支撑材料的右上角，使评估体系的各级指标与观测点下的支撑材料一目了然、一一对应。号码的前部分为指标代码，后部分为支撑材料的类别和文件序号，两者之间用“-”隔开。

### （二）编号示例

1. 分类编号的模式

1.2.2 —1 (1~N)

- (1~N)：支撑材料件的序号
- 1：支撑材料的类目号
- 1.2.2：教育部评估指标及观测点的代码(指标代码)

2. 分类编号的模式举例

以支撑一级指标“办学指导思想”、二级指标“办学思路”、三级指标“教学中心地位”材料为例，如已有支撑“教学中心地位”的材料共100份，以材料的内容进行整理分类后，可设为8个方面的类目来支撑“教学中心地位”。举例如下：例1：支撑“教学中心地位”的第1类材料：“校领导重视教学、参与教学管理”等，此类的材料共有10份文件，其编号为：

1.2.2 —1 (1~10)

- (1~10)：校领导重视教学的具体材料1~10份
- 1：第1类支撑材料：校领导重视教学的文件
- 第三位2：观测点：“教学中心地位”
- 第二位2：二级指标：“办学思路”
- 1：一级指标：“办学指导思想”

例2：支撑“教学中心地位”的第2类材料：“学校党政会议研究教学工作的会议纪要、领导讲话”等，此类材料共有25份文件，其编号为：

1.2.2 —1 (1~25)

- (1~25)：校党政会议研究教学工作的具体材料1~25份
- 1：第2类支撑材料：学校党政会议研究教学工作的文件
- 1.2.2：教育部一级指标：办学指导思想、二级指标："办学思路"、观测点："教学中心地位"的代码

（三）分类编号要求

1. 简洁明了

支撑材料的编号既要反映指标代码，又要反映支撑材料的类别、文件数量及存放位置。编号时要以最简洁的数字及符号表示，以便评估专家及材料管理人员查找、查看。不论何人、何处、何时，只要看到材料编号就知道该材料所支撑的观测点是哪一个。切忌编号过长、过繁，在编号模式里包罗万象。

2. 层次分明

教育部的评估指标体系代码与支撑材料的编码一一对应，相互支撑。编号模式的前半部分是指标代码，后半部分是材料代码。不同的指标代码跟随不同的支撑材料。

3. 便于操作

观测点为最低一级目录，根据支撑材料的多少，在观测点下可灵活设置文件材料的类目，增补或删除、调整支撑材料的类目，以便收集的材料更有效地支撑每一个观测点。

## 四、教学评估支撑材料的分类编号管理

（一）分类编号的准备工作——材料的收集、分类、整理、装盒

评估工作初期按照教育部指标体系要求，制定收集材料的目录清单，下达给各职能部门，各部门按目录清单进行广泛收集材料。没有的材料，通过评建整改、建设工作形成新的材料，作为支撑材料。评建办材料组要在大量占有材料的基础上，根据观测点A级标准，有目的地选择、整理、编辑材料。

在材料的整理过程中，对一些针对性不强、内容不完整、文件不规范、达不到支撑效果的材料，要不断调整、更换材料，去伪存真、去粗取精，直到达到标准。其次，对符合学校评估要求的支撑材料按指标体系进行分类、按类装盒。

（二）材料整理期间的分类编号——重点调整、补充、完善、整合材料

在材料收集、整理、分类、装盒的基础上，首先是对观测点下材料进行

粗分类、编号。由于支撑材料是一个不断充实完善的过程，随着学校评建整改工作的深入，以评促建、以评促改，学校很多工作得到加强和改进，随之形成的支撑材料的内容和质量也逐渐提高。在此阶段会增加大量材料，需要经常调整，所以材料的编号是不确定的，只能将收集、整理后的材料作为某一指标的支撑材料编类目号。编号方法：在每份材料的右上角用铅笔编写类目号，如1. 2. 2 – 1，以固定材料装盒的位置。

（三）评估前的支撑材料的编号及管理

在评估专家进校之前，支撑材料的内容及数量基本不会再增加了，此时，对已确定的支撑材料进行调整排列、固定位置。

1. 在每份支撑材料的右上角加盖“评建材料专用章”

“评建材料专用章”上的信息囊括“指标代码”、“盒号”、“件号”及“材料来源”等。专用章的模式如下（以上述指标为例）：第一份材料的盖章及内容填写：

| ××大学评建材料专用章 | | | |
|---|---|---|---|
| 指标代码 | 1. 2. 2 – 3 | 盒号 | 1 – 9 |
| 材料来源 | 校办 | 件号 | 1 |

注：指标代码“1. 2. 2 – 3”是指：教育部评估指标代码和所支撑材料类目号；盒号“1 – 9”是指：一级指标的第9盒；件号“1”指：该份支撑材料在第9盒里排列为第1份。

2. 教学评估支撑文件材料的计算机管理

采用学校评建档案计算机管理系统，对每一份支撑文件材料进行计算机管理，建立评建档案数据库，便于评建工作结束后评建支撑材料的归档及资源共享。同时，为学校评建工作编制《本科教学工作水平评估支撑材料目录》（以下简称《支撑材料目录》）提供数据。

3. 教学评估支撑文件材料的装盒、上架

每份支撑材料在整理盖章编号后，随即输入学校评建档案计算机管理系统，打印盒内材料目录，随着支撑材料一起装盒。盒子的外面背脊标注指标代码、盒号及观测点的内容等。按指标体系、观测点、盒号的顺序排列上架。

（四）《支撑材料目录》的编制

《支撑材料目录》是学校教学评估期间与《自评报告》、《校长报告》一起送交给专家查看的材料。《支撑材料目录》的编制（以我校的做法为例），应包含：首页为一篇简明扼要、图文并茂的“评建支撑材料编码简要说明”；与教育部指标体系相一致的材料目录及所在页码；观测点下各类支撑材料的文件名称；各类支撑材料的所在盒编号；七个一级指标的支撑材料装盒情况汇总表。

《支撑材料目录》中的文件目录的编号，是每份、每盒支撑材料以及计算机条目数据信息的集合，类似教学档案目录管理，必须做到三个一致：与每份纸质材料的编码一致；与装盒编码一致；与学校评建档案材料管理系统中条目数据的信息编码一致。

## 五、结束语

教育部已将本科教学评估作为一种长效机制，五年一轮评估学校，监控高校教学质量。教学评估支撑材料既是专家考察学校的重点，也是学校教学档案组成部分。从学校教学评估材料的形成及管理功能来看，应作为学校教学档案的一部分，纳入学校教学评估专项档案管理，建立科学的教学评估支撑材料编号管理体系，明确归档范围。在日常工作中应按照教育部评估指标体系标准，有针对性地收集、建立教学评估档案，为学校的五年一次教学评估准备充分翔实的支撑材料。

# 论独立学院档案管理与教学质量评估及ISO9000质量管理的关系

云南师范大学商学院　段卫红　张贤军*

**摘　要：**独立学院档案管理与教学质量评估及ISO9000质量管理各有优势，只有有机结合，才能推动高校教学质量及教学水平的提高。

**关键词：**独立学院　档案管理　教学评估　ISO9000质量管理　关系

笔者认为：档案工作是教学评估、ISO9000质量管理体系的基础工作，评估指标的各项观测点都要依据档案来支撑，而制定档案的归档范围又要兼顾评估指标，ISO9000质量管理体系作为一种管理模式，为评估指标的实现提供了强有力的手段。为此，它们之间是优势互补、互为辅佐及促进的关系，评审针对的都是档案材料，只是立足点不同。为了进一步论证这三者的关系，笔者从以下几个方面逐步开展讨论。

## 一、从档案管理、高校教学评估及ISO9000质量管理的评审方法及对象分析，三者针对的都是档案

### （一）从档案管理的对象，是针对工作活动中形成的档案文件材料的管理

高校档案是高等学校在教学、科研、党政管理和其他各项活动中直接形成的具有保存价值的文字、图表、声像等不同载体的文件材料。因此，档案是实践活动的原始记录，具有凭证价值和历史价值，可以真实反映高校发展的历史面貌，证明高校的教学水平和教学质量。而高校档案工作是依据国家档案管理标准、教育部制定的归档范围等有关法规，收集、整理、保存、鉴定档案文件材料提供利用，所以针对的是档案文件材料的管理。

### （二）从教学评估的评审方法及对象分析，所针对的是利用档案考证教学结果

普通高等学校独立学院教育工作合格评估的方法，指标体系是教育部普

* 作者简介：段卫红，女，云南师范大学商学院专职档案管理员，长期从事档案管理工作。张贤军，男，云南师范大学商学院院长办公室副主任。

通高等学校独立学院教育工作合格评估方案研究组制定，评审的方法和主要对象是依据事先制定的指标和观测点，用查阅大量档案的方法考证学校的办学质量和办学水平。例如：通过查阅人才培养方案、教学大纲、学期教学进度计划、课程表、教师教案、教师作业布置阅改与辅导记录、学生考试卷、毕业论文、实习实践基地合同、实习实践计划总结及成绩和鉴定、毕业生就业合同、毕业生的回访记录等教学档案来考证学校培养学生的质量。所以将要进行的独立学院教学评估针对的是档案文件材料的终极结果。

### （三）从ISO9000质量管理体系评审方法及对象，是利用档案考证工作活动的全过程

ISO9000质量管理体系是国际标准化组织制定的国家标准，强调以顾客为关注焦点，领导作用，全员参与，过程控制，持续改进，每个关键环节都要持续受控，而且必须留下记录，也就是佐证材料（档案材料）来证明。通俗地说：就是说到做到，留下证据。评审的方法及对象是利用档案文件材料考证全过程的工作活动。

## 二、档案管理、高校教学评估及ISO9000质量管理各有优势及不足

### （一）档案管理能把档案文件材料进行科学分类、整理、保管、提供利用是它的优势，但无法要求部门主动归档

高校的档案管理是依据国家有关标准及教育部有关法规来开展工作的，如高校形成的文件材料很多，具体那些档案文件材料该归档，那些不该归档，应该保存多长时间，是按教育部发布的《高校归档范围及保管期限》执行的。而档案文件材料的分类是按国家行业标准《高等学校档案实体分类法》来实施，这个分类法充分反映了高等学校档案的形成规律、特点和内容，总结了百余年来高校档案的管理经验，兼顾与《中国档案分类法》的协调，吸收了《企业档案实体分类法》的优点而又避免了它的不足，把高校档案分为十大类：党群类、行政类、教学类、科研类、基建类、设备类、出版类、外事类等；类目采用汉语拼音与阿拉伯数字相结合的“双位制”，有充分的扩展性，可以按类目—年代纵向排列，也可以按年代—类目横向排列，既原则而又不失灵活。从1995年10月实施以来，经过全国千余所高校的实践，证明是科学实用的标准（只是科研、产品、基建、设备插入年代做档号有点牵强，可以去掉年代就可，不会影响工作的开展如：全宗号－类目号－案卷号，标为：1－JJ12－1），为此，高校的档案管理是科学的档案分类，通过整理提供利用，能有条不紊的有效应对各种检查评审。而且，还可以指导职能部门如何留下工作记录，怎样做才是有效的档案原件等，这就是档案管理部门的优势。

然而，在实际工作中，档案部门只能对已经形成的档案文件材料进行管理，无法根据职能部门的活动，要求其主动地形成档案文件材料并留存归档。例如：教育部归档范围列有永久保存师生健康状况调查材料及统计表，职能部门每年都组织师生进行体检，应该主动留下这些记录材料，如果没有留下，档案部门只能提醒，无法要求职能部门去形成和留下这些记录存档。这就是档案部门的劣势。

（二）教学评估的优势是评估指标是高校活动普遍规律科学的客观总结，受到受评估高校领导的高度重视，但未关注过程，改进意识淡漠，缺乏长期有效的监督机制

即将开展的独立学院教学评估指标，是国家众多教育专家依据高校普遍活动规律及特点而制定的，目的是为了促进独立学院进一步明确办学目标定位、本科人才培养规格和本科教学质量标准，遵循教育教学规律，自觉规范办学行为，全面提高教育教学质量和办学效益。其评估指标内容包括 6 个一级指标、19 个二级指标、41 个观测点，能真实地反映高校的活动情况。独立学院的评估将采取学院自我评估与教育部专家组评估相结合、资料查阅与现场考察相结合、全面调查与抽样测试相结合、定性分析与定量分析相结合的方法进行，其权威性、科学性是毋庸置疑的。从教育部开展对高校评估以来，经接受评审高校的实践证明，评估可以极大地推动高校教学质量和教学水平的提高，也能引起受评学院领导的高度重视，为此，受评学院各级领导组织人力物力，根据观测点挑选档案文件材料，而且，学院领导还能行之有效地命令职能部门留下应该形成的档案文件材料。通过材料的准备，各部门人员都认识到档案的重要性，提高了留存档案的自觉性及利用档案的意识，这就是评估的优势。

然而，为评估而汇集的大量档案文件材料缺乏有效的分类整理，有些评估过的高校不顾档案管理的专业性和技术性要求，生硬的把高校全部档案文件材料按评估指标和观测点分类，应付评估。当其他体系评审时，又把档案文件材料按其评审指标分类，对档案编号改来改去，摆放位置也变来变去，基层疲于奔命，可谓龙头动一动，龙尾甩三圈。结果导致档案混乱、丢失。给档案工作带来灾难性打击。另外，评估的各项指标及观测点主要是利用档案对学校活动结果的考察，所有高校都是同样的指标和观测点，体现不了高校之间的特性，没有关注教学过程和方法是否科学先进，缺少一套长期有效的监督机制。评估靠的是学院领导的重视，表现在评估期间高度重视，各部门轰轰烈烈、热火朝天地准备，评估后松懈怠慢，改进意识淡漠，体现的是人制现象。

（三）ISO9000 质量管理体系优势是强调以顾客为关注焦点，质量意识贯穿整个活动过程，每个关键环节都用程序文件进行控制，体现的是法制，但应用不当易脱离现实

质量管理标准起源于20世纪50年代末的美国军工行业，其成功经验被欧美等国家引用，1987年国际化标准组织发布了ISO9000质量管理族标准，2000年发布了修改的新版2000版ISO9000族标准，先后被我国国家质量技术监督局转换为国家标准。ISO9000体系是世界上许多发达国家质量管理实践经验的科学总结，强调八项管理原则：以顾客为关注焦点；领导作用；全员参与；过程方法；管理的系统方法；持续改进；基于事实的决策方法；与供方互利的关系。其优势众多质量专家已有总结：一是有利于提高产品质量，保护消费者的利益；二是为提高组织的运作能力提供了有效的方法；三是有利于增进国际贸易、消除技术壁垒；四是有利于组织的持续改进和持续满足顾客的需求和期望。这些优势是用企业词汇总结的，那么，高校实施ISO9000质量体系的优势是什么呢?

笔者理解认为，一是高校的产品就是学校培养毕业生的质量，消费者即顾客是学生、学生家长、用人单位及政府。体系强调以顾客为关注焦点，维护他们的利益。二是应用ISO9000的管理模式，为高校运作能力提供了有效的方法，即按质量体系的原则及标准，把每个活动过程按“PDCA”实施，P——策划，根据学生、用人单位的要求及学校的质量方针，建立一套实现这些要求和目标的方法，即程序文件和作业性文件。D——实施，按程序文件实施的整个过程，并留下记录（档案文件材料）。C——检查，在一定时间间隔内进行内审和外审，利用档案文件材料考证每个环节是否执行了程序文件，程序文件的实施结果是否能满足顾客的要求和学校的方针。A——改进，根据评审的要求采取措施，改进实施的环节和程序文件，持续满足顾客的需求和期望。三是有利于我国高等教育国际化发展，与国际接轨。目前，全球通过了ISO9000质量管理体系认证的高校近千所，包含哈佛、剑桥、牛津这样的名牌大学，我国也有近百所高校通过认证，包含哈尔滨工业大学、大连海事大学等国内知名大学。可见，高校实施ISO9000质量体系，是不可逆转的世界潮流，是高校与国际接轨的一条捷径。四是能使高校进入良性循环，按程序办事，依法制校，克服人制现象。

但是，ISO9000质量管理体系标准起源于企业，标准用企业的词汇进行描述，如产品、生产、顾客、测量、验证、操作、程序、等级、供方、质量控制等，如果不认真学习研究体系标准的内涵，不结合高校的活动规律及特点，追求表面的形式，脱离实际，生搬硬套，就会导致推行ISO9000质量管理体系的失败。如：一是把高校的管理文件直接翻版为程序文件和作业性文

件，只是按标准修改名称和格式；二是直接把企业的程序文件翻版为自己的程序文件和作业性文件；三是文件设计没有考虑高校活动的规律特点及国家的有关法规政策；四是没有结合本学校的实际情况，闭门造车，脱离实际；五是记录文件材料缺乏有效管理，把文件材料按评审指标分类，打乱了高校原有的档案文件分类体系，使档案文件材料混乱，查找困难。

## 三、教育工作合格评估指标体系、ISO9000 质量管理体系、档案管理的有机结合，实现优势互补，能有效不断地推动独立学院教育教学质量和办学效益的提高

前面已经论述过，独立学院评估指标体系是教育专家根据高校的活动规律制定的，是高校活动结果的评审，但没有关注过程，就是达到这些目标的有效方法和步骤，ISO9000 管理体系是控制过程，持续改进的模式，简单的描述就是什么事，如何做，谁来做，怎么留下佐证材料证明事情已做，最后按程序规定接收检查并改进。其可以弥补评估体系的不足，而评估体系又弥补了质量体系易脱离高校现实的不足，档案与前两者结合，对档案进行有效管理，从而推动独立学院教育教学质量和办学效益的提高，具体的实施是：

（1）董事会组织人员进行市场调查，了解用人单位需求什么样的毕业生，学生、家长的期望，政府的要求是什么。

（2）结合评估指标体系及实用的法规政策，确定培养毕业生质量的方针、目标，完成《质量手册》。

（3）划分各部门的职责范围及目标，确定所需岗位及人员，进一步划分岗位职责和人员职责，让每一个人都清楚自己的工作职责和工作范围。

（4）依据 ISO9000 标准，学校质量管理人员配合各部门完成《程序文件》和《作业指导书》初稿，注意结合实际，征求各方意见，特别要征求目标完成者的意见。最后，提请文件评审。

（5）组织实施《程序文件》和《作业指导书》。让每一个教职工都清楚自己应该做什么，留下哪些记录（档案文件材料）证明自己的工作。

（6）学校档案人员指导协助各部门分类整理记录文件材料（档案文件材料）。

（7）通过内审和管理评审检查各工作环节的记录（档案文件材料）及实际情况，考证程序文件的执行情况及程序文件的实施效果。把没有执行程序文件及程序文件设计不合理导致实施效果不佳的情况用文字的形式列出不合格项。

（8）数据分析，查找不合格的原因，制定整改的措施。

（9）实施整改。

综上所述，独立学院档案管理与教学质量评估及ISO9000质量管理各有优势，只有有机结合，才能推动高校教学质量及教学水平的提高。

**参考文献：**

[1] GB/T19000—2000，GB/T19001—2000，GB/T19004—2000，质量管理体系标准[S].

[2] 中国认证人员国家注册委员会．质量管理体系国家注册审核员预备知识培训教程[M]．天津：天津社会科学院出版社，2001.

[3] DA/t10—94，高等学校档案实体分类法[S].

[4] 储租旺，戴冬秀，宋华民．高等教学评估与建立ISO9000族质量管理体系的比较研究[J]．中国高等教育，2006，(17).

[5] 冉保春，魏建军．我国高校建立ISO9000质量管理体系的误区分析[J]．清华大学教育研究，2004，(6).

[6] 张秀梅．教育工作水平评估是高等档案建设的推动力[J]．长春工业大学学报，2004，(3).

# 浅析网络环境下高校图书馆档案建设及管理工作

云南师范大学　任正丽*

**摘　要：**图书馆的档案工作是高校档案工作的重要组成部分，也是图书馆工作中不可分割的一部分。作者结合云南师范大学图书馆档案管理工作的实践经验，分析了网络环境下高校图书馆档案的收集类型，阐述了档案建设管理的必要性，探讨了档案建设的原则，提出了网络环境下高校图书馆档案管理的创新举措。

**关键词：**网络　图书馆　档案　建设　管理

目前，普通高等学校正在接受教育部的本科教学水平评估。作为高校办学三大支柱之一的图书馆，是本科教学水平评估的重点检查单位，是十九个二级指标中的一个，档案材料成为衡量图书馆整体办馆水平的重要参考资料。本科教学工作水平评估对高校图书馆档案工作提出了严峻的考验和挑战，同时也为促进高校图书馆档案工作的发展提供了难得的机遇。

2006 年 12 月 10 日至 16 日，云南师范大学顺利通过教育部本科教学水平评估，取得优秀成绩，图书馆工作也得到了评估专家的肯定，这是全馆职工共同努力的结果，也与图书馆完善的档案及档案建设管理工作是分不开的。结合在评估过程中图书馆档案工作的建设和本人几年的工作实践，谈谈网络环境下高校图书馆档案建设及管理工作。

## 一、网络环境下高校图书馆档案的收集类型

高校图书馆档案是存储图书馆各项活动的原始记录的载体，是图书馆在工作中产生和直接形成的，并对图书馆管理工作有一定参考利用价值的各种各样文字、图表、声像及其他各种形式和载体的文件材料。根据《档案法》和有关档案工作的法规及规定，结合高校图书馆业务性质和工作实际，高校图书馆的档案从保存的材料来分有纸质档案、图片和电子档案，从内容来分

---

* 作者简介：任正丽，女，云南师范大学副研究馆员，从事图书、档案管理基础理论研究。

可概括为日常档案、业务档案等。

（一）日常工作档案

高校图书馆的日常工作档案是图书馆管理的基础，它包括：经费分配与使用、固定财产、职工基本情况、馆内形成的文件、校内外下发的文件、职工科研等档案。认真做好日常档案工作，就可为图书馆的计划、管理、预测、汇报等工作提供坚实的档案基础。

（二）业务流程档案

高校图书馆的业务档案是图书馆发展的基石，它包括：文献采购档案、文献典藏档案、读者档案、借阅档案、情报交流档案、重点学科和课题跟踪档案、各种数据库档案等。

## 二、高校图书馆档案建设管理的必要性

高校图书馆档案是高校图书馆工作的一个重要信息组成部分。它客观真实地记载着高校图书馆各历史时期的发展轨迹，是图书馆发展变化的历史见证，也是图书馆科学管理的重要内容，是规范化的体现。因此，加强高校图书馆档案建设和管理工作具有重要意义。

（一）档案可为图书情报理论研究和图书馆自身发展建设的研究提供可靠的参考资料

高校图书馆的档案信息资料中详细记录了不同时期、不同阶段的图书馆组织机构、人员编制和各时期取得的成绩及科研成果，是高校图书馆自身发展、建设的第一手资料。在知识经济、网络经济和教育全球化的新形势下，对图书情报事业以及高校图书馆自身的发展都将变得十分重要。高校图书馆的档案信息资源能为图书情报事业和高校图书馆自身的发展研究提供可靠的信息资源保障。

（二）档案是图书馆进行人力资源建设的重要依据

高校图书馆人才队伍建设是图书馆发展和建设的第一要素。图书馆档案信息资料能全面反映图书馆的人事管理、人才结构状况，图书馆员的学识水平、业务能力、身体健康状况等，是图书馆进行人才规划建设、人员业务培训、图书馆内部各部门行政职务认定、专业职称考评的重要依据。

（三）档案有利于提高管理水平

馆领导实施重大决策前，通过对图书馆档案的对比、分析、研究，可以总结经验，提出改进工作的措施。即图书馆档案对政策方针、战略目标和计划的制订与执行有重要的参考价值，对提高管理水平有极大的帮助。

（四）档案有利于提高服务工作质量

图书馆业务档案为各部门制订年度工作目标和短期计划提供了量化的参考数据。在日常的服务工作中，通过研究、分析相关的业务档案，可以更深入地了解读者的需求，洞察读者的阅读倾向，从而不断开拓创新，更好地为读者服务。

（五）档案可以体现图书馆整体形象，提高社会知名度

网络时代，高校图书馆要生存发展，保持永久的生机活力，就要向社会开放，与社会融为一体，在社会的发展中寻求自身的发展。而图书馆档案可以为宣传图书馆事业提供真实资料，有助于公众正确认识图书馆的社会地位和社会价值。而图书馆地位的提高，又会促进图书馆事业的发展。

## 三、网络环境下高校图书馆档案建设原则

基于档案在高校图书馆的发展中具有重要的作用，高校图书馆的档案建设工作尤其重要，在档案建设中可遵循以下原则。

（一）总类（卷）与分类（卷）同时建设的原则

为方便档案的管理、开发使用，可以以年代为依据来建设图书馆档案的总类，即当年形成的所有档案可按时间顺序全部放入当年的档案。同时，为了保证档案的连续性，方便查阅，又可对当年形成的档案按日常档案、业务档案、科研档案分类建设。

（二）集中与分散相结合建设的原则

目前，高校图书馆的档案建设和管理一般是由办公室主任兼职，由于工作任务繁重，要保证档案的建设工作，针对日常工作档案和业务流程档案，可采取集中与分散相结合的建设模式。

高校图书馆日常工作档案，绝大部分是通过办公室撰写或收发，可由图书馆办公室主任负责收集、建档。业务流程档案产生于图书馆的业务部门，可由各业务部门的主任分别收集、管理各自的业务档案，如文献采购档案由采编部收集管理；文献典藏档案、借阅档案、读者档案由流通部、期刊部收集管理；情报交流档案、学科和课题跟踪档案归信息部收集管理；电子设备档案由技术部收集管理等。业务部门的档案建设工作，是业务工作的一部分，因此，图书馆应按照归档范围，定期对各部门档案工作进行验收、检查，要求部门建设的业务档案必须一式两份，一份交办公室长期保存，另一份则留在本部室，供工作人员日常管理、使用。这种集中与分散相结合的建设原则，有利于各部门结合自己的业务进行管理和利用，激发各部门开展档案建设和利用工作来总结本部室的工作，创造性地搞好本部门的工作。

当然，高校图书馆在建设、管理好自己档案的同时，还要配合学校档案馆的工作，要根据学校档案馆的工作要求，提交本馆长期保存的档案材料，如“十五”计划、“十五”工作总结及“十一五”规划，按年提交本馆当年的工作总结、下一年的工作计划，图书馆书刊的固定资产统计表，规章制度汇编，省教育厅、高校图工委下发的图书馆获奖的文件等材料，由档案馆建立学校层面的图书馆档案，这样，既保证了学校档案的完整性、连续性，又可长期保存图书馆建设、发展中的重要档案。

（三）纸质档案与电子档案并存建设的原则

网络环境下，高校图书馆的档案不仅有纸质档案，还有电子文档（光盘、磁盘）及图片档案。纸质档案保管受到很多条件的制约，如温度、湿度、通风、防蛀等。而采用现代化技术设备可以把纸质档案改变为磁盘、光盘形式或在计算机硬盘上形成新的载体档案，改变了纸质档案一统天下的局面，也就克服了纸质档案保存中的一些弊端，但同时电子档案也存在一些不足。第一，电子文档有可变性和可操作性，在计算机上进行修改、拷贝、删除不会留下任何痕迹，所以档案的原始性受到怀疑；第二，易被电脑黑客攻击和受到计算机病毒的侵蚀；第三，磁盘、光盘有寿命限制，而且还会受到磁场、有害气体、紫外光和尘埃的侵蚀；第四，如果没有保存，档案还会丢失；第五，根据电子计算机业界著名的摩尔定律，微处理器的性能大约18个月提高一倍，所以经过一段时间的发展后，用老系统储存的档案可能读不出来，因此，对新载体档案的保管方式、管理方法提出了一系列新的要求，为此，现阶段档案的管理应是纸质档案和电子档案并存的管理模式，以弥补各自的不足。

## 四、网络环境下高校图书馆档案管理的创新举措

（一）引入三级管理程序，明确责任，完善档案建设工作

一级管理。由馆领导分管档案工作。图书馆领导一直以来对档案建设都十分重视，图书馆档案建设的现代化程度直接反映全馆的现代化管理水平，档案建设现代化程度越高，说明图书馆现代化管理水平越高。因此，馆长亲自主抓并参与档案体系的建设工作。馆领导在档案体系建设中不仅要随时提供领导级档案材料，更要给予档案工作以人力、物力、财力的大力支持和帮助。馆领导的重视是档案工作得以顺利开展的根本保障。

二级管理。由办公室主任或秘书（兼任）专职档案员，负责全馆档案的管理工作，负责全馆档案的收集、整理、归档和保存工作，档案员向上直接对馆长负责，执行馆长决策，向下对基层档案员布置工作，听取基层意见和

建议，将馆长决策及时传达，将基层意见及时反馈。

三级管理。确定部门的兼职档案管理员。由于图书馆工作的特殊性，决定了档案工作并非办公室一个部门能力所为，图书馆各部门有其相对独立的业务范围活动，这就要求各部门分设自己独立的兼职档案管理员，同时图书馆工会、共青团组织、党支部也作为基层档案归档部门，向专职档案员负责，及时准确提交归档材料，如此形成了档案管理体系的最基层管理。三级兼职档案管理员通常是由各部室主任、工会主席、共青团书记、党支部书记担任，负责业务范围内档案材料的整理上报工作，图书馆三级档案管理体系的创建是图书馆档案建设的前提和基础。三级档案管理体系如图1所示。

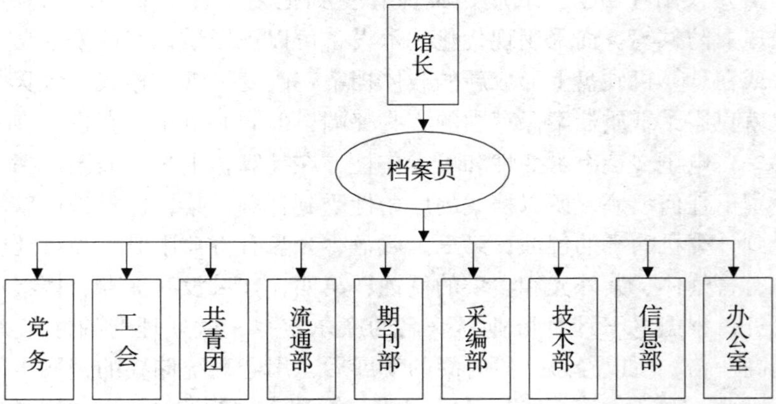


**图1　图书馆档案三级管理体系**

（二）引入激励机制，创新管理模式

长期以来，由于高校图书馆工作往往只重视图书资料的保存，而忽视了图书馆档案的收集。以往档案工作陋习较多，积弊严重。档案意识淡漠，业务部门不能及时上交档案，或者档案员年终归档时不是应付了事，就是出现空档现象，导致档案工作发展缓慢。因此必须创新管理模式，增强全馆人员档案意识，明确档案归档要求，确立目标管理体系，制订归档工作目标计划，分解档案信息整序工作，落实岗位责任制，定期检查总结，同时引入奖惩激励机制，档案工作跟科级干部任免和年终考核及岗位聘任等挂钩，全面激活图书馆档案工作，通过管理机制的创新来引入源头活水，开创高校图书馆档案工作的新局面。

（三）重视档案的现代化建设，实现图书、档案、情报资源共享

目前，大多数高校图书馆都使用了比较先进的图书馆自动化管理软件，

如我馆使用的深圳图书馆开发的图书馆自动化管理系统 ILASⅡ2.0，它有强大的统计功能。利用它，可统计全馆的书目数据库，统计读者的借阅情况等。

计算机及其软件的应用给我馆档案管理带来了变革，不但使工作质量和效率得到提高，也使领导能够随时掌握馆员的变化情况，从而为制定正确的方针政策提供可靠的依据。

计算机技术、网络技术在高校图书馆广泛应用，这就为档案的现代化管理搭建了良好的技术平台。通过网络的双向传输功能，在提供档案信息的同时，也能获取档案信息，这是传统的手工操作所无法比拟的。因此，高校图书馆可充分利用这种技术优势，研制开发更加完善、性能优良、适合图书馆使用的档案管理软件，并将图书档案、情报有机地融为一体，实现资源共享，提高工作效率和管理水平，更好地为高校教学、科研服务。

**参考文献：**

[1] 刘艳．新形势下如何做好高校图书馆档案管理工作初探［J］．经济管理论坛，2005，(19)．

[2] 思敬新．试论高校图书馆的档案管理工作［J］．档案天地，2006，(2)．

[3] 廖志江，廉立军．网络环境下高校图书馆档案工作需求研究［J］．科学管理，2007，(7)．

[4] 梁转琴．对高校图书馆档案管理模式的思考［J］．图书情报，2005，(7)．

[5] 李云东．高校图书馆档案的管理与利用［J］．大学图书情报学刊，2002，(12)．

[6] 曾庆霞，程均涛．高校图书馆档案管理问题的思考［J］．科技情报开发与经济，2005，(11)．

[7] 吴小凤．高校图书馆档案管理之我见［J］．杨凌职业技术学院学报，2006，(3)．

[8] 陆铭．高校图书馆档案建设［J］．图书馆建设，2007，(2)．

[9] 薛非．高校图书馆档案信息资料的收集管理和开发利用［J］．档案与建设，2005，(10)．

[10] 张旭，袁闯．浅谈图书馆图片资料档案的整理与利用［J］.2006，(4)．

# 浅谈高校学生工作的档案管理

昆明理工大学 李 霞 易庆玲*

**摘 要：**学生工作的档案管理是高校教育管理中一个不容忽视的问题。在现在高校档案管理呈现电子化、信息化的今天，学生工作的档案管理仍然存在一定问题，本文就其性质、概况、特点、价值体现、现状、存在问题和改进方法进行了初步探讨。

**关键词：**学生工作档案 现状 改进方法

学生工作，是一个时效性强，需要在日常配合教学管理中时时创新的不间断的工作。其管理的主体是学生，在工作中就围绕学生入学工作、班级日常管理、就业工作、团学工作、学生奖学金、助学金、心理健康教育等具体工作展开。在千头万绪的工作中，形成了很多资料、文件、电子文档、刊物、影像制品、照片、录音等。它们是记录和反映学生工作重要活动过程的原始性品格，是历史的真迹和凭证。恩格斯说过："对于事态的真相，现在不可能提出文件证据。只有在事件本身成为历史陈迹的时候，这些证据才会出现。"这些资料作为历史真迹的记载，有证据的作用，记录了当时事件发生的真实情况。怎么做好档案管理呢？在管理过程中存在怎样的问题呢？本文将在这方面作一个初步的探讨。

## 一、学生工作档案的定性和概况

档案是指什么？关于学生工作的资料是否有档案的性质问题？"档案是国家机关、社会组织和个人从事政治、军事、经济、科学、科技、文化、宗教等活动直接形成的对国家和社会有保存价值的各种文字、图表、声像等不同形式的历史记录。"学生工作的资料是属于教育文化性质类，对学校的管理有直接作用。

学生工作档案是有关学生的基本资料、班级日常管理工作资料、班主任考核资料、毕业生相关资料、奖学金资料、助学金资料、团委学生会活动资

* 作者简介：李霞，女，昆明理工大学思想政治讲师。易庆玲，女，昆明理工大学助管。

料、心理健康、贫困生等多方面的文件、电子文档、相片、刊物。它们贯穿在学校学生工作的各块工作中。从历史的追溯上来看，只要形成了一定规模的招生教育，那么学生工作就有展开的必要性，为正常教学保教护航，由此形成的历年的资料成为搞学生工作必存的档案。

## 二、学生工作档案的特点

学生工作档案是开展学生工作的一个历史记录，它有如下特点。

### （一）学生工作档案的客观性

其是在从事学生工作当中形成的。首先，它是一种客观存在的实体，具有原始记录性——满足工作者需要的一种客体自身属性；其次，从事者对学生档案需要是客观存在的。

### （二）学生工作档案的相对性

学生工作档案是针对学生，不同的档案其价值不同。在纵向对比阶段，每个分块的学生工作档案都有其相对的对象和作用的范围。例如：同一份学生工作档案在其形成之初对最近的即将展开的同样工作具有借鉴和参照作用，过一段时期后其相对性会因时间的推移而有变化，相对性减弱。

### （三）学生工作档案价值的易变性

学生工作档案会根据不同时期学校教育政策和学生情况不同而不同。这也符合了文件生命周期理论。例如，学生工作中团学活动，就会根据每个时期每批学生的特点而组织不同的活动。

### （四）学生工作档案价值的反复性

1940 年，美国档案学者菲利普·布鲁克斯首先提出了“文件生命周期”概念。其含义是指文件从产生直至因丧失价值而被销毁或者因具有长久价值而被送至档案馆永久保存的整体运动过程。

当过了生命周期中的生命力，学生工作档案会因没有生命力而失去价值，但是实践证明，档案中记载的历史，有相似重复发生的现象，只是这些事件的发生并无连续性，而是在间隔一段时间后，再出现同样的工作背景，需要再借鉴存档已久的档案。当然，有些沉积时间很长的档案会因失去价值而被销毁，但也有一部分在未来某个环境中，会有价值的反复性。学生工作档案也具有价值的反复性。

## 三、学生工作档案的价值体现

学生工作是个时效性较强，内容庞杂的系统工作，它从接新生工作开始，一整套关于学生各年级阶段的资料，直至学生毕业的工作资料。它的价值有以下几个方面。

（一）是学院教育管理工作的重要参考依据

学生在每周把上周的考勤表上交，班委签到制度，报告旷课学生，学院据此，根据学生手册相关管理条例，做出相应处理。这样，对保障教育的有效性和连续性起到了重要的作用。

（二）是人才培养和管理的重要资源和工具

学生工作档案中有历年毕业生的资料，其就业单位、就业证明等。这些资料为学院未来人才培养方向性的把握提供了有价值的参考。例如，某学院有 4 个专业，在 2006 年的就业情况中，专业 A 就业率为 80%，专业 B 就业率为 50%，专业 C 就业率为 15%，专业 D 就业率为 3%，而 2007 年的就业情况也如此，因此，学院根据连续两年的就业率调整了就业率较低专业招生率和专业结构。另外，在学生工作人员与用人单位接洽中，学生工作人员会对企业需求有直接了解，向学院提供市场对人才需求信息，从而在下一年级的人才培养中进行合理调整。

（三）是学院管理文化的重要反映

每个学院的管理文化的不断深化和创新是推动学院前进的原动力，也是其核心竞争力。管理文化对本学院的教学和行政工作起到整合作用，对教师起到凝聚作用和激励作用。而作为其重要组成部分的学生工作是其重要反映。它带有明显的学院专业特点。在学生工作中体现最明显的是学生会工作，这块工作无论内容和方法等，都会体现学院专业特点，以专业为活动特色和优势，例如以经济管理为专业的学院，在举行学生活动时，会以创业大赛、辩论大赛等为内容。既丰富学生课余生活，更能在课外为学生提供一个课堂教学内容的实训场。

（四）是其他学院学生工作的重要借鉴依据

根据美国著名档案学者 T. R. 谢伦伯格的“文件双重价值论”。他提出：“我们现在承认，文件要能够成为档案，其产生和积累就必须是为了达到某种特定的目的，并且除了达到此种目的的价值之外尚有其他一些价值。这就是说，成为公共档案的文件有两种类型的价值：对于原机构的原始价值，对于其他机构和非政府使用者的从属价值。”学生工作档案的第二价值是从微观角度反映人才培养的发展历史和学生活动演变过程，是珍贵的教育史料，是一所学校、一个社会教育情况的微观性的重要资料。所以可以为其他学院的学生工作提供经验的借鉴。

## 四、学生工作档案管理的现状和改进方法

### （一）学生工作档案的管理现状

1. 从档案管理的对象来看

学生工作档案是收集、整理学生工作的纸质、电子文档、音像制品等媒介承载体。在学生工作早期，档案多为纸质文件。收集或利用等存在零散、繁杂及相关性不强的缺点。现在，档案扩展到电子文档或音像制品，在一段时间后，以写入式光盘存储，在工作中多以某人的专业工作为归档单位，而不是以工作内容的性质为归档单位。如：在每个学期末，以每个工作人员一学期的工作内容为电子文档的归档内容，这样的归档是以工作人员负责的工作内容为线索，如其分管的内容为团学活动、奖学金、就业，那么归档的特点就是无时间的连续性，如果在下一学期中工作内容有变化，而仍以工作内容为线索归档，那么将给利用时带来效率低的影响。另外，在提倡无纸化办公后，纸质文件数量减少，大量文件以电子文档形式存档，但是因为现在电子文件中，电子档案的证据性问题仍然没有得到法律意义上的彻底解决，因此，应以纸质文档和电子文档同时保存档案。

2. 从档案的管理过程来看

对于档案的收集、归档、整理、利用的整个管理过程，由于管理人员的间断性和管理的专业性不强，学生工作档案会出现缺失、漏装的现象；同时，档案的利用存在乱拿、利用后不原样归位的现象。历年的档案有对现在活动参考的价值，但是利用完后，人们会不规范地归位，使原先整理好的档案要么移位、要么丢失。

3. 从档案管理的人员来看

因为学生工作档案因人员编制有限，往往是由同时从事其他工作的人员兼职来做，无法做到专业性和连续性，因此导致了档案管理因归档人员档案知识不同而呈现个人风格，对档案的管理带来一定影响。

### （二）改进方法

1. 制定规范档案管理制度

以制度来管理档案。从档案利用的长远来考虑，对整个管理过程以具有一定时效的规定确定下来，从归档到利用，白纸黑字规定相关原则。从而避免因档案管理人员非专业性和无连续性造成的档案管理问题。

2. 明确学生工作档案归档范围

这点对于档案人员有一定难度，因为很多资料现在无法预料它在将来的价值。很多学生工作档案零散杂乱，因为现在无法体现其价值，所以人们把

它们当废纸处理，例如，每个星期的每个班的考勤表，除了给管理者督促班级出勤率外，好像别无他用，但是，每件事物都有规律，如果对不同年级同一时期进行研究，向深处思考，研究是什么原因会出现同样的出勤率，会找出旷课学生的共性，从而对考勤制度的针对性大有好处。另外，电子文档和纸质文件，哪些是因其价值只要保存纸质文件或电子文档，哪些是两个都要保存的，这些都需要确定相应的档案管理范围。

3. 建立相应的档案保存空间

这样做的目的就是让档案管理有空间，从而有利于保存的规范和利用的有序。同时，使各种质地的档案有更好条件的空间保存，减少因温度、灰尘等原因引起的档案失效。一般情况，由于学生工作档案的管理没有被重视，使档案保存呈现零散、不系统的现象。有了相应集中的空间，即档案角或档案室，有利用制度，这样会提高利用效率和存档有效性。而针对音像制品或其他易被破坏的媒介档案也有了安全的存放空间。

4. 提高意识，明确建立规范档案的目的

建立规范的学生工作档案管理的目的是通过归档，从而提高参考价值和利用率。因此，对档案管理人员、使用人员等与档案相关的人员，都应提高认识，重视档案规范管理的重要性。这不仅使管理档案的人员提高专业素质，也让使用者树立了正确的档案意识。

总之，学生工作档案的管理是一个需要不断被人们重视的问题，它发展的规范化、专业性有利于学生工作有条不紊地进行，有利于从凌乱的现象中看出人才培养的其他方式的创新，从而推动以管理促进教育，改善学生工作为教育服务的角色，把学生工作放到专业教育的一个关键环节。

**参考文献：**

［1］恩格斯．萨瓦、尼斯与莱茵［A］．马克思，恩格斯．马克思恩格斯全集（第13卷）［C］．北京：人民出版社，1962.

［2］邓绍兴，陈智为编著．档案管理学［M］．北京：首都师范大学出版社，2004.

［3］中国高教学会秘书学会组织编写．商务档案管理［M］．北京：中国建材工业出版社，2003.

［4］［美］T. R. 谢伦伯格著．现代档案——原则与技术［M］．黄坤坊等译．北京：档案出版社，2005.

# 试论高校档案在新校区校园文化建设中的作用

## ——从联大师院打造“师范性”校园文化说起

云南师范大学 张振利*

**摘 要**：新校区大多位于缺少文化底蕴的城郊，校园文化建设中面临诸多问题。高校档案所蕴涵的深厚的历史渊源及厚重的人文精神，恰是新校区校园文化建设的重要资源。联大师院打造“师范性”校园文化的成功案例本身即是高校档案对新校区校园文化建设发挥借鉴意义的例证之一。

**关键词**：高校档案 新校区 校园文化

高校档案所承载的文化性决定了其与校园文化建设有着千丝万缕的联系。档案学界就二者关系的研究已有大量成果刊布。据不完全统计，自2003年以来，仅以“高校档案与校园文化建设”为题的论文就有十二篇之多。① 其中，就高校档案为校园文化建设服务以及新校区校园文化建设的问题，也已有高等院校的硕士论文进行深入研究。较有代表性的如华中师范大学教育管理专业许镇雄的《利用学校档案为校园文化建设服务研究》及南京师范大学高等教育学专业周琳的《大学新校区校园文化建设的问题研究》。

纵观学界已有的研究成果可以看出，校园文化建设的研究已较为成熟，高校档案与校园文化建设研究也日趋深入。在当前高等教育发展的新形势下，新校区校园文化建设的问题已开始进入学界的研究视野。较为遗憾的是，目前尚未发现有论述高校档案与新校区校园文化建设的专文。鉴于此，本文拟以公布的西南联大档案史料为基础，勾勒出联大师范学院进行校园文化建设的成功案例。从这一案例的借鉴意义出发，以云南师范大学呈贡新校区的校园文化建设为例，探讨高校档案如何在传承与创新两个方面为现已入驻呈贡大学城的高校校园文化建设发挥应有的作用。

---

* 作者简介：张振利，男，云南师范大学档案馆馆员，研究方向为档案学史、档案管理学。

① 甘荔．高校档案与校园文化建设［J］．兰台世界，2007，(4)：29～30.

## 一、西南联大师范学院对校园文化建设的成功探索

1938 年，北京大学、清华大学、南开大学迁至昆明组成国立西南联合大学，又于 1939 年组建师范学院。可以说，师范学院的诞生绝对是新环境中的新产物。培养合格的师资是师院的首要任务。然而，当时的残酷现实是：进入联大师院的学生并非个个都心甘情愿从事教育。1940 年发布的《国立西南联合大学师范学院报告书》说："去年一年级生经统一招考，分发本院者，有一百七十名，实际到院者，只一百廿名，其比例数，弱于他院。此一百廿名之中，一年之后，转入他院他系者，约四十名，其比例数，则较他院为多。"① 针对日益严重的师院学生转系问题，1942 年 9 月 16 日召开的联大常委会第二三二次会议专门通过决议："本大学师范学院学生中途欲转入本校其他院系者，须于学年始业前，向师范学院院长及原系主任陈明理由，经准许后，复经所欲转入之学系主任及教务长核准后方为有效。但由各方保送入学非经本大学考试录取之师范学院学生，概不得请求转入其他院系。"② 从禁止保送学生转系的强硬规定可以看出，用行政命令制止学生转系已是强弩之末了。

面对生源流失，学生倦于从教的现状，联大师院从校园文化建设入手加以解决。具体地说，就是通过"师范性"校园文化建设来培养学生热爱教育、投身教育的思想，从而使学生养成"师范性"人格。所谓的"师范性"校园文化，即努力打造以"领导青年，为人师表"为底蕴，以"传承文明，传播光明"为核心，以着力培养师范生的自信心、责任心和爱群心为手段，以促进师范生确立从事教师职业的观念为目的的文化氛围。所谓的"师范性"人格，最佳的诠释就是联大师院毕业考核标准之一："学生之知识思想、态度、理念与其整个人格，是以领导青年、为人师表。"联大师院举办全院师生同乐会及成立纪念日举行的"传播光明"表演。目的是"鼓舞其精神与合作之能力"，所期效果是"在个人则为责任心与爱群心之培植，在团体则为'热烈活泼'之风气与集体的自信心"。

联大师院着力打造"师范性"校园文化的举措收到了一定的实效。比照联大常委会对师院学生转系问题决议的记录可以看出，除 1941 年 10 月 1 日和 12 月 3 日联大常委会第一九二次和二〇〇次会议分别对 1940、1941 年度

---

① 西南联合大学师范学院报告书（1940 年）［A］．王学珍，江长仁，刘文渊主编．国立西南联合大学史料·总览卷［C］．昆明：云南教育出版社，1998：141.

② 张爱蓉，郭建荣．国立西南联合大学史料·会议记录卷［M］．昆明：云南教育出版社，1998：253.

转系的温功礼等十二人、徐渊等四十人偿还公费待遇进行决议外，常委会会议记录再无师院学生转系问题的记载。除行政命令发挥一定的功效外，这与联大师院的“师范性”校园文化建设也是分不开的。

## 二、新校区校园文化建设面临的问题

就目前学界对校园文化研究的成果来看，校园文化有广义与狭义之分。从广义上讲，校园文化是大学生活的存在方式的总和。它以生活在校园内的教师、大学生和干部为主要群体，它是在物质财富、精神产品和氛围以及活动方式上具有一定独特性的文化类型。从狭义上讲，大学校园文化是大学师生员工在长期的教学、科研、学习、管理、交往中，逐步形成并获认可和遵循的带有学校特色的价值取向、校园精神、校风、教风、学风、治学传统、行为方式等的高度概括。① 限于本人学识及研究的需要，本文所指的校园文化为狭义上的。

伴随高等教育的发展、招生规模的不断扩大以及适应城市发展战略的需要，大学城的兴建方兴未艾。相对于原来的校区而言，新校区也就应运而生。新校区大多位于远离老校区的城郊地带。这些地带没有任何地理上的人文背景和文化遗产，地理位置决定性地影响了新校区的校园文化，造成了新校区建设初期和一段时间内校园文化的匮乏且与老校区校园文化的不对称性。以云南师范大学为例，老校区位于一二一大街 298 号，距离在一二一运动中烈士殉难处的龙翔街 137 号非常近，距离闻一多先生殉难处的西仓坡 6 号也不过两公里。这样的人文环境和文化底蕴，呈贡新校区是无法比拟的。

新校区建立在一个文化底蕴相对缺乏的环境中，如何传承老校区的办学精神，发扬老校区的校园文化传统，进一步提升校园文化品位，并在此基础上构建和创造出独具特色的校园文化，已成为当前新校区校园文化建设中值得探索的问题。

## 三、高校档案在校园文化建设中作用的发挥

成立伊始的联大师院，校园无疑是崭新的。其“师范性”校园文化建设的成功案例的借鉴意义有两点：一是找准问题，即制约学校健康发展的软件方面的软肋，也就是校园文化建设所要解决的首要问题，从而确定校园文化建设的主题；二是打造平台，即承载主题校园文化的载体。

在明确新校区在校园文化建设中存在的主要问题后，解决的途径就是充

---

① 潘懋元．新编高等教育学［M］．北京：北京师范大学出版社，1996：590.

分发掘高校档案所承载的厚重的文化信息，从传承与创新两个方面打造新校区校园文化的载体。

就传承而言，必须发挥高校档案的重要作用。它是大学发展历程的反映与总结，内容涉及大学发展过程中教学、科研、服务社会等诸多方面的工作，生动多样、博大精深，是大学校园文化的生动写照。它在构建新校区校园文化中具有教育导向、协调融合、凝聚激励等功能。要使新校区与老校区不仅“形似”，更具有“神似”的精神内涵，高校档案是一个不可或缺、举足轻重的传承载体。在新校区校园文化建设中，要注重校训、校风和学风等的宣传、渗透。一所大学的校训、校风和学风是在长期的办学过程中积淀和提炼而成的，对身处其中的师生员工具有导向、激励和规范的作用。如云南师范大学“刚毅坚卓”的校训源于西南联大，利用现有档案充分发掘其文化内涵，无疑能激发师生的自豪感、荣誉感及责任感。

就创新而言，就是打造新的校园文化品牌。校园环境体现了一所高校深厚的文化底蕴和历史渊源，许多著名高校的一个校门、一个雕塑、一座建筑就是学校的一个标志、一段历史、一种精神。把高校档案运用到校园环境建设中，就是要让躺在文件柜里的“死”档案物化后“活”在校园的每一个角落，赋予校园内的一草一木、一景一物以生命。从建筑物、自然景观，到路标、绿化的设计创意，处处体现学校的人文精神和发展历史。云师大一二一校区的民主草坪前与呈贡新校区的红烛广场上都矗立着闻一多先生的塑像，二者传承与创新的含义是不言而喻的。同样，呈贡新校区的三校纪念亭及西南联大校门等建筑的修建也可谓匠心独运。

总之，新校区校园文化的建设具有鲜明的时代特征，高校档案是高校发展的记忆和再现，是高校传承文化的重要手段和文化创新的基础，具有深厚的历史渊源及厚重的人文精神。但二者同属社会文化范畴，相互渗透、相互提升。充分认识高校档案的文化功能，对于新校区校园文化的建设具有重要的现实意义。

# 档案队伍建设

# 试论高校档案管理人员的综合素质

云南师范大学 秦 侠*

**摘 要：**高校档案馆保存和整理着学校各个时期的重要档案，记录着学校发展壮大的历史。档案的重要性，是通过管理人员为学校服务、为社会服务传递的。因此档案管理人员的工作水平、工作效率、工作态度、工作形象等的提高尤其重要。

**关键词：**档案管理 素质提高

高校档案馆保存和整理着学校各个时期的重要档案资料，它记录着学校发展壮大的历史。虽然没有完全介入学校当前的教学活动主流之中，但是学校必不可缺的一部分。高校档案部门不仅仅是历史的守护者、档案的保管者，也应该成为档案史料的研究者、学校文化资源的开发者。

近年来，虽然档案部门在社会上开展了多层次的宣传活动。但这些宣传活动一般是针对档案法规进行的，根据档案工作自身而展开的对档案馆的宣传却未能做到同步进行。另外档案工作者历来崇尚“默默无闻”，不少档案馆工作人员只满足于踏踏实实地做好本职工作，头脑中缺乏对自己所从事的工作及其劳动成果加以宣传的意识，直接或间接地影响到社会对档案重要性的认知程度。因而使得许多人对档案馆的性质、地位及其工作职能几乎一无所知。过去人们普遍认为，档案馆是个闲差，是养老的地方，是照顾领导家属的地方，现在虽然有所改进，但认知程度也不容乐观。

要改变人们对档案管理工作的认识，一方面是加强档案重要性的宣传，另一方面就是通过高素质档案管理人员的工作最直接地作用于社会公众，使人们能感受到现代档案管理手段的先进与快捷、完善。笔者认为现代化的档案管理人员，必须具备如下素质。

## 一、树立终身学习观念，业务熟练过硬

在不少人眼里，档案管理人员可能与仓库保管员差不多，档案馆在学校

* 作者介绍：秦侠，女，云南师范大学档案馆馆长，副研究员，从事档案行政管理工作。

工作中也是不起眼的部门。其实，档案管理也是一门科学，许多综合性大学都有档案专业——档案管理学，远的不说，云南大学不仅有档案学专业，而且该专业还有博士点。近代中国档案学者对档案的定义、范围、作用、文书与档案的关系、档案管理的组织形式与机构设置、档案人员的素质与培养、档案馆工作、档案行政管理工作、档案教育工作、档案宣传工作以及科技档案工作和其他专门档案工作的研究成果等都已进行了深入细致的研究，并形成了完整的体系，档案学的学科地位得到明显提高，第一次以独立学科的身份屹立于科学之林。1956 年 4 月国务院颁发了《关于加强国家档案工作的决定》；至 20 世纪 60 年代初，我国档案学界先后编写出版了《档案管理学》、《文书学》、《中国国家机关史》、《中国档案史》、《文件材料保护技术学》、《档案文献公布学》、《技术档案管理学》、《档案学概论》、《影片、照片、录音档案管理》等教材，一个由多门分支学科组成的现代中国档案学学科体系已经初步形成。1987 年 9 月 5 日国家颁布了《中华人民共和国档案法》。近年，针对高等学校档案管理工作，教育部和国家档案局制定了《高等学校档案管理办法》，并于 2008 年 9 月 1 日实施。此管理办法将档案工作的重要性提到了一个新的高度，要求高校校长作为本学校档案管理工作的直接领导。档案管理内容涉及档案的点收、登记、整理、分类、立卷、编目、鉴定、销毁、保管、保护、统计、提供利用、检索及编研等，就以立卷和编目为例，一卷档案点收后就要依据归档类目的划分和标识进行编目，有一级、二级、三级，一级如党群（DQ）、行政（XZ）、教学（JX）、科研（KY）、基建（JJ）、仪器设备（SB）、出版（CB）、外事（WS）、财会（CK）、声像（SX）、电子（DZ）、实物（SW）、人物（RW）、人事（RS）等，二级如 11、12、13、14…，三级 1、2、3、4…档号的编制由五个部分组成：全宗号、年度号、类目号、保管期限及件号。一级类目中根据不同部门再细分，如党群又分为党务综合、纪检、组织、宣传、工会、团委等，以此类推，行政、教学、科研等也如此，也就是说，在外人看来很简单的档案管理工作，其实蕴藏着很大学问，需要不断努力学习，才能具备过硬的业务能力。

另外，目前的档案工作已经实现了计算机网络化管理，已经基本告别了手工时代，即大多数单位的档案管理都是网络化管理，档案管理工作做得好的学校如上海交大、南京大学等，档案管理自动化程度很高，为档案的开发利用开辟了巨大的空间。因此要求档案管理人员要做到业务熟练，编目清晰，具备较强的计算机能力，检索速度快，才能提高效率，更好地服务社会。

## 二、爱岗敬业，提高政治素质

1980 年中共中央国务院批转《国家档案局关于全国档案工作会议的报

告》中指出："档案工作是一项很重要的专门事业，是实现社会主义现代化，开展历史研究，进行各项工作的必要条件。做好档案工作，不仅是当前工作的需要，而且是维护党和国家历史真实面貌的重大事业。"由此可见，档案工作是一项十分重要的工作，其工作性质可概括为管理性、服务性及政治性。

管理性：档案管理有一整套科学系统的管理方法，根据所管理的档案类型有不同的管理要求和方法，如文书档案、人事档案、学生档案、基建档案等，科学规范的档案管理，对提高档案工作重要性的社会认同是非常重要的，因此不断加强学习，提高档案管理水平是提高档案管理队伍素质的重要手段，其途径主要有如省档案局局长黄凤平在全省档案局（馆）长会议上所指出：以岗位资格培训为基础、以继续教育为重点、以专题培训为补充，坚持学校档案专业教育与档案岗位业务知识培训并举，逐步构建人才培养体系，不断提高档案人员的专业素质，使其掌握新形势下档案工作需要的各种新知识新技能，真正成为档案工作的行家里手。

服务性：档案管理工作一个最重要的性质就是服务，为学校发展提供服务，为社会利用服务，因此，增强管理人员的服务意识、提高服务质量是十分必要的。

政治性：由于档案管理工作的性质以及所涉及的内容，需要从事档案管理的工作人员具备较高的政治素质及强烈的责任感。首先要有保密意识，档案管理不同一般，特别是对人事档案的管理，更需要具备较强的原则性。这就要求档案管理人员要不断加强学习，不要只把自己定位在档案保管员的位置，而应具备综合的政治素质。

### 三、知识丰富，形象温文尔雅

档案管理工作者的新形象应是知识领域工作者所具有的较高的修养、情操以及档案服务部门所特有的良好的风范与气质，要有甘于寂寞、乐于奉献、淡泊名利的精神，努力塑造知识丰富、温文尔雅的新一代档案工作者的形象，因为档案管理工作者的形象，直接影响着人们对档案的认识。然而，理想形象的塑造不是一朝一夕的事情，档案管理工作者只有不断增加自身的学识、提高自身的修养、陶冶自身的情操，以自己的博学和良好的职业道德，赢得社会公众的敬重，从而提高档案馆的社会地位，更好地实现档案馆的社会功能。未来档案馆的发展应该树立起良好的、新型的档案馆形象，使社会公众发自内心地感到"我离不开档案馆"，从而吸引社会各界的关注、赞许、支持乃至直接的投资。这样，可使档案馆在社会形象上、经济上具备吸引人才的基础，拥有灿烂前程的人作为档案工作的主体，对档案事业的兴衰起着决定性作用。

## 四、热情服务，具备较强的服务意识

档案管理的主要功能就是服务。热情服务很重要，档案本身给公众留下的印象就是沉闷、单调、死板。管理人员的热情服务能像春风一样温暖人心，使来访者感到舒适。另一方面，档案管理人员要做有心人，想办法为学校发展服务，如为学校的科学研究工作服务，也就是说，档案管理人员可以利用工作的方便，收集、整理资料，向科研人员提供科研信息，确保课题顺利高质量地完成；也可以把过去的、现有的、别人的科技成果汇集起来，经过综合分析整理，精心加工，汇集起来，提供给科研人员，使他们能了解和掌握国内外科技水平、科技方面的新工艺、新技术、新成果及市场等前沿发展动态；又如，在时机成熟时，推行现行文件服务，使学校师生及社会利用方便易行，逐步养成利用档案的习惯。

## 五、具备较强的亲和力及沟通能力

档案管理人员由于其工作性质及工作范围的限制，与外界接触和交流的渠道、范围很窄，似乎不需要多强的交际能力。其实，档案管理人员更重要的是亲和力与沟通能力，因为，经常接触的是一个性的人和事，来档案馆咨询的人，其要求各种各样，而且许多情况下是代别人来办事的，如具备较强的亲和力及沟通能力，就能在较短的时间内弄清楚来人的意图和要求，就可以在短时间内查询到所需内容，提高服务的效率。还有更重要的一个方面是档案馆内部工作人员的相互配合、协作，也需要具备较强的亲和力及沟通能力，有句话说：力在则聚，力亡则散！有亲和力及沟通能力，就使得大家在一起共事时，有一种合作的意识和相互的理解，就能营造和谐的氛围，使大家愉快地完成各项工作。

总之，档案管理工作者要通过不断学习，提高业务水平和服务技能，彻底改变过去那种“做等上门查询，与仓库保管员无二样”的落伍形象，成为具备新知识、新观念、新形象的新型档案管理工作者。

**参考文献：**

邓绍兴，陈智为．新编档案管理学［M］．北京：档案出版社，1986.

# 刍议如何创建学习型高校档案馆

昆明理工大学　周　荣　刘永祥*

**摘　要：** 文章分析了学习型档案馆的特征和创建的必要性，提出应从全员学习、树立共同目标、领导做表率、完善学习激励机制、培养团队等方面建设学习型档案馆。

**关键词：** 学习型组织　档案馆

随着党的“十六大”提出的建立学习型社会的号召，创建学习型组织、研究学习型理论的热潮在全国已经蔚然成风。档案工作者们也纷纷积极探索“如何建设学习型档案馆”。高校档案馆作为保存和提供利用学校档案的专门机构，职能不再只是简单的收集、整理、保管和提供利用，在档案收集、信息存储、开发利用、宣传教育等方面都面临前所未有的考验。如何面对和迎接挑战，笔者认为，创建学习型档案馆，学习和创新是唯一的出路。只有通过“创建学习型档案馆”和不断提高档案管理人员的综合素质，才能适应社会的瞬息万变。

## 一、学习型档案馆的特征

学习型档案馆的定位就是把档案馆工作人员作为一个学习团队，学习和工作结合起来，共同学习，互相促进，不断提高自身素质，从而提高自身的知识服务能力和业务技能，向全社会提供信息服务。其特征体现在两个方面：

### （一）学　习

从树立科学的学习理念、构建学习平台和完善激励机制等方面人手，不断激发档案工作人员的学习热情和创新精神，促进档案队伍的整体素质的提高。树立科学的学习理念是促进学习型档案馆的重要前提，一要全员学习：将全体工作人员都调动起来，团体学习，使个人学习上升到档案馆集体学习的高度上。二要全程学习：强调学习的长期性，把学习作为档案馆建设的一项制度。

---

* 作者简介：周荣，女，昆明理工大学档案馆副研究馆员，长期从事档案管理工作。刘永祥，男，昆明理工大学档案馆馆员，从事档案管理工作。

（二）应　用

将档案业务工作和学习紧密结合起来，发现工作中存在的问题，带着问题去学习，通过学习，解决这些工作中的难题。有的放矢，学以致用。充分发挥档案的参谋作用，开拓学习型档案馆的服务广度和服务深度。

## 二、创建学习型档案馆的必要性

（一）高校档案馆作为高校的文件运行管理中心，肩负着对各类信息知识进行收集、整理、加工、提供利用的功能

信息资源的开发者、提供者、管理者的水平参差不齐导致了档案信息效用的差异，这些都要求档案管理人员增强信息意识，具备处理各种信息的能力，能够从海量的档案信息中快速、系统地收集信息并进行进一步的加工和整理，为利用者提供快捷、准确、有效的信息产品。同时，不同学科及分支之间的联系日益紧密导致了诸多边缘学科、交叉学科、综合性学科的产生。创建学习型档案馆是档案事业发展的必然趋势。

（二）在科学技术日新月异的数字化时代，知识更新速度加快，每天都有新事物产生，停滞就是落后，落后就要被淘汰，每个人都面临着不断学习、知识更新的艰难处境

长期以来，很多人学习意识淡薄，认为进了档案馆就像抱到了金饭碗，满足于知识不多但是有文凭，水平不高但是能应付，忽视档案专业技术的提高学习，轻视理论知识。有的人很少参加档案学会的活动，部门不开展学术活动。有的人借口工作忙不愿学习，满足于应付工作。有的人高学历，不思进取，极少写文章，放松了学术上的追求和业务上的提高。学习型档案馆可以为档案工作者和利用者之间创建不断学习的机会，促进探讨和对话以交换知识，建立信息和学习的共享系统，启发大家迈向共同愿望。

（三）知识经济条件下的竞争是知识和知识创新能力的竞争，是人才的竞争

人只有不断地补充、丰富和更新知识，才能满足社会发展的需要。为了更好地应对知识经济时代的挑战，增强档案馆与图书馆、博物馆的竞争能力，档案馆应积极创建学习型组织，培养工作人员的学习能力，提高他们创造知识和利用知识的综合素质，提高管理水平，从而全面提升档案馆的竞争能力，促进档案馆的健康发展。

（四）档案是一个民族、一个国家历史的真实写照，中华民族走过的曲折历程，都全部记录在档案中

作为保管档案的部门——档案馆是极好的爱国主义教育和精神文明建设的教材。高校档案馆充满着深厚的文化氛围，可以通过展览、陈列、广播、

通讯等多种形式向广大师生员工开展爱国主义教育，促进全民族思想道德素质的不断提高。档案馆要充分认识到这一点，抓住机遇，在创建学习型社会中发挥自己的优势，建设学习型档案馆。

（五）档案管理人员知识的多少与服务质量是成正比的

在传统档案馆向数字化档案馆过渡的过程中，档案管理人员的角色面临新的转变，从手工查找向信息过滤转变，从代替用户检索向辅助检索、提供检索经验和建议转变，从被动的档案保管向主动提供利用、信息开发的转变。但是，目前档案馆的工作人员学历层次普遍偏低，科技文化素质差，业务水平低，即使他们有良好的服务态度，也无法为查档者提供优质高效的服务，无法承担使信息产品增值的工作。学习型档案馆的建立不仅可以提高档案馆工作人员的业务素质，还可以提高档案馆的服务质量。只有加强学习，才能更好地开发档案资源。学习型档案馆要扩大服务层面，除了需要保密的档案之外，要尽量为全社会提供档案的信息服务，使全社会的每一位成员都成为受益者。

## 三、如何创建学习型档案馆

学习型档案馆的建立是为了实现人事管理、业务管理和行政管理的整合和创新。

（一）在创建的过程中需要考虑的几个问题

1. 前提——明确思想理念

创建学习型档案馆关键在于观念上要转变。全体工作人员要树立可持续发展的观念，要用联系的、发展的、辩证的眼光看待人才，不重学历重能力、不重文凭重水平、不重过去重发展。学会学习，防止知识陈旧化。

2. 重点——改进传统意义上的学习

培养工作人员健康的品格、扎实的作风、正确的价值观和积极的人生态度，让大家从“工具性”工作观念转变为“创造性”工作观念，从“要我学”到“我要学”，让智慧充满档案馆。

3. 关键——建立激励约束机制

突出竞争机制，做到学习、考核、使用、待遇一体化。同时还要有吸引人的激励措施，如把外出培训学习作为最大的奖励，对在职学历教育中获得硕士、学士学位者给予一定的奖励，对在报刊上发表文章、成果的作者给予相应的奖励。对勤奋好学、学有所成的人是鼓励和鞭策，对懒惰厌学、消极观望者也是促进和推动。

4. 保证——重视人在学习型档案馆中的核心地位，培养一支胜任信息资

源管理的知识型队伍

坚持以人为本的观念。学习型档案馆是一种自主管理，具有人性化的特点。树立人才是第一位的战略资源理念，通过学习，培养人才，不仅可以满足人们的物质需要，而且可以满足人们的自尊和自身价值的需要，以人的全面发展来促进档案工作。

目前，档案馆还停留在你来我查的传统被动服务方式。创建学习型档案馆将是一个很好的契机，通过创建学习型档案馆，加强学习，扩大服务层面，调动档案利用者的参与意识，在档案利用过程中，具有人类主观意识和行为的，除了档案工作人员，还有利用者这个群体。过去，档案工作人员多是高高在上，自我意识强烈，而利用者多是谦恭被动地服从于档案人员的安排和调遣。创建学习型档案馆就是要全方位提供档案信息服务，改善档案利用被动的局面。充分调动和发挥档案利用者的参与意识和主观能动性，让他们随意地发表意见，评价优劣，形成一种良性的互动和沟通，达到提供档案利用“希望而来，满意而归”。服务观念从闭塞、职能化、被动接受转变为开放、主动学习、优质服务，服务方式从单一向多样化转变。

（二）创建学习型档案馆可以从以下几个方面入手

1. 更新学习观念，树立人人学习、终身学习的理念，合理安排学习时间

档案部门的学习，多是政治学习和业务学习，创建学习型档案馆需要在馆内树立起人人学习、终身学习的理念，不仅仅要学习知识，还要学习应用知识的能力，使自己成为更好的社会公民、家庭成员和中国特色社会主义的建设者，让每一位职工都在工作中活出生命的意义。但是人的精力是有限的，要学习必须要花时间，这里关键就是要解决好工作和学习的矛盾，合理分配学习和工作各自所占的时间。例如：各馆可以结合自身实际将学习制度化，每天用一个小时看书学习，每月安排一次知识讲座，此外八小时之外自学，这些形式将自学和团体学习有机结合起来，做到了不因工作冲挤学习时间，也不因学习影响工作任务的完成。

2. 树立共同的学习目标

也就是塑造档案馆的美好愿景，这个愿景是全体档案工作者的工作目标和任务，简单地说是“我们想要什么”，即全体档案工作者要有一个共同的学习目标。例如，设定全馆50%的个人要达到每年发表1篇学术论文。将个人的学习目标与档案馆的整体目标有机结合起来，个人达到了目标，组织也就达到了学习目标。它能形成巨大的凝聚力和向心力，使每一位成员主动、真诚地奉献和投入，更好地发挥整体优势。在塑造的过程中，档案馆的领导要把现状和现实告诉每一位成员，让他们充分了解档案馆的处境，从而产生一种克服困难和障碍的冲动。其次，美好愿景要具体化和个人化，让每一位

工作人员通过透彻分析，把组织的愿景和个人的期待结合起来，提出在各自岗位上所要实现的个性化愿望和目标。

3. 档案馆的领导者要做表率作用

在学习型档案馆中，领导者是关键人物，要走在学习的前列。领导者要扮演好三个角色：第一是当好创建学习型档案馆的“设计师”，即对创建工作进行总体设计，报刊发展愿景、价值观和最终目标。通过领导对学习过程的设计，从而使档案馆的每一位成员都能主动履行自己的岗位职责和有效处理出现的问题。第二是领导者必须是好老师，要不断帮助全体成员共同学习，全心投入，带领整体朝着共同的目标前进。

4. 建立完善的学习激励机制

根据档案馆成员的不同需求，在了解、信任、尊重的基础上，适当给予激励和引导，建立一套行之有效的科学的学习激励机制。只有将学习制度和考核制度、工资福利制度、人事组织制度有效衔接，才能提高档案馆全体人员的积极性、主动性和创造性。对坚持学习、大胆创新、勤奋工作的人要大张旗鼓地表彰奖励，树立典型。对放松学习、不思进取的人进行批评教育、督促学习，给予适当的压力和责任，使其有一定的危机感，从而主动学习以免影响整体学习效果和学习氛围。

5. 建立一支学习型的档案队伍

档案馆要发展，需要一支高素质的员工队伍。目前，许多档案工作人员从业多年，日常简单重复的服务工作已无挑战性，职称的评定也不能成为激励大家终身学习、发展的动力。同时时代发展需要档案人员要一专多能，既有扎实的档案理论知识，又有较好的计算机应用能力、外语应用能力、网络知识等，同时还要掌握相应的检索知识、信息存贮技术、分析处理技术、通信技术等。通过创建学习型档案馆，就恰恰可以为全体档案工作者提供一个安心学习、善于学习和乐于学习的环境，加上完善的学习奖励机制，一并激发和保护大家的学习热情，从而建立一支不断积累知识的、成熟的学习型队伍。

6. 检查学习效果

建立公开、公正、有效的知识水平评价制度和考核体系，根据考试结果、学术研究、科研课题结题、业务工作数量和质量等各方面的情况来综合评价学习效果。检查学习时要防止学习和工作脱节，做到学习和工作并举，以学习促进工作提高，以工作带动学习热情。学习效果的公正评价对进一步激发学习热情，保持个人成就动机至关重要。

总之，学习型档案馆是一种革命性的面向未来的新兴事物，在实施中要结合各馆的馆情，认真统筹规划。只有在坚持制度、促进工作等细节上发展和完善，才能真正把档案馆塑造成一个团结向上、求真务实、开拓创新、适应发展的学习型组织。

**参考文献：**


［1］胡冰．创建学习型档案馆（室）的思考［J］．档案与建设，2003，(12)．

［2］赵喜红．谈构建学习型档案馆［J］．兰台世界，2004，(2)．

［3］仇雁．展现学习魅力，创新思维观念——建设学习型城建档案馆之思路［J］．城建档案，2004，(2)．

［4］刘琼瑶．创建学习型档案馆刍议［J］．信息管理（上海），2004，(4)．

［5］陈建群．论学习型档案馆的创建［J］．湖南医科大学学报（社会科学版），2005，(3)．

［6］赵清，黄新荣，周生宝．论学习型档案馆的组织与服务变革［J］．档案学研究，2007，(2)．

［7］陈锦全．学习型档案馆队伍建设的思考［J］．云南档案，2008，(3)．

［8］白石，马玉杰．论学习型档案馆的创建［J］．兰台世界，2010，(2)．

［9］曾伟忠．学习型图书馆、情报所和档案馆管理模式的思考［J］．图书情报研究，2010，(1)．

# 试论档案干部的队伍建设

红河州财经学校　贾　艳*

**摘　要：**档案工作管理水平、档次高低的核心取决于业务处理综合能力，档案人员业务处理综合能力培养与提升是档案事业的百年大计，应当引起我们高度的重视。本文就档案管理人员在新时期存在的一些问题进行了探讨，并提出了一些建议。

**关键词：**档案管理工作　干部队伍　问题　建议

档案工作是一项专门性的业务工作，它集专业性、技术性、科学性于一体。在信息化社会中，档案管理人员必须是一个综合型的人才。由于各方面原因，档案干部队伍建设存在的问题愈演愈烈，严重制约了档案事业的可持续发展。在一些基层单位，专业化的档案干部队伍日益萎缩，人员素质下降，保管隐患频现，档案管理水平滑坡不止。在新时期如何提高档案管理人员业务处理综合能力，发挥档案在工作中应有的作用，值得我们深入研究和思考。

## 一、干部队伍建设存在的问题

### （一）档案干部队伍不完善

部分单位没有明确专兼职档案干部，有的明确了却又不稳定，经常变动，造成档案管理衔接问题。过去，从事档案工作十几年的人比比皆是，许多人是几十年，甚至终生与档案工作相伴。而现在，许多人只干三五年，有的甚至是一年或几个月，七八年以上的档案人员所占比例越来越少，档案干部流动非常频繁。其客观原因是某些单位配置档案干部不经过任何考察评估，随意更换，还有一些单位将难以搭配出去的“三无”（无学历、无专业、无聘用部门）的干部安置在档案部门，在不引人注目的档案部门干上一年或几个月，然后再堂而皇之地进入重要部门。其主观原因是价值观多元化和价值导向问题，世界观的虚无化和自私自利狭隘观念的扩大化使得一些人不甘心档案部门“三等科室”、“四等公民”地位，纷纷“跳槽”、“下海”，

---

* 作者简介：贾艳，馆员，从事学校档案工作。

其间的负面效应在档案干部队伍中的影响是非常普遍与深刻的。

（二）档案队伍存在着专业知识老化、信息开发形式陈旧等问题，造成目前大部分档案人缺乏开拓进取、大胆创新的精神

业务知识普遍较差，不能适应档案工作的需要。由于档案干部年龄偏大且变动频繁加上经费原因，培训工作没有跟上，特别是基层档案人员业务多数不很熟悉。兼职档案员的文化知识、年龄结构层次差别很大，其特点是兼职任务多，日常工作繁杂，处理文件时间少，工作变化频繁，专业知识少，难以专心搞好归档工作。由于档案工作效果难以立竿见影，不易引起大家的重视，而常被其他工作挤掉。他们默默无闻地做着分类、编目等烦琐工作，却又不被别人理解。而且，兼职档案员绝大多数没学过档案专业，所以业务素质普遍较低，新手尤其如此，这直接影响着档案工作的质量。

（三）业务素质不高

由于现在很多档案室人员都是兼职，对档案管理业务知识了解还不够多、不够精，从而影响了档案工作的质量。例如：档案资料收集不齐全。在档案工作网络中，最为关键的是兼职档案员。档案工作的收集、整理、鉴定、保管、统计、编目、利用、编研八大环节中，收集和整理是档案的形成环节。也就是说，只有经过收集和整理（分类、编页、填写卷内目录和备考表、装订、拟写案卷题名），才能形成档案，而这最为关键、最为基础的两项工作是由兼职档案员来完成的。因此，文件的形成是否规范、各类档案的收集是否完整、分类是否科学、案卷质量是否达标，都直接影响全校档案工作的水平。如果没有一支过硬的兼职档案员队伍，档案工作肯定是搞不好的。

（四）计算机技术知识普遍缺乏

信息时代的来临，对档案管理人员计算机的掌握程度提出了更高的要求，就以我校档案室来说，能基本操作电脑的只有三四个人，基本上没有熟练操作的工作人员。随着各单位计算机信息管理网的建立与发展，越来越多的重要文件被传输上网。这些文件由各业务管理部门生成、处理，反映了职能部门活动的概貌，上网前，又按照信息管理部门的统一要求进行了文件格式的转换，在一定程度上保证了数据的可靠性和通用性，是归档的重点。对那些未输送到计算机信息管理网上的具有保存价值的电子文档，应由电子文件形成部门编目整理，也利用网络技术向档案部门传输，可以借助信息管理网络在各业务管理机构与档案部门之间开通电子文件归档专递网线，建立依附在信息管理网上的归档专用子系统，将上网与未上网的具有保存价值的电子文件通过此系统传输给档案部门。

## 二、档案干部队伍建设的几点建议

### （一）积极争取领导重视，保证档案管理队伍的稳定

想方设法稳定档案干部队伍，把人才留住。人心浮动、见异思迁，是当前一些单位档案管理干部思想的现状。在市场经济利益驱动的价值导向之下，谁不想借着宽松政策，在青春年华时多挣钱呢？以清冷寂寞贫寒著称的档案部门，要稳定档案干部队伍谈何容易，要留住人才困难重重。但是，为了档案事业长远发展，为了本单位档案工作大局需要，创造人才留得住、用得上、得发展的局部环境，应当采取相应举措：一是大力开展思想政治工作，使档案人才树立正确的人生观、世界观、价值观，立志为档案工作贡献出自己的才华。二是组织政策向人才倾斜，如破格提拔青年人才，使他们早日走上领导岗位，觉得在档案部门有奔头。三是尽快使符合条件的人获得中高级职称，激励他们的工作热情。四是奖励政策向人才倾斜，缩小部门之间的收入差距，让人才得到实惠，使得档案干部队伍逐步稳定下来。

### （二）鼓励学习新知识，积极充电

信息时代，档案工作和整个社会发生着千丝万缕的联系，新问题、新情况不断出现。因此，每一个档案管理人员都要善于学习新知识，不断提高自己的科学文化和专业理论水平；不管学历高低、资历长短，都应不断地“充电”，努力增长新知识、新技能，不断提高自身的综合素质。领导应鼓励、支持档案管理人员在干中学、在学中干，同时对档案人员进行多途径、多形式的培训教育，不断更新他们的知识结构。

### （三）加强档案管理基础业务培训，努力培养档案管理人才

档案业务培训是人才成长的重要推动力量。新上岗人员需要系统的基础管理知识、工作方法和技巧，需要至少半个月，最好进行3个月的培训。即使是经验丰富的中年人，也面临着管理方法和管理理念的老化，需要及时更新。建立起合理的培训机制，对孕育人才和人才成长是至关重要的。由于行业间档案管理存在着管理标准、规范的差异，以行业为培训单位，开展定向对口培训，是首先需要考虑的问题。另一方面，要格外重视培训师资问题。历史的经验与教训证明，从高校聘请教授，或从基层请老同志负责培训，都是不太妥当的。教授们理论强而实践经验贫乏，基层工作的老同志实践经验丰富但具有狭隘性且缺乏理论引导能力。理想的档案培训人员应当是理论与实践兼备，见多识广，尤其是对本系统档案管理业务熟练的人。建议由档案行政部门牵头组织本系统、本行业的档案培训工作，从央企集团一级物色，或在社会已退休老专家中聘请培训人才，对现岗人员进行普遍轮训。从社会

广角组织培训师资人才信息库，整合开发和利用档案人才信息资源，才能适应今后普遍的大量的档案管理人员培训需求。

（四）注重提高计算机运用能力

熟练掌握计算机技能并提高其应用能力，对增强档案管理和提高服务效率具有十分重要的意义。档案信息化运用了大量的新技术，如数字化技术、信息存储技术、网络通信技术及多媒体技术等。档案人员必须努力学习掌握这些新技术，熟练地运用现代技术手段管理档案，才能适应新形势发展的需要。

**参考文献：**

[1] 肖锋刚．如何提高高校档案管理人员的综合素质［J］．齐齐哈尔医学院学报，2004，25（8）．

[2] 张国珍．浅谈新时期档案人员素质及提高［J］．中国科技信息，2008，（13）．

[3] 范丽娜．档案管理人员应具备的素质［J］．西安邮电学院学报，2009，14（2）．

# 发挥高校兼职档案员在档案工作中的作用

昆明理工大学津桥学院　周　丹*

**摘　要：**高校兼职档案员是做好高校档案工作的重要力量。必须加强高校兼职档案员建设才能保障高校档案工作的健康发展。健全的考核机制、扎实的业务培训和有效的监督指导是高校兼职档案员建设的有力保障。本文根据高校档案工作的实际情况，说明现阶段在高校中建设兼职档案员队伍的重要性，针对目前存在的问题，提出了解决的措施与方法。

**关键词：**高校兼职档案员　考核机制　业务素质　指导

随着我国高等教育快速发展，高校档案工作的涉及面越来越广，档案数量也快速增加，高校产生的档案不仅门类多，涉及面广，信息量大，而且科技含量高，社会意义重大。一所高校就像一个小社会，部门机构多，形成档案门类多，数量大。如果只靠档案室的三五名专职档案员，是无法完成数量如此众多而形成环节又十分复杂的档案收集、整理工作的。这就需要在全校建立一个完善的档案工作网络，从最基层开始，每个立卷单位都要配备相应数量的兼职档案员和分管领导，由综合档案室进行业务指导和监督检查，接受学校档案工作最高领导“档案工作领导小组”和分管校长的领导，这样才能保证档案收集齐全、整理规范、便于检索和提供利用，为学校的发展和建设服务。

笔者认为，目前高校兼职档案员建设中的种种问题，并不是仅仅靠规章制度就能解决的。只有健全的考核机制、扎实的业务培训和有效的监督指导才是高校兼职档案员队伍建设的有力保障。

## 一、健全考核机制和加强队伍建设

### （一）考核机制

由于兼职档案工作往往不计入工作量，不与收入挂钩，有些学校往往在工作业绩和奖励上不予以考虑，大大损伤了兼职档案工作人员的工作积极

* 作者简介：周丹，男，昆明理工大学津桥学院综合档案室助理馆员。

性，学校和档案馆（室）应制定相应的考核机制，定期根据兼职档案员的工作业绩进行考核，对工作出色的兼职档案员进行表彰，给予其精神和物质上的双重奖励。做好高校档案工作，必须稳定兼职档案员队伍，因为他们熟知本单位文件材料形成、积累、归档的全过程，能为今后档案的利用提供方便，同时对提高队伍的业务素质，充分发挥队伍的整体效能也很有益。

稳定兼职档案员队伍，应统筹规划做好人事安排，应加强思想工作，建立激励机制，应解决实际问题，建立和完善激励机制，激发兼职档案员的工作热情。为此，必须做好如下工作：（1）制定目标机制。使兼职档案员明确档案工作的目标和自己的岗位职责，知道应该做什么，怎样积极动脑筋、想办法，尽心尽力去做好。（2）建立考核机制。档案管理部门要配合有关部门，建立并执行考核制度，定期检查兼职档案员的工作业绩，以作为职务、职称晋升的依据。（3）实行聘任制。兼职档案员是档案工作队伍的一部分，应开展评审、聘任档案系列职称的工作，以调动他们工作的积极性、创造性。（4）完善奖惩机制。将兼职档案员的工作量与经济效益挂钩，对考核达标、成绩突出的要给予适当奖励；对没有达到考核标准，造成工作损失的要予以处罚，严重的要按《档案法》追究责任。

### （二）队伍建设

高校要认真抓好兼职档案员队伍的建设。首先应尽快制定出兼职档案员工作的管理办法，内容包括机构、编制、职责、聘任等；还要理顺文书工作与档案工作的体制关系，做好文书与档案工作的衔接，提高工作效率。同时学校各级领导应高度重视这一工作，切实加强领导，具体做好以下几项：（1）在人事定编后，要给兼职档案员定职称、定岗位、定职责，落实到人。（2）要大力支持兼职档案员的工作，及时解决工作过程中遇到的问题。（3）要把档案工作纳入本部门工作计划，经常检查档案工作进展情况，以检查促进提高。（4）部门领导要关心兼职档案员的疾苦，尽力排忧解难，让他们安心做好档案工作。人心稳定，队伍才会稳定，兼职档案员的作用才能充分发挥。

## 二、培养兼职档案员的业务素质

### （一）明确档案收集范围

做好档案工作关键在于档案的收集。要让各部门兼职档案员明确部门档案收集范围，部门档案主要以管理、科研、教学、后勤各种文献资料为主，要培养高校兼职档案员收集、分类、立卷、归档流程的业务操作水平。

### （二）充分利用工作便利收集档案

兼职档案员在工作中有很多有利条件便于收集档案。一般来说，本部门各种文件资料的盖章、发票的报账、各种会议通知等办公室都在经手，兼职档案员非常清楚本部门各项活动的过程，因此可以在每天的工作中，把不需要立卷归档的事务性文件、重份文件挑出来，需要存档的文书资料，在盖章时就留一份原件，在收发件时造册登记，若不注意平时的收集和积累，全部放在学年末来做，就会显得十分仓促，造成收集不完整，归档的档案质量不高。

（三）兼职档案员必须加强自身学习

档案工作除了专业性强的特性之外，还具有综合性强的特点。档案工作涉及的知识范围比较广，除涉及档案学的知识以外，还涉及其他社会科学和自然科学方面的知识，可以说是“包罗万象”。所以，作为一个兼职档案员，还必须尽可能地了解和掌握与档案工作相关的其他方面的一些知识，需要具备一定的文化水平，有较为广泛的科学文化视野。在需要和可能的条件下，要积极涉猎诸如情报学、目录学、图书馆学、博物馆学、弦律学以及电子计算机技术等领域，有条件的还应掌握古汉语和一门外语。

## 三、学校档案馆（综合档案室）做好档案业务指导工作

（一）建立档案业务辅助机制

档案馆（综合档案室）设立指导热线电话和电子邮箱，可以更方便快捷地解决广大兼职档案员工作中的问题，有效地缓解归档工作压力，提高工作效率。在加强档案专业基础理论培训及业务指导工作的同时，档案馆（综合档案室）指导人员要经常深入各立卷部门，从文件的分类、组卷到拟写案卷标题等业务环节主动进行帮助，解决疑难问题。经常进行业务指导，不但使原有的兼职档案员能按要求独立完成每年的立卷归档工作，而且能使新兼任的同志较快地掌握文书处理、分类、立卷等基本技能。

（二）进行重要档案业务指导

及时指定专人跟踪指导学校重点项目、重大活动和突发事件档案的归档工作，积极主动联系归档文件的相关事宜。特别是对于学校多个部门共同组成的临时工作小组和专项活动形成的文件，档案馆（综合档案室）及时进行归档范围制定和归档文件整理的指导和培训工作。做到特殊事件特殊对待，最大限度地做好各项重点项目、重大活动和突发事件档案的业务指导工作。

## 四、沟通兼职档案员与部门领导的关系

高校档案工作可能会存在兼职档案员与部门领导沟通的人际障碍。例如，需要收集的部门活动材料，在部门领导手里难以收集到，领导不理解支

持档案工作，或是部门领导对部门兼职档案员的档案工作不予以肯定，造成档案的收集不完整或质量不高。

为了从源头抓好档案收集、整理工作，高校档案馆（综合档案室）在进行指导时要做好沟通工作：一方面多和部门领导交流意见，树立部门领导的档案意识，争取其对档案工作的解理和支持，这将直接影响单位档案归档工作质量的好坏；另一方面，要求高校兼职档案员要积极主动、勤于思考、努力学习、在身兼数职的工作中，使档案工作为部门工作提供方便，主动提供档案信息，使部门领导知道该项工作的重要性。

笔者认为，高校档案收集工作中遇到的种种问题，并不是仅仅靠规章制度就能解决的。档案馆（室）除了深入基层对兼职档案员进行业务指导外，还应经常主动与他们联系、沟通，增进彼此的交流、信任。收集工作是高校档案工作的起点和基础，部门立卷则是“前端控制”。拥有一支稳定、责任心强、业务素质过硬、与时俱进的兼职档案队伍是做好收集工作的重中之重。“前端控制”无法保证，收集工作也就无法顺利进行。要改变高校兼职档案队伍的现状和存在的问题，这是一项长期性的工作，须高校各级领导、各部门、档案馆（室）及兼职档案员共同的协作和努力。

**参考文献：**

［1］石为群．高校档案在思想道德建设中的教育功能［J］．浙江中医学院学报，2004，（3）．

［2］罗晴云．高校兼职档案员存在的问题及对策［J］．科技信息（学术研究），2008，（30）．

［3］许典利．新形势下高校兼职档案员队伍素质建设浅论［J］．南宁高等师范专科学校学报，2008，（12）．

# 档案职业倦怠状况研究

## ——以云南省高校为例

云南财经大学　袁　洪*

**摘　要：** 本研究旨在了解档案职业倦怠状况，为此对云南省高校150名档案专业人员的调查问卷进行统计分析。结果发现：档案职业倦怠感初露端倪，其中职业倦怠的核心指标情绪衰竭最为明显；档案职业倦怠各指标在性别、年龄、职称等方面存在显著差异。

**关键词：** 职业倦怠　档案

## 一、职业倦怠问题的提出

职业倦怠（job burnout）也称“工作倦怠”，它最早出现于美国作家Greene（1961）的小说《一个枯竭的案例》中，用来描述在工作的重压之下身心俱疲的状态。1974年，美国的精神病学家弗鲁顿伯格（Freudenberger）将其引入心理健康领域，关于职业倦怠的研究便开始受到人们的关注。目前心理学界公认的是Maslash等人给职业倦怠所下的定义，即在以人为服务对象的职业领域中，个体的情感耗竭、人格解体和个人成就感降低的症状。它揭示了职业倦怠的三个核心层面：情绪衰竭（emotional exhaustion），是枯竭的个体压力维度，表现为个体情绪和情感处于极度疲劳状态，工作热情完全丧失；去人格化（depersonalization），是枯竭的人际关系维度，表现为个体以一种消极的、否定的、麻木不仁的态度和情感去对待自己身边的人，把人当做一件无生命的物体看待；个人成就感降低（reduced personal accomplishment），是枯竭的自我评价维度，表现为个体对自己工作的意义和价值下降，在工作中体会不到成就感，积极性丧失。

近年来，由于社会转型造成的巨大冲击，人们承受了前所未有的心理压力，故而职业倦怠相伴而生，并逐渐得到广泛关注。据中国人力资源开发网日前发布的中国“工作倦怠指数调查报告”显示，在15个行业的倦怠指数

* 作者简介：袁洪，女，研究馆员，长期从事档案管理基础理论研究和应用研究。

调查中，档案专业的倦怠程度仅低于公务员和物流从业人员居第三位。随着社会的快速发展，档案工作者日益严重的心理压力，其情绪处于易于疲劳状态，工作热情丧失，与同事之间关系恶化，部分档案工作者有强烈的离职倾向。如果听任这种倦怠现象恶化而置之不理，将会给国家档案事业带来极大的损失，故而有必要深入研究档案的职业倦怠现象。

## 二、职业倦怠衡量指标与实证研究

### （一）“职业倦怠”衡量指标

按照Maslash编制的权威职业倦怠量表（MBI－ES），并且结合我省实际，将“云南省高校档案工作人员问卷调查”进行有机综合，从BMI－ES三个维度编制出“职业倦怠”衡量指标。其中情绪衰竭维度包括：我对当前社会价值观认可、个人价值与学校发展是否一致、我对工作本身意义认可、我对工作同事评价、我对本单位发展前景评价、我对本职业在社会中地位评价6个指标；去人格化维度包括：领导或组织对我帮助、同事对我的帮助与鼓励、我的工作岗位有利于我事业发展、周围同事对我的评价、我与周围同事发展成就的认可度5个指标；个人成就维度包括：我对学校评价体系的认可、我对自己成就在本部门的评价、我个人付出与个人期望的契合、个人期望与学校标杆的差距、个人评价与周围同事的差距、个人评价与社会评价的契合6个指标。

### （二）研究对象

本文从2008年7月编制的“云南省高校档案工作人员问卷调查”收回的135份有效问卷中随机选取120名工作人员作为研究对象。调查样本中，男性47人占39%；女性73人占61%。

## 三、研究结果

### （一）档案职业倦怠概况

按照上述职业倦怠衡量指标，将研究对象纳入MBI－FS三个维度测量评定体系中。根据本次测量，整个MBI问卷的克伦巴赫系数为0.791，情绪衰竭维度为0.713，去人格化维度为0.694，个人成就感维度为0.812，对比国外及国内研究对该系数报告在0.52～0.91范围之内，信度较高。根据研究，我们发现：我省高校档案工作人员已经存在一定程度的职业倦怠现象，其中情绪衰竭问题最为严重，占57.74%；其次，个人成就感降低问题也较严重，占31.09%；去人格化尚不严重，但也呈现出一定的发展势头，占11.17%。

（二）高校档案职业倦怠人口统计学变量差异

1. 性　别

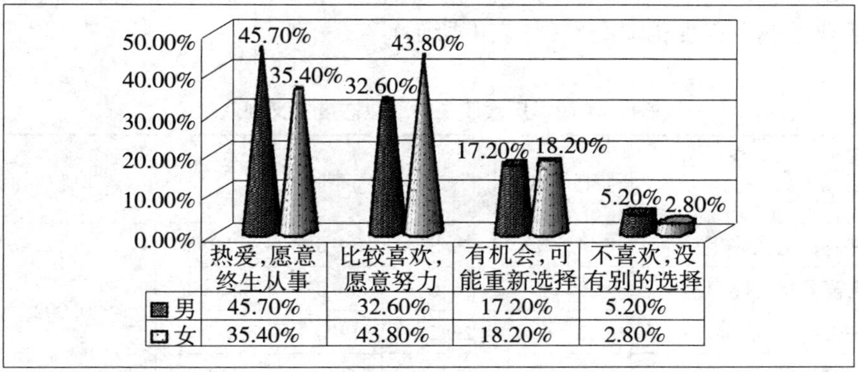


**图1　不同性别档案工作人员的职业态度**

通过研究，说明不同性别职工对本职业的态度存在差异。图1可知，女性比男性更愿意终生从事本职业，其比例分别为：45.7%、35.4%。显然女性比男性高出10.3%。

2. 年　龄

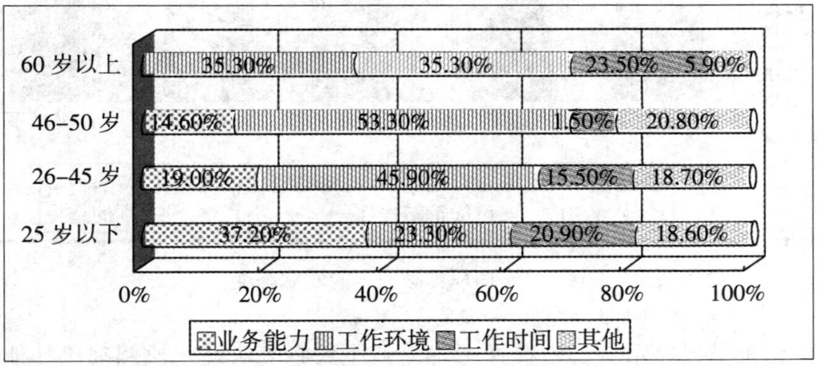


**图2　不同年龄在档案中的工作压力现状**

从图2可以看出：随着年龄的增长，最大工作压力为业务能力的比例逐渐下降，而工作压力表现为工作环境的比例则呈上升趋势。这说明随着年龄的增长工作经验、能力不断提高，而由于学校办学规模、水平的不断上升，对档案工作人员要求日益高端化，使得档案工作人员自身的紧迫感日益增强，从而表现为最大工作压力为工作环境的比例不断提高。

3. 学　历

卡方检验小于0.05，通过显著性检验，说明不同学历档案工作人员对本职业的态度是存在差异的。对本职业喜爱程度与学历呈V字形趋势，也即两端层次学历的档案工作人员对本职业是比较热爱的，而中间学历的教职工对本职业的热爱程度稍弱些。(如表1所示)

**表1　不同学历教职工对职业态度交叉列联表**

| 学历 / 题目选项 | 高中及以下 | 大专 | 本科 | 硕士博士 | $\chi^2$ 检验p值 |
|---|---|---|---|---|---|
| 热爱，愿意终生从事 | 44.1% | 28.3% | 39.8% | 42.6% | 0.002 |
| 比较喜欢，愿意努力 | 29.8% | 38.6% | 35.8% | 39.8% | |
| 有机会，可能重新选择 | 22.6% | 29.2% | 19.0% | 14.7% | |
| 不喜欢，没有别的选择 | 6.0% | 4.7% | 5.3% | 3% | |

4. 职　称

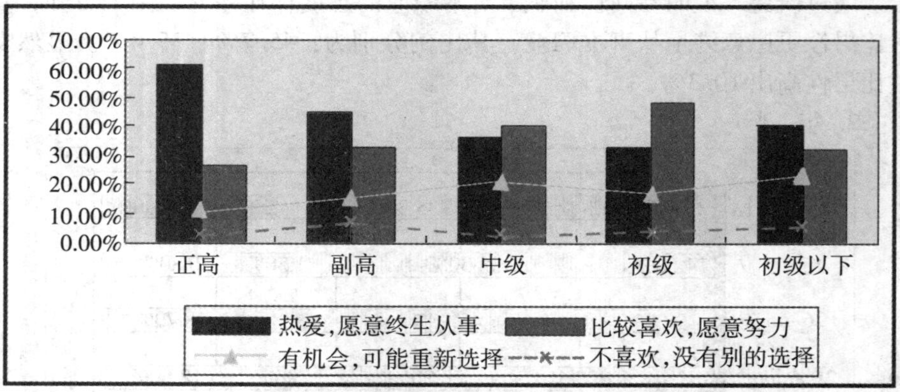


**图3　不同职称教职工的职业态度**

从调查结果显示，其中选择“热爱，愿意终生从事”比例都比其他选项的比例高。正高、副高、中级、初级、初级以下五个层次的职称选择这个选项的比例分别为：61.2%、45.3%、36%、34%、40%，显然职称越高越热爱本职业，正高职称选择此项的比重高出初级以下选择此项的比重21.2个百分点。(见图3)

5. 收　入

为了了解收入是否也影响职工工作效果的情况，特设此问题。图4显示，档案工作者对如何提高经济收入是比较关注的，其中关注占45.1%，比较关注占36.2%，“一般”程度关注的比重为14.5%，而“不关注”的比重只有4.3%。显然如何制定提高收入会直接影响到档案工作者对工作的积极性。

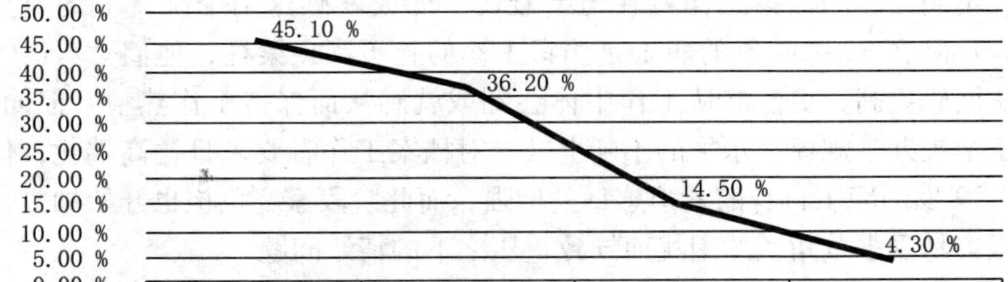


| | 关注 | 比较关注 | 一般 | 不关注 |
|---|---|---|---|---|
| 系列 1 | 45.10 % | 36.20 % | 14.50 % | 4.30 % |

**图4　职工对收入的关注程度**

## 四、探　讨

### （一）档案职业倦怠感增强，其显著表现为情绪衰竭

本研究结果显示，我省高校档案工作者开始体验到一定程度的职业倦怠感。这主要是由于近年来高等教育的飞速发展以及高校体制改革给档案工作者提出了更多的要求，档案工作者面临着前所未有的压力，故而更容易体验到一定程度的职业倦怠感。

从职业倦怠表现的三个维度来看，其核心指标即情绪衰竭占57.74%，说明档案工作者的职业倦怠现象主要表现为情绪衰竭。情绪衰竭是在倦怠过程中首发的、直接的体验，它是职业倦怠的指示灯，档案工作者在情绪衰竭这维度上得分相对较高，这就给我们提出了预警信号，我省档案工作者的职业倦怠的确需要我们关注。

档案工作人员在整个高校工作人员群体中属于特殊的团体，表面看来他们无压力，但是档案工作永远是种情绪性的工作，需要档案工作者全情投入，另外档案工作者角色的多样性带来很多冲突，如同事关系、师生关系等等，再加之档案工作者在薪资待遇上较低，以至于他们自觉压力较大，故而会出现消极的情绪反应。

### （二）档案工作职业倦怠表现在人口统计学变量上存在一定差异

从性别方面来看，男职工的情绪衰竭程度要高于女职工。这主要有以下两方面的原因：其一，档案工作在学校属于非主流工作，同时要求个体具有较强的共情能力，并对其受众倾注大量的感情，而女性较之于男性对名誉、地位的要求更低，在工作中更为细致、耐心，并具有良好的共情能力，她们更容易在档案管理工作中得到满足；另外，社会赋予男性更多的责任，他们肩负着更多的负担，而档案工作非高收益职业，所以对于男性职工而言，他们体会到的压力感更为强烈。

不同工龄的档案工作者在情绪衰竭、低成就感这两个维度上的差异显著。年龄在35～59岁的职工是档案工作的骨干和顶梁柱，他们对自己工作的认同感更高，更能够从工作中体会到成就感从而保持工作热情。但同时，由于学校办学规模、水平的不断上升，对档案工作者要求日益高端化，使得35～59岁的职工自身的紧迫感日益增强，而此阶段家庭负担也开始加大，他们很容易受多重角色的困扰而导致重压之下的情绪问题。

学历和职称这两个背景变量均在情绪衰竭维度上的主效应显著，目前在档案行业中，学历与职称一般是直接挂钩的，职称评定、业绩考核是面临较大的压力，获得较高的职称需要档案工作者付出更大的努力，保证工作量和一定数量的科研成果，这无疑会使档案工作者体验到较大的压力而产生厌倦的情绪。

收入水平的不同在情绪衰竭和去个性化这两方面的影响差异显著，收入越低，其倦怠的程度就越高。收入水平低可以说是导致倦怠的最直接的因素。在当今社会条件下，档案工作者的社会地位和社会声望较低，档案工作者并非是圣人神圣，从现实的角度来看，他们工作的热情和积极性也不是与生俱来的，他们也需要最基本的激励，而这种持久的职业价值与职业报酬不匹配的现象可能会导致职业倦怠的形成。

## 五、结　论

通过研究我们发现我省档案工作者的职业倦怠状况并不十分严重，主要还是表现为情绪衰竭上出现较大困扰，值得我们关注。通过进一步的方差分析，不同性别、年龄、学历、职称、经济收入的教师在职业倦怠维度上存在一定的差异。据此，我们可以制定出缓解我省档案工作者职业倦怠的对策。

### （一）社会支持系统

随着社会的飞速发展人际关系日渐疏离，在这种情况下，为了缓解档案工作者职业倦怠，就更加需要建立一个社会支持系统，营造良好的工作氛围。就管理来说，要实行开放民主的行政管理，赋予档案工作者更多的专业自主权与更大的自由度，并且为他们提供更多参与本单位决策的机会，这将有助于激发档案工作者的工作热情与动力，从而使他们具有更强的责任感与归属感。

（二）个体自我调适

主动争取广泛的社会支持，建立合理期望。作为职工个体，要主动争取广泛的社会支持，如多参与社会活动，拓展交际圈；多与同事联系，分享工作经验等；客观地认识自我，对将来可能出现的压力做好心理准备。职工要掌握自己的优势与不足，尽量准确地对待周围环境中的一切人和事，并尽量与周围环境保持积极的平衡，成为自身行为的主人。档案工作者要想增强心理适应能力，首先，要有正确的社会价值取向，做到乐于从事自己的职业；其次，要学会努力提高自己的耐压能力，加强身体锻炼，善于忙里偷闲，变压力为动力；再次，就是以开放的态度来学习新的知识，以便应对将来可能出现的压力。

总之，档案职业倦怠问题具有一定的普遍性。它对档案工作者自身的身心健康、工作效果、自身成长和学校发展都有着极其不利影响。由于其致因非常复杂，因此，解决好这一问题将是一个系统的工程，既需要档案工作者自身采取积极有效的方式进行自我调节，也需要单位管理层面的协调运作，更需要社会各界的关注和支持。

**参考文献：**

[1] Freudenberger. Staff bornout [J]. *Journal of Social Issues*, 1974, 30 (3): 159 ~ 165.

[2] Maslach C, Jackson SE. *MBI: Mashlash Bornout Inventory* [M]. Palo Alto, CA.: Consulting psychologists Press, 1981: 45 ~ 53.

[3] Swit M. *Social Support And Teacher Bornout* [J]. Journal of Education, 1992, 24 (5): 30 ~ 37

[4] John J. Byrne. *Teacher as Hunger Artist: Bornout, Its Causes, Effects, and Remedies* [J]. Contemporary Education, 1998, 69 (2).

[5] Cdeoline A J. *Job Bornout in Pulic Education: Symptoms, Causes, and Survival Skill* [M]. New York: Columbia university press, 1982: 121 ~ 124.

[6] 龙立荣. 组织职业生涯管理及效果的实证研究 [J]. 管理科学学报, 2002 (5): 23 ~ 26.

# 档案信息化建设

# 关于对学校数字档案馆建设的思考

德宏师范高等专科学校　蔺　青*

**摘　要**：计算机通信技术的发展，使网络及多媒体环境下形成的电子文件日益增多，电子文件向电子档案转化，档案信息向数字化方向发展。本文对数字化档案馆的构成及建设进行探讨。

**关键词**：高校　数字档案馆　建设

高校档案馆作为云南省实行计算机管理最早的部门，积累了丰富的档案现代化管理经验和档案计算机管理数据资源，具有一批档案管理人才，有学校信息网络技术资源优势，因此，实施档案信息化建设具有较好的基础条件。

## 一、数字档案馆的内涵

数字档案馆有狭义和广义之分。狭义的数字档案馆是指将原有档案馆（室）所藏档案目录信息数字化，包括对档案原始信息的收集、整理、鉴定、保管、利用、存储、计算机录入、检索等管理的全过程，是档案信息化建设的基础工作，是对原有馆藏档案进行数字化的过程，是一种局部性、技术性的概念。广义的数字档案馆是指存储和利用档案信息资源的空间，是一个来源广泛、数据多元化的档案信息资源群，是通过档案网络信息处理中心，对电子政务、网络办公、文档一体、办公自动化等过程中形成的电子文件、电子邮件、电子档案进行整理归档、网上移交以及网上借阅、查询、利用等系统管理的流程，是信息资源的整合过程，是档案馆适应社会信息化建设发展的必然趋势。

数字档案馆是建立在现代信息技术应用基础上，利用数字化手段，以高度有序的综合档案信息资源为处理核心，对数字档案信息资源进行收集、管理，通过高速宽带通信网络设施相连接提供利用，实现档案信息资源共享的超大规模、分布式数字信息系统。

数字档案馆是一个跨越空间、没有时间和地理界线阻隔的信息资源集

* 作者简介：蔺青，女，馆员，从事高校档案管理。

成，主体基于网络资源共享和数据库系统的应用，将分散在不同位置、不同载体的信息连接起来，为用户提供快速的在线服务，实现档案信息资源共享。

## 二、数字档案馆的功能

数字档案馆具有信息量大、覆盖面广、传播速度快等特点，它具有档案馆收集、整理、保管、编目、保护、利用等功能，收集的对象是数字化的档案信息。

### （一）收集和整理

收集学校形成的电子文件或电子档案。一是接收归档部门移交的电子文件或电子档案数据盘；二是对学校原有馆藏纸质文件和音频、视频文件进行数字化处理；三是利用校园网，进行网上接收部门形成的电子文件或档案，或接收与学校档案相关的信息数据。

### （二）管理

利用计算机技术对大量的信息数据进行整理、加工、储存、传输，建立数字档案信息处理系统。

### （三）利用

通过计算机网络技术将数字档案馆的信息传输到各个用户，提供网上查询检索和利用服务。一是档案馆将数字化的档案信息通过档案网站发布可以公开的信息；二是利用者通过上网查询。利用者查询采取一定的授权限制和身份验证等管理制度。

## 三、学校数字档案馆建设思路

档案工作正处于由传统档案管理方式向数字化管理方式过渡，推进数字档案馆的建设，应从以下几步着手。

### （一）数字档案馆的网络建设

数字档案馆的网络建设主要是“三网一库”建设，即档案馆局域网、校园网和公众网（国际互联网）或大型数据库建设。

### （二）档案数据库建设

1. 现有馆藏档案目录数据库的建设

把学校建校以来所有的档案案卷级或文件级目录都录入计算机，完成馆藏库存档案条目录入工作，为数字档案馆的建设奠定基础。

2. 馆藏重要档案的全文数字化建设

对学校历史上形成的重要、珍贵、利用频率高的纸质档案进行数字化加工处理，通过计算机全文扫描或数码相机拍照，将纸质档案变成数字化的信息，整理编目后刻录成光盘贮存。

3. 视频、音频、图像格式档案材料的数字化建设

学校珍贵的老照片、图片、幻灯片、磁带、录音带等多媒体材料，采用视频、音频、图像技术软件处理，转化成数字化的电子档案信息。

4. 学校网络办公、电子政务中形成的电子文件、电子档案数据库建设

采用文档一体化管理系统，对学校各部门形成的电子文件进行网上鉴定、整理、归档、移交。

5. 校史展览馆的多媒体数字化建设

利用计算机多媒体技术，将展版式的文字图片制作成具有同步解说、背景音乐、查询检索功能的数字化展览馆，使利用者足不出户，打开电脑从网上参观、了解校史展览馆。

### （三）数字档案馆的软件建设

1. 电子文件、电子档案等信息收集模块

通过建立文档一体化管理系统，对网上和单机上产生的电子文件，从文件的收发、传阅、流转到数据的归档、编目以及电子原文的收集、全文调入或扫描等流程一次性完成。

2. 信息管理储存模块

监控电子文件信息的著录、审核归档，电子档案的保管、利用，信息的安全性和可靠性管理以及信息的存贮、传输等功能。

3. 电子档案利用模块

通过校园网开展档案的借阅登记、电子原文的检索查询、利用统计，以及面向社会可以公布档案信息、资料的服务宣传等工作。

4. 数据库安全维护模块

网络安全措施、数据库管理、数据备份及恢复、计算机病毒的防治、身份验证、信息加密、用户访问权限、信息真实性审核等。

### （四）人才队伍建设

档案数字化建设已远远超出了普通文书工作和档案工作的业务范畴，急需培养和造就一批既懂档案业务又懂计算机技术、信息化建设的管理型、技术型和复合型人才。档案人员应具备较全面的知识结构及敏捷的信息化意识、良好的职业道德和较强的档案工作能力及计算机操作水平。

### （五）数字档案馆的技术标准文件建设

学校数字档案馆的技术标准体系主要如电子文件、电子档案的技术操作

规范、归档范围、管理运行办法、技术指标的确定，计算机网络的管理、维护及保护措施，档案数据的安全保密措施，电子档案数据的规范管理，数据有效性的审核、监控、传输等。

**参考文献：**


［1］国家档案局中央档案馆文件．全国档案信息化建设纲要［Z］. 2002.

［2］青岛市档案馆．数字档案馆建设与实践［J］．中国档案，2003，（3）．

［3］蔡学美．稳步推进数字档案馆建设［J］．中国档案，2003，（3）．

［4］李国庆．深圳数字档案馆建设的理论架构及阶段性成果［J］．中国档案，2003，（3）．

［5］国家档案局档案馆司．深圳市数字档案馆调查报告［J］．中国档案，2001，（12）．

# 欠发达地区馆藏档案数字化建设的实践与思考

## ——以丽江地区档案馆为例

丽江师范高等专科学校　单枝芬*

**摘　要：** 本文从欠发达地区建设数字档案馆的实际出发，针对资金紧缺、人才匮乏等问题进行了分析，提出了解决的对策。对馆藏档案数字化建设中具体实施的步骤和方法进行了认真细致的调查研究，确定了基本统一和规范档案管理软件系统，对本地民族特色和利用率较高的馆藏档案优先进行数字化，突出地方特色和体现效率优先原则，使档案数字化建设健康地发展，高效地为当地的社会经济建设和民众服务，充分体现档案的价值。

**关键词：** 欠发达地区　档案数字化　建设　实践

档案馆藏数字化是利用电子网络远程获取档案文件信息的一种方式。它不是一种具体的档案馆形态，而是一种无形的信息组织与利用环境，是采用现代信息技术进行档案数字资源的采集、加工、组织、存储、检索和提供利用的网络信息系统。这既是时代变革背景下社会需求的反映，也是传统的实体档案馆自身不断发展的必然结果，是档案馆的一次革命，得到了档案利用人群的高度认可，即使是欠发达地区档案馆也避免不了此浪潮的冲击。从笔者对丽江的部分档案馆（室）进行调查的结果来看，他们现在准备或正在进行着馆藏档案数字化建设。

### 一、突破欠发达地区资金制约的瓶颈

20世纪90年代以来，信息化浪潮席卷全球。档案信息是信息的重要组成部分，档案作为原生信息源，在信息时代的今天，越来越引起人们的关注和重视，为了便于利用，提高利用效率，馆藏档案数字化已成为时代发展的必然趋势和社会文明进步的标志。档案数字化建设是一项科技含量较高的工作，筹备、建设、维护需要大量的资金。然而，客观地讲现今形势下档案馆

* 作者简介：单枝芬，女，丽江师范高等专科学校，副研究馆员。

在党政机关是被边缘化了的单位，特别是欠发达地区的档案馆。作为公益性和社会性的部门，传统档案馆存在着严重的投入与产出不协调的问题，数字化建设拉大了这种不协调的距离。这种种迹象说明档案馆经费投入和收益都比较少，只是基本能够维持现状而已。因此，经济问题是制约欠发达地区档案数字化建设的瓶颈。

欠发达地区的档案工作者要本着“对历史负责，为现实服务，替未来着想”的原则，顺应时代发展的潮流，与时俱进，克服一切困难，千方百计筹集资金，力争早日实现馆藏档案的数字化。在争取资金时我们应该与政府部门多沟通，让主管档案部门的政府机关领导认识到：数字档案馆建设是党政机关电子政务的核心内容，它将会极大地提高党政机关办事效率，节约大量资源，它在建设过程中将会逐步显示信息化给党委政府带来的便捷服务和社会经济效益。我们要抓住党政机关在电子政务计划前，及时申请要求档案数字化部分建设与电子政务同步规划实施。在网络线路的部署安排、软硬件经费的分配上争取得到政府部门的支持，是欠发达地区进行数字档案馆建设的关键。

## 二、通过培训和引进，满足人才需要

由于档案工作的性质、地位等原因，虽然近年来欠发达地区档案工作者的年龄和知识结构都有了很大改观，但还是不太合理，复合型及计算机专业技术人员的比例偏低，严重影响并减缓了档案数字化的进程，拉大了档案系统与社会发展的距离，造成了社会对档案信息全方位、多渠道、多层次、多形式的需求与传统的相对滞后的档案管理的矛盾。我们要彻底解决这些问题，就必须对现有的人员进行培训，引进年轻的计算机专业人才。所以培训和储备具有熟练的计算机操作能力和先进的档案管理理念的人才迫在眉睫。

### （一）加大在职在岗人员的培训力度

长期以来受传统的档案管理因素影响，档案系统一部分在职在岗人员计算机辅助管理档案的意识不强，计算机操作能力也较低，有的甚至根本不懂和恐惧计算机学习，因而放弃了参加培训学习的机会，仍然习惯于对档案的传统的手工操作和提供利用。因此，必须从思想上、行动上对他们进行启发引导和教育培训，培养他们先进的档案管理理念和计算机操作技能，适应时代发展的需要，满足人们对档案利用的需求。

### （二）逐步吸收和引进计算机专业人才

档案事业的发展需要高素质的人才，只有年轻的计算机专业人员不断地加入到档案工作队伍中来，档案事业才有希望。目前，档案工作要适应现代社会发展，必须开发档案信息资源，对档案资源进行数字化，此项工作需要大批的计算机专业人员。如馆藏档案的录入、运行和维护等，需要懂得计算机的人员进行系统平台的日常维护和最新档案资源的采集、保管、利用等操作。俗话说隔行如隔山，故注重做好计算机人员的档案业务知识培训和档案专业人员的信息化知识培训十分必要，这种双向性的业务知识更新，有效地提高了业务骨干的知识结构，为数字档案馆的建设打下良好的人才基础。

## 三、分步实施馆藏档案数字化建设工作

档案数字化就是将存储在传统载体上的档案信息进行数字化，在信息化技术日益发展的今天，档案数字化也随之迅速发展起来。档案信息数字化不能只成为一种“时尚”，而要结合当地实际和在保证档案基本属性的情况下借助于现代信息技术扩展其作用范围，提高其效率，高效地为当地的社会经济建设服务，为大众服务，尽量挖掘地方民族特色资源并实现资源共享。因此，需要根据欠发达地区档案馆的实际，从馆藏档案的特点、成本、效益等方面综合考虑，统筹规划数字档案馆建设方案，确定出数字化与非数字化的边界，确定先后数字化的档案范围，按照科学合理的方案进行数字化建设，做到统一规划，分步实施。

### （一）借助政府推行电子政务之机，开通网络和规范软件系统

随着科技的进步，社会的快速发展，我国各级政府正大力推行电子政务工作，档案系统要借助这一千载难逢的机遇，部署好档案局域网线，购置必要的计算机设备，选择好档案管理软件。目前，虽然没有统一档案管理软件，但现有的数字化档案管理系统也大部分基于关系数据库，基本实现了档案的编目、检索、统计、借阅等日常管理，其本质是在原有的档案管理体系上附加了计算机管理软件，这在一定程度上提高了档案管理工作的效率。档案部门要借助政府电子政务之机，开通网络，建议所辖机关及部门购置和使用基本统一的档案管理软件系统，便于规范管理、节约成本和实现资源共享。

### （二）有计划、有步骤、有选择地实施馆藏档案数字化

档案信息数字化包括档案目录信息的数字化和档案全文信息的数字化。数字档案馆的管理与服务是以实体档案馆丰富的馆藏与扎实的基础工作为前提，以数字化馆藏档案作为资源主体。在日常工作中，我们要注意丰富馆藏档案和做好基础工作，为数字档案馆建设打下坚实的基础。在进行数字化前，我们要结合当地实际，科学合理地做好数字化可行性方案，然后分步实施。

1. 优先和重点选择自身特色馆藏进行数字化

每个档案馆都有自己的特色馆藏，特别是少数民族地区，它们具有的特色馆藏是独一无二无可替代的资源，要优先进行数字化，有利于保护原件和实现资源共享，挖掘和突出地方民族特色，传承和保护民族文化。如丽江玉龙县档案馆的纳西东巴经，虽然因经费问题征集数量较少，但比较原生态和本土化，为丽江世界遗产的申报提供了原始依据；古城区房管所的民宅档案，体现了纳西民居特色和纳西族的居住条件，它们应该首先进行数字化。

2. 将价值较大和使用频率较高的馆藏档案进行数字化，尤其要重点选择那些具有文物价值与历史价值的珍贵档案

一般的馆藏档案具有普遍性和大众性，全部进行数字化费时费力不经济不现实，我们只能对价值大和使用频率较高的馆藏档案进行数字化，才能体现效率优先的原则和满足利用者的需求。如丽江师专加大了教学档案的数字化步伐，因为丽江师专是滇西北地区高校建设中唯一的创办时间最早的公立专科学校，记录和代表了欠发达的边疆少数民族地区高等教育发展的轨迹和成就。

3. 根据档案利用者临时需要对某些馆藏档案进行数字化

对档案馆来说，档案利用者就是上帝，我们要根据利用者的需求随时有计划地调整数字化案卷，即使是临时需要也要满足。如丽江师专因原校园面积有限不能满足发展需要而进行异地搬迁，就必须把从建校到2009年的所有基建档案进行数字化，为下一步的交接工作做好准备。

（三）由近及远，从现行文件到归档逐步进行档案数字化建设

档案的原始载体大部分是以实物形式存在的，数字化将以实物形式存在的档案转储为可被计算机识别处理的数字化形式，其目的是如何充分利用现代信息技术为档案的管理与利用服务，同时，要考虑在效率优先的前提下进行数字化工作。具体操作时，可根据实际确定从哪里入手进行录入，如丽江的某县档案馆是从馆藏档案的最早时期的档案进行录入，即由远至近；而丽江师专则是从最近时期的档案着手录入，即由近至远。但从实用来看，由近及远，从现行文件到归档再到以前的档案，逐步进行数字化建设比较科学，因为近期的档案使用频率较高，随着时间的推移形成的档案使用则次之，但特殊的例外。

（四）认真做好录入工作，实现计算机高效率检索

档案检索正在逐步从传统手工检索向计算机检索过渡，计算机检索代表了档案检索的发展趋势。计算机检索的特点是速度快、查准查全率高。计算机检索代替烦琐的手工检索，根据操作人员的指令在档案数据库中自动检索所需档案，将检索到的结果输出，也可实现档案的异地查询和档案资源的共

享，但是计算机检索对检索系统的依赖性较大。要使计算机检索又快又准，录入的文件标题要准确全面地反映文件的主要内容，具体做法如下：

1. 标题要全面反映内容，便于准确检索

采用计算机软件系统辅助管理档案，绝大部分都只是进行文件级目录的管理与检索。文件级目录的录入主要是公文标题的录入，这种录入看似简单，实际包括很多方法和技巧：如果标题能够全面反映公文主要内容的照标题录入；如果标题太简单不能反映公文主要内容的，就要阅读此文后加以归纳主题，并加“[ ]”号后录入。例如，有一份丽江师专与云师大联合办学的协议，公文标题上只有“协议”二字，归纳后录入的标题应该是“[丽江师专与云师大联合办学的] 协议”；又有一份丽江师专干部任命的文件，要把所有被任命人员的名字都进行录入，确保今后使用中能顺利快捷地找到需要查找人员的档案。

2. 加强档案全文数据库的建设

档案全文数据库是提供数字档案全文服务的基础性资源。档案全文数据库的数据来源包括两部分，一部分是以电子文件形式入馆的电子档案，另一部分是对馆藏档案进行扫描与 OCR（光学字符技术）识别后的档案全文文本。实现档案全文数字化是馆藏档案数字化的理想目标，难度非常大，特别是欠发达地区的档案馆，能够早日实现文件级目录的数字化就十分理想了。如丽江师专从 2001 年起，要求文印室把学校每年形成的纸质和电子文件及目录各交一份给档案科，实现了 2001 年至今学校发文的目录及全文数字化。有条件的档案馆可以购买扫描仪等逐步进行档案全文的数字化，尽早实现馆藏档案目录及全文数据库的建设。

**参考文献：**

[1] 冯惠玲，张辑哲．档案学概论 [M]．北京：中国人民大学出版社，2006：130.

[2] 王应解．北京档案 [J]．2008，(1)：23～26.

[3] 李国庆．数字档案馆概论 [M]．北京：中国档案出版社，2008.

[4] 缪惠．信息工作与档案管理 [M]．合肥：合肥工业大学出版社，2005.

[5] 王素应．档案学通讯 [J]．2008，(4)：65～67.

# 从中国古代文档演变探析当今文档一体化发展进程

云南大学　雷文彬*

**摘　要：**本文阐述了中国古代文档由合而分的演变过程，分析了信息时代文档一体化的客观需要和必然趋势，论证了文档部门如何顺应潮流而有所作为。

**关键词：**文档　演变　趋势　一体化

在全球信息化浪潮冲击下，我国档案信息化的进程正在提速，文档一体化已成为文档事业发展的迫切要求和必然趋势。回顾历史，把握现状，展望前景，文档工作者何去何从，值得我们深思和探索。

## 一、从合到分：漫长渐进的演变轨迹

在中华大地上，远古的先民也想记录下他们萦回于脑际的憧憬和向往，记录下使他们刻骨铭心的人物和事件，但苦于没有文字可供他们表述和传达，只能在崖壁上画上图案，在陶器上留下印迹，这大概就是原始文档的雏形吧。

在有了文字记载的历史长河中，最初并没有文书和档案的区别。商代的甲骨文记录了祭祀、占卜、天文、地理、人事等多方面的丰富内容，掌握书写工具和载体的卜人，既是文书的撰写者，又是档案的保管员，留下了中国最早的“史官文化”。商、周时期，青铜器作为权利、地位和富有的象征，其上出现了图案装饰和铭文。《礼记·大学》中引用：“汤之盘铭曰：苟日新，日日新，又日新。”说明商初就有了铭文，但出土的铜器中，商末铜器上只有几个字的铭文，到周代铭文才大量出现，有鼎铭、盘铭、卣铭等，字数由少到多，晚周的毛公鼎铭文长达497字。

唐史学批评家刘知几说：“至于三代，其数渐繁，按周官礼记，有大史、小史、内史、外史、左史、右史之名。大史掌国之大典，小史掌邦国之志，内史掌书王命，外史掌书乎四方，右史记言，左史记事。”虽记录范围扩大，

* 作者简介：雷文彬，女，云南大学档案馆副研究馆员。

史官分工渐细，但文书和档案仍合为一体。刘知几也敏锐地观察到文档分离的迹象："书事记言，出自当时之简；勒成删定，归于后来之笔。"二者虽有个或长或短的时间差，但仍"相需而成"，不可分割。中国最早的一部史书——《尚书》，经焚书浩劫保留下来的篇章也可看出其成书梗概。其中《虞夏书》多有"曰若稽古"发语词，意即"话说对古代的考察"，显然是后代史官的追记；而《商书》、《周书》却没有发语字样，分明是两代史官的当时记录。《尚书》大约成书于西周末或东周初，当时文书和档案仍若即若离，并未完全分家。

春秋战国时期，文档载体以简牍取代甲骨、铜器、缣帛，著书立说者渐多，学术思想空前活跃。曾任"东周守藏室之史"的老子，可以说是中国第一位"档案馆长"，以丰富学识撰写了五千字的《道德经》，首开著书立说的先河。自称"述而不作"的孔子，对档案积累和编研倾注了毕生心血，他撰写了"六经"，除《乐经》遗失外，从《诗》、《书》、《易》、《礼》、《春秋》看，有民歌总集、典籍荟萃、占卜哲理、礼仪规范、列国纪事等多方面，是档案编研的丰硕成果。其后，诸子百家，异彩纷呈。文档合流汇成了深厚的中华文化积淀。

文档分流是一个渐进的过程，很难认定一个确切的年代，从历史记载看，从汉代起文档的界限就比较明晰了。从西汉起设有专门的档案机构。丞相萧何珍视秦档案，主持修建"石渠阁"保管档案，其后，以"阁"或"观"命名的档案馆渐多。由科举选拔的翰林学士和中书舍人，为高级的文书写作和档案编研人才；中央和地方机构负责日常文书事务的是大批无官品的吏员。东汉时期，光武帝刘秀实行"退功臣、进文吏"政策，架空"三公"，直接管辖三大办事机构，即尚书台、御史台和司录校尉。"三驾马车"之一的御史台又名兰台，是分工明确的文档机关，负责文书草拟、档案保存、百官监督和国史编修等任务，把档案馆的作用和地位提升到新的高度。

文档分流虽割不断文书——档案——文献"三位一体"的血脉相连，但却适应了学科分类的发展要求。不仅需要有相对独立的专门机构，而且需要各擅其能的专门人才。南北朝时刘勰的《文心雕龙》正是适应文档分流的划时代著作，书中论述的文体达 50 种，其中可称为应用文的有 42 种，占 84%，在《书记》篇中更进一步把书记细分为谱、籍、簿、录等 23 类，成为培养文书写作人才的教科书。

唐代各级官署都拥有大量档案，还最早建立了人事档案库——甲库。两宋档案库为"阁"，北宋"五阁"加上南宋新增"六阁"，档案库达 11 处之多。明代对经济档案尤为重视，建立了从中央到地方的黄册库。清代档案管理更趋完善，"千金架阁法"的管理制度沿袭至民国时期。我们从档案事业的发展轨迹也可看出文档分流已成定局。

现代社会，不仅文书、档案、文献分道扬镳，而且专业越分越细，形成千支分流难复返的局面。

## 二、由合而分：文档一体化发展趋势

文档一体化源于电子技术的迅速发展。20世纪后期，全球化的市场竞争推动了企业信息化，出现了办公自动化，产生了日益增多的电子文件。20世纪末至21世纪初，全国档案信息化工作启动，深圳数字档案馆和青岛数字档案馆的先后建立发挥了示范效应，全国许多档案馆馆藏信息化建设取得了一些成果，全国档案事业发展“十五”、“十一五”规划都把档案信息化列为重要内容，为档案事业的可持续发展创造了有利条件。凡此种种，将进一步推动文档一体化的进程。“化”是一个渐进的过程，既不可能一蹴而就，又不是遥遥无期，它是信息时代的大趋势。

### （一）文档一体化是沟通融入信息社会的需要

在信息化浪潮冲击下，我国信息产业率先迅猛发展，国外信息业不断进入中国这个有13亿人口的大市场；我国土生土长的信息业也在竞争中成长，我国与世界同步进入了信息社会。但我国档案事业相对落后，与信息社会格格不入。这就需要通过档案信息化逐步实现文档一体化，从而与信息社会的方方面面接轨，一方面使社会日益膨胀的信息资源流入，另一方面盘活档案资源，以提升其价值。档案事业只有融入了信息社会，才能在信息社会中占有一席之地而受到尊重。

### （二）文档一体化是开发利用档案资源的需要

中华大地上下五千年、纵横千万里，文档资源蕴藏丰富，是有待开发利用的富矿。现在我国初步建立起由综合档案馆、专业档案馆、部门档案馆、企业档案馆、特色档案馆组成的档案馆体系，各有自身优势。但从宏观审视，档案资源存在着时空阻隔的矛盾。馆藏档案载体各异，有甲骨简牍、纸质典籍、音像实物、电子文件等，而且古今并存，犹如地下“断代层”一样层次分明，难以互通有无；馆与馆之间处于封闭或半封闭状态，难以进行资源整合、结伴同行走向社会，难以提升档案资源价值，处于捧着金饭碗乞讨的困境。因此，以档案信息化建设促进文档一体化是“千年等一回”的大好机遇。

### （三）文档一体化是整合提升文档队伍的需要

随着档案事业的发展，文档人员不断扩大，档案界人士有“百万大军”之说，队伍不可谓不庞大，但专业人才不足百分之十，远不能适应发展的需要。文档一体化需要“复合型”的专业人才，从而促进队伍整合和素质的提升。通过人才流动和人员充实提高，以适应文档一体化进程，正是迫切的时代需要。

文档一体化并非“合久必分、分久必合”的历史重演，它和古代文书档案不分有着质的差异，主要表现在：一是管理手段不同，当代的智能化管理与古代原始的手工操作有天壤之别；二是管理对象不同，从古代甲骨、简牍、缣帛、金石等实物档案到当代电子文件信息实现了质的飞跃；三是管理方式不同，古代文档不分的粗放式管理与当代沟通文档的高新技术管理不可同日而语；四是服务对象不同，从为少数人服务的封闭型管理到为社会服务的开放型管理，大大地提高了档案资源的利用价值。文档一体化是一场伟大的变革，将为档案事业的发展开辟一片崭新的天地。

## 三、推波助澜：加快文档一体化进程

文档一体化是通过档案信息化即电子文件的一体化管理来实现的，它是以当代高新信息技术带动档案管理观念、机制、方法变革的过程，其内涵主要包括：档案资源共享化、馆藏档案数字化、档案管理智能化、档案传输网络化和档案服务社会化，其中数字化是基础，智能化和网络化是手段，共享化和社会化是目的。五个方面相辅相成，齐头并进，才能推动文档一体化有序发展。文档部门应抓好以下几个方面。

### （一）更新观念

要建立科学发展观，面向世界，面向未来，摒弃封闭式的“小档案”观念，着眼于开放式的“大档案”观念。只有不断更新观念，才能与时俱进，适应文档一体化的发展趋势，开创档案事业的新局面。

### （二）夯实基础

对各地档案馆来说，基础工作是馆藏档案数字化。要重建馆藏体系，将不同载体的档案逐一进行数字化处理，把档案实体转化为档案信息，使档案资源取得搭乘“信息快车”的“通行证”。有条件的档案馆可建立多种数据库，将文件、资料、声像等档案浓缩为信息储存于信息库中，对内可成为“智能化”管理的中心，对外可成为连接信息“高速公路”的平台。

### （三）构筑网络

网络是档案信息化的通道。可借助于计算机技术、通信技术、网络技术等现代高新技术，以档案部门为中心，构筑四通八达、纵横交错的传输网络。这些通道为公开传送信息，可以是开放性的，出于保密需要也可以是封闭式的。通过与政府网络的无缝链接，及时储存办公过程中形成的电子文件，为政府调研、决策提供所需的档案支持；通过与企业档案馆（室）的网络对接，为企业储存商业往来的文档资料，为企业捕捉商机提供档案信息，为维权提供诉讼凭证；通过智能化的检索，为教学、科研、科普提供定向专题服务，还可变单向服务为双向互动，为有关人员提供网上查询；通过互联网开展网上借阅服务，为满足个人精神需求、教育需求，可开展网上漫游活动等。

（四）建立机制

机制是通过机构和制度的完善所形成的制动装置。为适应文档一体化趋势，至少需建立和完善的有：一是流动机制。流水不腐，只有流动才能有生机与活力。须建立有偿流动制度，使珍贵的档案资源进得来、出得去，流向所需的地方，提升资源应有的价值。二是激励机制。对档案资源的利用和增值应有相应的奖励，特别是重大的科研成果给予重奖，从而调动文档人员的积极性和创造力。只有激活了人，才能激活沉睡的档案资源。三是市场机制。在社会主义市场经济条件下，档案资源和其他社会资源一样，也只有通过市场运作才能顺畅通流。这就需要按照公平原则建立相应的市场规范，使资源交换活跃而有序地进行。

（五）建设队伍

文档一体化必须以高新信息技术为支撑，但任何智能技术都是人的聪明才智赋予的，电脑始终不能完全替代人脑，文档一体化的进程离不开人持续的推动力。因此，需要建设一支业务素质较高的复合型专业队伍。一方面，通过人员的整合和提高，使人适其位，人尽其才，充分发挥人才资源的作用。当然，这种整合方式不应出自“长官意志”，而应出自需要拉动的人才流动机制，如招聘制、竞岗制等，使人才出得去、进得来、流得动。另一方面，按“高标准、厚基础、宽口径”原则，培养不同层次的文档人才，源源不断地补充新鲜血液。通过思想建设和组织建设，建设一支老、中、青结合，高、中、初适当的文档人才梯队。

信息时代给文档事业展现了广阔的前景，前赴后继的文档工作者都要争当推波助澜的“弄潮儿”，为加快文档一体化的进程作出应有的贡献。

**参考文献：**

[1] 刘知几．史通［M］．南京：梁溪印书馆，1926.

[2] 刘勰．文心雕龙［M］．上海：大连图书供应社，1935.

[3] 马端临．文献通考［M］．杭州：浙江古籍出版社，1988.

[4] 薛四新．档案信息化应用系统建设［M］．北京：机械工业出版社，2006.

# 云南少数民族历史档案数字化多媒体格式的分析与选择

云南财经大学　杨红仙*

**摘　要**：云南在中国历史上被称为“蛮夷”之地，在地图板块上也处于最边缘的地带，在历史古籍中也只有零星记载。然而，就是在这样一块曾经几乎被历史遗忘的土地上，却生活着众多的少数民族，他们用自己独特的方式谱写着生活，创造着鲜活的历史，为今天的我们留下了宝贵的少数民族历史档案。云南少数民族历史档案具有载体形式多样、文字民族化等特点，在数字化过程中必须把这些实际情况考虑进去，既要保证档案的真实性又要考虑到数字化后的相关问题。本文就云南少数民族历史档案数字化过程中的多媒体格式进行分析比较，从而选择出最适合的格式。

**关键词**：数字化　多媒体格式　少数民族档案

云南少数民族历史档案是指新中国成立前云南少数民族政权、土官、个人和历代封建王朝统治者在社会历史发展过程中直接形成的反映云南少数民族政治、历史、经济、军事、天文、历法、医药、教育、文艺、哲学、伦理、宗教和民俗等方面情况，具有保存价值的各种文字、图表、声像等不同形式的历史记录。① 具体到现存云南少数民族历史档案来说，主要有：古滇国青铜档案、石刻档案（爨碑、彝文石刻、纳西族石刻）、金石档案（白文、彝文、傣文）、历史画卷（南诏张胜温画卷、东巴画）、东巴舞谱、傣族贝叶档案等。在此罗列的只是其中具有代表性的一部分，因为具体所以不能一一详尽，况且随着考古工作的更加深入和广泛开展，在以后也将出现其他新的东西，本文的研究在很大程度上是建立在这些目标对象之上的。

## 一、云南少数民族历史档案处理的数字化技术

云南少数民族历史档案种类多、保存分散，且年代久远，在提供档案利用服务时往往存在诸多不便，而借助于超媒体技术和流媒体技术，不仅能消

---

* 作者简介：杨红仙，云南财经大学档案馆助理馆员，研究方向：档案信息化。

① 华林．少数民族历史档案研究述评［J］．档案学通讯，2003，（5）．

除时空上的限制，保护档案实体，而且还能满足更多用户的需求，提供图文并茂、声像俱全的档案，使档案更加生动活泼地呈现在用户面前。笔者认为，在对其进行信息化处理时应从下面两点入手，将多媒体技术和流媒体技术综合运用到实际工作中。

（一）对于平面类档案，可选择高清晰的扫描或数码照相技术

档案之所以成为档案，除了其记录的属性外，最重要的就是它的真实性，只有真实的档案才能起到“以资为凭”的作用。因此，在档案信息化的过程中，应该将其以最真实最清晰的影像展现给利用者。所谓平面类档案就是指只有水平面一维而没有多维立体的档案，如纸质档案、贝叶档案、绢帛档案、画卷等。运用现代的扫描和数码拍照技术都能方便快捷地实现信息化处理的功能，其经济成本不高，技术上也没什么障碍。

（二）对于多维立体或言行类的档案，可利用高清摄影技术

多维立体档案是相对于上面提到的平面档案而言的，这类档案是用上面一种办法解决不了的、具有不止一个面的立体物，如古滇国的青铜档案、石碑石刻、东巴舞表演、口述档案等。此类档案除了具有多维外，有时还集多种信息表达方式为一体，单纯的拍照方式已满足不了记录之类档案的要求，因而，摄影技术成为这类云南少数民族历史档案信息化的首选方式。

## 二、档案数字化过程中多媒体格式的分析与选择

为了取得更高的传输速率，选择合适的文件格式是信息化过程中的一项关键技术。目前网上传输的多媒体文件有多种格式，比较常见的有 RealNetworks 公司的 Realmedia 、Apple 公司的 QuickTime、Microsoft 公司的 ASF 和 Micromedia 公司的 SWF 流式媒体文件格式和静态图片文件格式 JPEG 和动态文件格式 MPEG，每种格式都有其特点和长短，下面就对这些文件格式进行分析。

（一）Realmedia 格式

这是目前网络上最流行的跨平台的客户/服务器结构多媒体应用规范，它采用音频/视频流和同步回放技术实现了网上全带宽的多媒体回放。在 Realmedia 规范中主要包括三类文件：RealAudio——RA，用以传输接近 CD 音质的音频数据；RealVideo——RV，用来传输连续视频数据，主要用于低速率的网络上实时传输活动视频影像；RealNetworks 公司和 Micromedia 公司合作推出的高压缩比动画文件格式——RealFlash；RealPix——RP，是 Realmedia 文件格式的一部分，它允许直接将图片文件通过 Internet 流式传输到客户端。通过将其他媒体（如音频、文本）捆绑到图片上可以制作出各种用途

的多媒体文件，此类格式文件虽然制作简便，但缺点是 RealPlayer4. 0/5. 0 不能播放；RealText——RT，也是 Realmedia 文件格式的一部分，这种格式可以让文本从文件或者直播源流式发放到客户端，RealText 文件既可以是单独的文本也可以在文本的基础上加上其他媒体。

（二）MOV 格式

QuickTime 是 Apple 公司开发的一种音频、视频文件格式，用以保存音频和视频信息，具有先进的视频和音频功能，为 Apple Mac OS、Microsoft Windows 和所有主流操作平台支持。QuickTime Movie 档案格式是一种方便而强大的多媒体文件格式，比微软早期推出的 AVI 文件格式强。另外，QuickTime Movie 文件格式不受系统平台、系统开放性、可延伸性的约束。QuickTime 以其领先的多媒体技术和跨平台交流特性、较小的存储空间要求、技术细节的独立性以及系统的高度开放性，得到业界的广泛认可，目前已成为数字媒体技术领域的行业标准。

（三）ASF 格式

ASF（Advanced Streaming Format）文件格式是 Microsoft 为了和现在的 RealPlayer 竞争而发展起来的一种可以直接在网上观看视频节目的文件压缩格式。它采用 MPEG－4 压缩算法，不考虑文件大小的话其质量和 VCD 几乎没有差别，比同是视频格式的 . rm 好很多。Microsoft 明确地说，ASF 是一种支持在各类网络和协议下进行数据传递的公开标准，其应用于排列、组织、同步多媒体数据以通过网络传输，也可以用于指定实况演示和本地播放。

（四）SWF 格式

SWF（Shock Wave Flash ）是 Micromedia 公司推出的一种动画格式，它采用矢量图形方法存储动画，使得生成的文件很小但质量却很高，而且播放的质量不随画面的放大而变差（这是一般 VCD 的缺点），因而得到了广泛的应用。如今该公司与 RealNetworks 公司合作，推进流媒体的服务。Flash 的一个最大的优点是制作简单，发布方便。

对数字档案馆及档案网站来说，服务对象众多，范围广泛，用户的硬件和带宽条件各不相同，所以首先要考虑媒体文件格式的普遍性和通用性。上面提到的几类格式是针对运动图像的多媒体格式，除 Microsoft 公司音视频格式外，都具备很好的跨平台性能。

（五）JPEG 格式

JPEG（Joint Photographic Experts Group）即联合图像专家小组，是一种通用的静止图像压缩标准，这种标准可适用于所有连续色调的静态图像压缩和存储。JPEG 可支持多达 16M 种颜色，非常适用于摄影图像以及在 24bit 颜色显示模式下工作的浏览器。JPEG 还具有调节图像质量的模式，允许用户选择高质量、几乎无损的压缩或低质量、丢失图像信息的有损压缩。例如，利用 JPEG 最高的压缩比可以把 10M 的 TIFF 图像压缩至 200KB。JPEG 算法的核心内容是基于离散余弦变换（DCT）的编码方法。随着多媒体应用领域的快速扩展，传统 JPEG 压缩技术已无法满足人们对数字化多媒体图像资料的要求：网上 JPEG 只能一行一行地下载，直到全部下载完毕才可以看到整个图像，如果只对图像的局部感兴趣也只能将整个图片下载下来再处理；JPEG 格式的图像文件体积仍然嫌大；JPEG 格式属于有损压缩，当被压缩图像上有大片近似颜色时，会出现马赛克现象；同样，由于有损压缩的原因，许多对图像质量要求较高的应用 JPEG 无法胜任。为了解决 JPEG 的诸多问题，2000 年的东京会议确定了 JPEG2000 算法，该算法相对于现在的 JPEG 标准有很大的技术飞跃，它放弃了 JPEG 所采用的以离散余弦变换算法为主的区块编码方式，而改用以离散子波变换算法为主的多解析编方式。与 JPEG 相比，JPEG2000 具有六个特点：渐进式传输、支持无损压缩方式、对 ROI（Region of Interest，即感兴趣区域）进行特别的压缩处理、高的压缩比、颜色处理具有更优秀的内涵、简化 Web 方式多用途图像。目前，支持 JPEG2000 的软件有 ACDSee3.0，只要用户安装个外挂插件，就可以观看和制作 LWF 格式的文件。

（六）MPEG 格式

MPEG 是运动图像专家小组（Moving Picture Experts Group）的英文缩写。MPEG 是运动图像及声音的数字编码标准，在不发生图像质量下降的情况下，能够达到 50∶1 的压缩比率。MPEG 压缩允许快速地压缩视频和音频，并能对它们进行实时的解缩，其压缩和解压缩像 JPEG 一样，形成了一个对称的系统：以相同的速率进行软件的压缩和解压缩。MPEG 能够以每秒 1.2～1.5M的速度解压缩数据，它的解压缩速度允许大多数播放器在特别设计的板卡的支持下，能以每秒 30 帧的速率播放全运动、全屏幕视频。

（七）音频文件格式

主要有 WAVE、CD、MP3、WMA、RealAduio、MIDI 等几种。WAVE 音频可以很好地表达原始声源的效果，其大小由采样频率、采样位数和声道数决定，由于一般都没有经过压缩，文件相对较大。CD 音频是利用数字音响技术获得的，标准的 CD 格式以 44.1kHz 采样频率、16 位采样位数的立体声存储声音信息，可以重现原声效果，音质最好，是唱片采用的格式。MP3 格式具有很高的压缩率，大小是同样长度的 WAVE 文件的十分之一，且音质较好，是目前的主流音频格式。WMA（Windows Media Audio）和 RealAudio 是流媒体格式的音频文件，适于网络在线播放，在 Windows 中可以直接使用

Windows Media Player 播放 WMA 文件（在 Windows XP 系统中，WMA 是默认的音频编码格式）。MIDI（Musical Instrument Digital Interface，乐器数字接口）是在音乐合成器、乐器和计算机之间交换音乐信息的一种标准协议。MIDI 文件不是录制下来的声音，而是一组能够发出音乐指令的数字代码。正如乐谱上的符号告诉音乐家做什么，MIDI 代码以同样方式发出指令来合成电子乐器的声音。

（八）视频文件格式

视频格式主要有 AVI、MPEG、DAT、QickTime、RealVideo、ASF/WMV 几种。非压缩的 AVI 格式文件几乎可以在所有的视频编辑软件中操作。MPEG 标准又分为 MPEG－1、MPEG－2、MPEG－3、MPEG－4 几种，VCD 和 DVD 影碟都是基于 MPEG 压缩标准（VCD 使用 MPEG－1 压缩算法，DVD 使用 MPEG－2 压缩算法）。AVI 和 MPEG 格式具有很好的兼容性，在多媒体中被大量使用。MOV、RM、ASF、WMA 都属于流媒体视频格式，特别适合网络应用，可以一边下载一边播放。其中，MOV 格式可以使用 QickTime 播放器，RM 格式可以使用 Real Player 播放器播放，ASF 和 WMA 格式的文件可以使用 Windows Media Player 。

在云南少数民族历史档案的信息化处理过程中，应该注意广泛使用多媒体技术和流媒体技术，目前大多数网站只提供了一种简单的文字说明，有的即使有图片也仅限于静态图片再加上简略的文字介绍。档案不仅仅是一篇文字或一幅图片，每一份档案的背后都有一段历史，它是鲜活的。在对档案数字化加工时，除了单纯地把照片或文字贴到网站上外还要给它们配上如背景介绍、事件的相关知识，有可能的话再加上音频和视频，赋予它们灵动的表现形式，更具观赏性和学习性。任何一门专业都是社会发展的产物，都因社会对它的需求而存在，在当今的信息时代，档案也应该抛开以往以藏为主的工作模式而主动地服务于社会，走进人们的生活。在档案数字化的具体操作过程中，应该使用哪一种文件格式应根据需要来选择，灵活运用，如果只是静态图片可以选用 JPEG 格式，如果是运动图像则可以选用 MPEG 格式，如果是连续多页可以选用 PDF 或 TIFF 格式，如果是影像和声音文件混合形则可以用各种流媒体文件格式。此外，在媒体格式的选用过程中，也要考虑文件的大小、带宽、网速和系统适应性等参数。

**参考文献：**

[1] 刘金芳．超媒体技术在现代档案管理中的应用［J］．中国档案，2007，（3）．

[2]［美］J. 维拉米尔·卡萨诺瓦，等著．多媒体导论［M］．李建森，

温泉，等译．北京：科学出版社，1998.

［3］谭莉莉．云南少数民族档案史料和民族文化［D］．云南大学2007届档案学论文集．

［4］王汝言．多媒体通信技术［M］．西安：西安电子科技大学出版社，2004.

［5］李小平，刘玉树，等．多媒体通信技术［M］．北京：北京航空航天大学出版社，2004.

# 中等职业学校学生学籍档案网络管理的构想

红河州财经学校　李桂华*

**摘　要：**随着计算机的普及和应用，中等职业学校学生学籍档案进行网络管理已刻不容缓。笔者根据多年从事学生学籍档案管理的经验，对开发中等职业学校学籍档案网络版管理系统有了由构成到如何运用的初步构想。

**关键词：**学籍档案　网络管理　研究

当前，随着职业教育的大力发展，学校办学规模的扩大、专业设置和学生人数的逐年增加，原来小型数据库的、半手工操作的学籍档案管理系统已难以适应学校发展的要求。而且，学籍档案管理已经不能只局限于古老的收集、整理、归档，它需要善于用现代科学管理手段管理档案。因此，如何运用先进的信息传播技术建立一套完整的、规范的学生学籍档案，以便快捷地录入、统计、查询、检索学生的各类信息，及时了解学生的学习情况，使不同校区的分级管理达到资源共享，是摆在我们学籍管理人员面前的必须解决的重要课题。于是，在总结长期工作实践经验的基础上，根据职教改革的发展趋势和中等职业学校学籍档案管理的需要，对开发中等职业学校学籍档案网络版管理系统有了由构成到如何运用的初步构想。

## 一、学籍档案网络管理模块的构成

根据当前中等职业学校学籍档案信息管理的发展趋势，以及中等职业学校跨校区延伸管理和分级管理的实际情况，我们提出了建立网络版学籍管理系统的构想。它由学籍信息管理、成绩信息管理、信息查询等几部分组成。该系统从学生入学、在校期间的表现到毕业发证等全过程实行“一条龙”学籍档案信息化管理。

### （一）学籍信息管理模块的组成

学籍信息管理模块由10个输入字段组成，分别是：学号、姓名、毕业证号、学生类别、出生年月日、性别、籍贯、专业、入学年月、毕业年月，

* 作者简介：李桂华，女，红河州财经学校教师、馆员。

同时，这些字段又是多途径组合查询的检索入口。它不但可以批量录入数据，而且可以从招生库等其他数据库导入相关学生资料，按不同校区、专业、学制编班编学号，建立全校学生的基本信息数据库。根据不同条件快捷地查询各年级、各专业的学生情况，并进行学生休学、复学、留级、退学等学籍异动管理。学生基本信息库里的资料可以和国家教委的“普通中等职业学校学籍学历管理系统”的相关数据进行导入、导出处理。

（二）成绩管理模块的构成

成绩管理模块把过去单机版的成绩库只录入主要科目十项合并成网络版的所有在校学习科目均包含的成绩库，库里有学号、姓名、校址、培养类别、班级、专业毕业成绩等字段，可供查询学业成绩、在校期间表现用。在满足不同的条件下，可以统计不同年级、不同专业的学业成绩、年级排名，各种数据报表的统计、制作、打印等。

（三）学籍信息资料查询

各终端用户，如不同校区、科室及相关人员可以根据操作权限在校园网上查询在校学生人数、学生的个人资料、各科成绩和毕业生学籍的基本资料；学生可以通过校园网查阅并校对自己的学籍资料，查询各科学业成绩；学生的在学成绩单、学生证和学籍卡等可以打印出来。

## 二、网络版学籍档案管理系统的运用

学籍档案网络管理系统的运用，可以避免数据录入过程的人为误差，减少重复劳动，提高工作效率。同时，它与其他的教育教学管理系统实现资源共享，实现学籍档案管理规范化、信息化和科学化。

中等职业学校学籍档案管理包括新生基本信息的建立、学生在校学业成绩及奖惩情况、学生学籍异动情况和学历证书的制作发放等，是一项工作量大且持续时间长的工作。中等职业学校目前的状况，使学籍档案管理工作更加复杂和繁重。中等职业学校研究的网络版学籍管理系统的投入使用，使学籍档案管理更加高效和规范。

（一）实现学生基本信息档案管理规范化

学生基本信息档案的建立，是从招生库里将部分学生资料导入基本信息库，再由学生填写学籍表，管理人员把学籍表中的其他资料补录进数据库中。这样，不但可以简化工作的步骤，而且使收集到的学生资料更加准确。除了从招生库中导入学生资料外，还可以让学生用自己的权限在校园网上登录该系统，查看、校对并按要求补齐自己的基本信息，确认无误后将资料直接提交到基本信息资料库（只能提交一次），即完成学生基本信息档案的建立。这一操作将原来集中录入数据的繁杂做法变成分散性的由学生自己操作的简易做法，在目前学生年年增加而管理人员没有增加的情况下，对中等职业学校学籍档案管理工作是非常有帮助的。另外，新生基本信息档案建立后还可以在电脑上打印出新生的学籍表、学生证，对毕业生还能一次生成毕业生名册和毕业证等，摒弃原手工填写的做法，使学生入学后的学籍档案建立、各种证书的制作等管理工作简化不少程序，大大提高工作效率，实现规范化管理。

（二）实现学生成绩管理信息化

成绩管理是学籍档案管理中最重要的组成部分，它伴随学生在校学习期间的全过程，包括考试成绩、补考成绩、等级证书成绩等。中等职业学校原有的学籍管理系统是 FoxPro 语言开发的单用户数据库系统，它是由不同年级、不同专业的课程目录库、等级证书成绩库、总评成绩库等组成，期末由班主任上报书面成绩给学生处，再由学籍管理人员录入成绩，这个过程非常繁杂。在学校扩招、专业增加的情况下，这一系统明显不能适应学校发展的要求，难以满足当前学籍管理的需要。网络版的成绩管理模块是在原来 FoxPro 单机版的基础上，利用现代化的管理手段，结合中等职业学校的实际情况及近几年的工作经验设计研究出来的。每学期由各教学班输入、处理考试成绩，完成后打印出书面成绩册存档，这样大大地减少了班主任、学籍管理人员的重复劳动，而且可以跨校区进行成绩管理工作，实现了成绩管理信息化。

（三）实现学生学籍资料的查询 、统计、上报科学化

网络版学生综合信息系统的信息统计查询模块可以实现资源共享，让不同校区、有关部门及学生查询、打印有关学生的学籍资料。学生处每学期初将在校生人数一览表制作好放在系统的查询模块，学校各有关部门即可登录该系统查询在校学生人数；学生学籍异动情况在该系统中也能及时处理并反馈在校园网上供班主任、各处室查询、了解，以便他们掌握学生的最新资料。各处室可以查看学生的个人成绩、班级成绩、学年平均成绩、毕业平均成绩及排名等，不用像过去那样要到教务处才要得到学生的有关资料；学生可以上网查看自己的考试成绩、补考成绩、补考门次等。该系统还设置了学生学历管理、毕业证书管理等功能，这些功能与上报省教育厅的资料很好地链接起来，可以快捷地统计在校学生的年龄、性别、毕业生名单、学习情况等资料，同时与上报省教育厅的相关数据库资料实现资源共享，实现学籍管理科学化。

（四）减轻了工作量，使各种报表的制作、打印方便快捷

学校在学籍管理的过程中，各种报表的制作、打印是必不可少的。如在

校学生成绩单、毕业生成绩单、毕业生报表、学历证明等。特别是毕业证书的制作，因为学生所在年级、专业不同，学习的课程亦不同，所以毕业证书制作最为烦琐。新系统设计了毕业证书的打印格式，在毕业证书制作时，只要输入学生的学号、姓名，系统就会根据该生的班级名称找到对应的毕业证书，即可打印出来，非常方便、快捷。

目前，中等职业学校研究开发的学生学籍管理系统已经粗具雏形，并且很多功能已经正式投入使用。但是，它要实现与学校网络管理系统进行有机结合，形成较为完整的、现代化的学校管理系统，还需要长期地、不断地总结经验、改进操作规程，使其更加具备可推广性、可共享性。

**参考文献：**

[1] 第八届全国人民代表大会常务委员会第二十次会议．中华人民共和国档案法［S］．1987－9－5.

[2] 国家质量技术监督局．电子文件归档与管理规范［S］．2002－12－4.

[3] 毕春华．网络环境下的档案创新服务［J］．财会月刊，2003，(11)．

# 浅议电子档案的整理与保护

玉溪师范学院　孙康燕　李　薇*

**摘　要：**原始记录性是档案的本质属性。这种原始记录性一方面表现在档案的内容上，另一方面表现在档案的形式上，如当事人的亲笔手稿、领导者的亲笔签署等，都表现出真实的原始性。也正是档案的原始记录性，才使得档案区别于图书、情报、资料等其他信息，而具有法律凭证的作用。在办公自动化系统中，电子文件从起草、修改到印发都在计算机上进行，它便于修改、复制的特性，使得最能体现档案原始记录性的内容与形式特征不复存在。

**关键词：**电子档案　整理　保护

所谓电子文件是指人们在社会活动中形成的，以计算机盘片、磁盘和光盘等化学磁性材料为载体的文字材料。它主要包括电子文书、电子信件、电子报表、电子图纸等。由于电子文件信息载体的特殊性，其保管方法、要求以及检索和对外利用等方面也与纸质文件有许多不同之处。这些差别将是电子时代档案整理和保护技术的新领域。

## 一、电子文件的归档类型

目前，电子文件归档的类型有磁盘、光盘、磁带，为了做好这项工作，应按档案种类分别整理组盘。

### （一）文书电子档案整理

一是内部文件。以年度、组织机构、保管期限进行组盘。第一按不同年代、组织机构、保管期限进行组盘；第二将不同年代、组织机构、保管期限的文件分盘保管，便于按不同年代、不同期限定期拷贝，以延长归档电子文件的保管寿命。将同一归档部门的文件集中在同一盘上方便利用。为了确保文书电子文件组盘统一规范，应由档案部门在接收归档文件时集中完成，组盘后，档案人员应以统一的数据库结构和规范命题，并建立文书档案盘内文

---

* 作者简介：孙康燕，女，馆员，主要从事档案工作及档案基础理论研究。李薇，女，现从事档案工作。

件目录，便于计算机对盘内文件查找。二是外来文件。通过文书室处理，扫描成影像文件进入网络，各类公文的传递、批办、督办均在网上操作。电子文件的归档工作由业务部门掌握，处理完毕的文件由承办部门根据文件的重要性，确定密级和保管期限，按归档键转入档案部门，档案人员审查后，加上档案管理信息，如分类号、档号等，然后进入档案数据库。如要查询，则可通过各个网络终端在其权限范围内进行查询。

（二）科技电子文件归档

科技电子文件档案种类较多，可以按照基建、设备、科研、房地产、声像档案分类管理，然后再按项目归档。

（三）会计电子文件整理

会计账簿内容已进入计算机管理系统，现在看到的实物实际上是计算机的打印件，计算机账簿的格式比较统一，其内容也可以光盘形式保存。但光盘归档时必须启用账簿交接表，填明机构全称、账簿名称、编号、账簿页数、启用日期，负责人、主管会计、审核、记账等人员必须签名，以增强账簿的真实性和凭证作用。

## 二、电子文件的保存形式

由于归档电子文件以脱机方式保存，在实际使用中仍有部分电子文件还是用软磁盘保存。光盘作为新型的存贮载体，比磁盘有良好的抗干扰能力和结构稳定性，有利于归档电子文件的长期保存，所以，软磁盘和光盘的保护仍是当前归档电子文件载体保护的重点，必须制定保护措施。

（一）软磁盘的保护

（1）统一软盘的规格，使用3.5寸高密盘保存。

（2）把住软磁盘质量关。软磁盘的质量直接影响到磁盘信息的保存寿命，高质量的软磁盘在良好的保管条件下可保存近十年，而低质量软磁盘往往不到一年就读不出数据。目前市场上存在不少质量低劣产品，所以在选购软磁盘时要认真把好质量关。

（3）规范保管条件。要求软磁盘存放在无强磁场干扰、无震动、无尘、无腐蚀气体和温湿度适中的环境里，环境空气相对湿度控制在40%～50%，温度控制在14℃～24℃。

（4）加强病毒防范。要求各业务部门加强计算机的病毒检测，确保保存电子文件的磁盘不带病毒，并将磁盘经常置于保护状态。

（5）对加密盘的管理。有的电子文件在存盘时进行过加密或隐含文件名，如果密码或文件名被遗忘，电子文件就难以打开。所以对这类文件应该解密或显现文件名后再归档保存。

(6) 在条件允许时，及时将存贮电子文件的软磁盘载体更换成光盘，便于长久保存。

(二) 光盘的保护

(1) 规范排放和使用。光盘的存放应置于盒中直立放置，避免大量堆叠，以防光盘翘曲，在使用过程中应避免摩擦和划痕造成光盘的损伤。

(2) 保持良好的温度、湿度环境。高温会使光盘氧化、变形或老化，潮湿会使光盘片基霉变。为此光盘存放的温度宜控制在 14℃ ~24℃，相对湿度控制在 40% ~65%。

(3) 注意避光。光盘材料的塑料保护层对紫外光极为敏感，阳光的直射会使光盘过早老化。因此，光盘要十分注意避光。不管磁盘还是光盘，定期复制是当前延长电子文件寿命的有效措施，磁盘每 2 年，光盘每 5 年转储一次，转储后的载体与原载体同样编号保存。

## 三、针对电子文件保存所应采取的对策

(一) 做好归档电子文件的技术处理工作，实施电子文件管理战略

新型文件材料的归档势在必行，这就要求档案工作者必须深入到现行文件工作领域，对产生的大量电子文件的接收、处置乃至存储工作进行指导，保护电子文件的原始信息，了解文件信息重新组合的来龙去脉。也就是说，通过采取技术处理，将已归档的电子文件改为“只读性”文件，即只能读不能写的不可更改的文件，从而识别和保护电子文件的原始结构，保证电子文件的可靠性，使之与纸质文件一样发挥社会效用。

(二) 解决好电子文件的保存问题

以化学磁性材料为载体的电子文件，从理论上讲能够长期保存，因为它的信息读出是无接触式的，不存在磨损。电子文件记录在介质层上的信息被密封在塑料保护层内，不怕外界磁场的影响，不会直接受到空气中的灰尘、水分及有害气体的侵害。但是，由于电子文件形成的时间短，缺乏实际贮存的验证，所以，电子文件中原始信息的长期保存问题是有待档案工作者进行深入研究和探讨的重要课题。目前，对于长久保存的电子文件，需要定期进行复制，以防止信息损失。

(三) 使档案管理向立体化方向发展

以前的档案管理是呈直线状态的，随着人们对利用服务工作的重视，使利用工作和其他基础工作构成一个平面。这种平面结构只反映纸质档案的情况，随着电子文件的介入，档案种类在增加，其基础工作和利用工作也都具

有各自的个性。因此，在原有平面结构基础上，又增加了一项档案信息载体内容，就构成三维空间，形成了立体化的管理结构。

（四）档案人员知识结构的变革迫在眉睫

我国档案人员要适应信息技术和档案事业的发展必须采取积极措施抓好知识更新，引进、消化、适应信息技术的成果，使档案人员拥有广博的知识，以适应信息技术发展的需要。可以肯定，加快档案人员知识结构的变革，多途径、多层次培养人才，是档案工作迎接信息技术革命最根本的对策。

**参考文献：**

[1] 丁光勋．信息时代档案学理论研究与实践［M］．北京：生活·读书·新知三联书店，2007.

[2] 刘家真．也谈电子文件的特点［J］．浙江档案，1999，(6)．

[3] 刘家真．当前我国电子文件的来源与种类［J］．北京档案，1999，(8)．

[4] 张正强．关于电子文件的概念［J］．档案与建设，1999，(10)．

[5] 刘家真．文件保存格式与PDF文档［J］．档案学研究，2002，(2)．

[6] 丁海斌．中国科技档案史［M］．沈阳：东北大学出版社，2007.

[7] 仇壮丽．中国档案保护史论［M］．湘潭：湘潭大学出版社，2007.

# 实现档案信息化之我见

云南民族大学　王红光*

**摘　要：**国务院早在10年前就提出“到2010年建立起健全的、具有相当规模的、先进的国家信息化体系”的目标，国家档案局也颁发了《全国档案信息化建设实施纲要》。10年过去了，我国电子政务发展已达世界先进水平，但档案信息化建设却相对滞后。如何加快档案信息化步伐，需从开展的工作中找到新的思路和方法。

**关键词：**档案信息化　问题　对策

随着社会信息化的发展，实现档案信息化是历史发展的必然。经过多年的实践，档案信息化建设的具体技术、方法等微观层面的成绩卓著。但加强档案信息化建设的宏观研究同样重要，笔者试图在档案信息化建设的组织方法、标准化工作等宏观层面上阐述肤浅思考。

## 一、档案信息化概念

在《档案信息化建设导论》一书中是这样定义的：档案信息化就是在国家档案行政管理部门的统一规划和组织下，在档案管理活动中全面应用现代信息技术，对档案信息资源进行处置、管理和提供利用服务。换句话说，档案信息化是指档案管理模式从以面向档案实体保管为重点，向以档案实体的数字化信息这种主要形式向社会提供服务为重心的转变过程。这个定义提出了四个要求：要实现档案信息的数字化和网络化；要实现档案信息接收、传递、存储和提供利用的一体化；要实现档案信息资源高度共享；必将引发档案管理模式的变革。

档案信息化建设一般包括基础设施建设、档案信息资源建设、标准规范建设、应用系统建设和人才队伍建设。基础设施建设指的是计算机网络和数据库系统及其应用。档案信息资源建设包括档案数据库，纸质文件缩微胶片影像、录音（声频）、录像（视频）等的数字化和电子文件的档案化。标准规范建设有管理性标准、业务性标准和技术性标准。管理性标准有：《中华

* 作者简介：王红光，女，研究馆员，从事档案管理理论应用研究及教学。

人民共和国信息网络安全保护条例》、《计算机信息系统保密管理规定》、《计算机病毒防治管理办法》等；电子文件归档和电子档案管理、公文邮件归档管理规范、CAD 电子文件光盘存储与归档管理要求、政府电子文件鉴定指南等，属于业务性标准；而数字档案的术语标准、资源标识、描述、存储、交换、管理和使用标准、数据格式标准、软硬件设施技术标准属于技术性标准。应用系统建设指档案管理软件，一般应具备收集系统、管理系统、利用系统三大模块。档案信息化是适应社会信息化发展的必然产物，如何高效、健康发展，本文认为需在国家战略思想指导下，自上而下地组织对档案信息化建设的规划、管理和指导。

## 二、实现档案信息化的必要性

档案工作作为管理档案和提供档案信息为社会实践服务的一项业务系统，深深植根于人类社会的生产、生活之中，与人类社会同步发展，并随着社会文明程度的提高越来越深入到社会生产、生活的各个领域，在经济发展、科技进步、精神文明建设中发挥越来越重要的作用。20 世纪 80 年代后，世界新技术革命的浪潮冲击着社会生活各方面，改变着整个社会的面貌，档案工作也无一例外地受到了深刻的影响。为了迎接这一挑战，档案信息化成为我国档案工作者当前和今后相当长时间内面临的重大课题，成为我国档案工作的发展和必然趋势。档案信息化基本动因是传统的档案工作手段和方式越来越不能适应日益发展的客观需要，二者之间的矛盾越来越明显和尖锐化。其表现在以下方面。

### （一）传统的档案管理方式与档案收藏量激增及载体形式多样化之间的矛盾

档案的数量随着历史的延续而增长，特别是进入现代社会后，人们越来越认识到档案在政治、经济等各方面活动的重要性，更加注意其形成和积累，从而造成档案数量的急剧增加，若仍采用传统的管理和检索方法手段将查找困难；科学技术的发展，使档案的载体、记录方式出现了多样化的趋势，越来越多的社会记录不再采用传统的纸张形态，而是以缩微型（诸如缩微胶卷、平片等），声像型（诸如影片、照片、唱片、录像带等），机读型（诸如磁性材料、光盘等载体存储的计算机可读文件）等新型载体和记录方式而存在，这些文件具有体积小、存储量大、声像并茂等特点。新型载体档案文件需要特定的管理条件、管理技术和利用手段，这些是传统的档案管理方式所不能胜任的。

与此同时，古老的历史档案则在逐步自然老化，甚至形成“自毁”，急需采取先进的技术手段加以抢救。总之，档案在数量、载体等方面的变化是传统的档案管理手段、方式难以适应的。

（二）传统的档案服务方式与档案需求面扩大及利用系统性、时效性之间的矛盾

社会对档案的需求是档案工作存在和发展的根本原因，因而，社会需求方式的变化必然对档案工作方式造成重大的影响。主要表现：

首先，需求面扩大，由过去为政治斗争服务扩大为解决政治、经济、科学文化各方面的问题而利用档案；由主要是查证性利用档案扩大为查证性、参考性、研究性利用为主；由少数专家、学者和政工人员利用档案扩大为社会各行各业、各种身份的人都利用档案。

其次，利用档案的系统性要求提高，许多利用者要求系统查阅有关某一专题、某一地区的档案，这些档案分散在不同的全宗以至不同的档案馆内，需要进行跨地域、跨时空的馆际利用。

再次，出现利用时效性观念，利用者不再满足于档案馆缓慢、模糊地提供档案信息，而要求及时、准确地获取所需档案。档案需求的这些变化使档案馆档案的流量增加，传统的半封闭型服务方式和低效的检索能力难以适应这一局面。

（三）档案信息化成为历史的必然

20 世纪计算机和网络技术的发展和广泛应用，给人们的生产、生活带来了划时代的变革，推动人类社会进入了数字化时代，“信息社会”、“数字城市”、“地球村”等概念成为时代的最强音。中国作为一个发展中的大国提出了国家信息化的目标，信息化建设正深入到社会的每一个领域，档案信息化是档案事业发展的时代方向。

## 三、面临的一些问题和对策

（一）规划滞后造成档案信息化建设的随意性和分散性

前文在关于档案信息化定义的第一句话就是“在国家档案行政管理部门的统一规划和组织下”，而实际情况是我国信息化发展历程，从信息化概念的引入，到“金字系列工程”的陆续启动，再到电子政务的推进等每个有组织、有计划实施的阶段都没有见到一个全国档案信息化专项规划。主要原因是，档案信息的生成和管理是按时间和空间分割的，受权限、资金、规范的制约，全国统一制定规划很难。另外的原因还有，与档案信息化连接的前期对象处于变化之中，使档案信息化本身也不得不跟着变化。如产生电子文件和电子档案的部门的信息化建设正在进行，本身处在变化中，造成档案信息化管理系统的不确定性。或者由于档案部门的参与指导不到位，使电子文件

和电子档案的采集与归档方法带有缺陷，难以保证电子文件的真实和完整。

解决问题的方法：档案信息化可以整合处于分割状态的归档数据；将数字档案馆的建设与电子政务的建设相结合，配合体制的改革和职能的转变，使档案信息化提前到电子文件产生之初，将现行文件的管理纳入档案信息化管理范围，为信息共享和电子文件的一体化管理创造条件。

（二）相关法规、标准体系不完善难以确保档案信息化建设的规范化和标准化

中国的档案法规已有一定基础，但是还不够完善。电子文件的法律地位问题正在解决过程之中，以下方面的立法和标准制定应进一步加速，如电子文件的完整性和真实性鉴定标准、电子文件长期存储格式、电子签章和电子水印使用方法、电子文件和电子档案加工和存储的质量标准、档案信息和信息管理系统安全等级划分办法、档案信息化系统设计要求等标准还未出台，造成的相关问题还有很多。

解决问题的方法：总的原则是面向计算机和网络的技术标准，直接采用国际标准或国家标准；一般性的信息处理标准优先采用国家标准，档案属性较为明显的信息技术要求制定行业标准，总之要尽量减少档案自定标准的数量，可以加快标准体系的形成和提高标准化程度，力求利于与国家信息系统兼容，防止形成档案信息孤岛。

（三）重设施建设轻信息资源建设的倾向依然存在

档案信息化建设的重中之重是信息资源建设，常见一些信息化建设中资金投向几乎全部是设备，信息资源建设投入几乎没有或者很少。

解决问题的方法：正确的资金投入。

## 四、加速档案信息化的措施

（一）以电子政务建设为平台，加强档案信息化基础设施建设

与办公自动化建设相结合，把档案信息化纳入国民经济和社会信息化的总格局中，保持协调、同步发展；与政务网和互联网站建设结合，为档案工作政务公开和档案信息资源的更好服务开辟新的渠道；与电子政务和数字档案馆建设结合。

（二）以馆藏档案的数字化为基础，以电子文件的归档为重点，加强档案信息资源建设

对现有数据库进行充实与完善，采用相关技术，将各类高质量的数据库与数字档案馆资源库实现互联，提高资源的利用率。同时，在全国各级档案部门新建一批质量高、规模大、分布式的多媒体档案数字资源库群。这些资

源库按照中国数字档案馆应用系统的要求进行组织加工，通过网络为用户提供高效服务；现有馆藏档案的数字化工作，在对馆藏档案资源进行分级鉴定、有序整理的基础上，有计划地把纸质档案、胶片、照片、录音、录像档案数字化，使这些信息与现有档案资源数据库并网；随着计算机及网络技术的发展和普及，越来越多的社会活动和科技生产活动的记录将产生于电子工作环境，电子文件归档系统研制成为重点，目前由国家档案局立项或组织开发的重点软件如档案信息化加工系列软件、数字档案馆系列软件、通用型文档一体化软件、综合档案馆档案业务管理软件等进一步完善和陆续得到推广。

科学高效地进行档案信息化建设，必须正确理解档案信息化的真正内涵，档案信息化建设不仅涉及技术，更是涵盖了纷繁复杂的法制、体制、机制等问题，必须从政府和国家层面入手，统一规划和组织领导，构建实施这一历史重任的支持体系。

**参考文献：**

[1] 孟广均，霍国庆，罗曼，等．信息资源管理导论［M］．北京：科学出版社，2003.

[2] 王润理．电子政务的理论与实践［M］．郑州：郑州大学出版社，2003.

[3] 薛四新，彭荣，陈永生．档案信息化应用系统建设［M］．北京：机械工业出版社，2006.

[4] 国家档案局中央档案馆．全国档案信息化建设实施纲要［Z］．2002－11－25.

[5] 邱晓威．“电子文件管理与档案信息化发展研修班”讲义［Z］．中国电子信息产业发展研究院培训中心印发．

# 试析电子文件信息安全的立法情况及违法责任

云南财经大学　陆心愿*

**摘　要：**本文主要从电子文件制发者、收文者、保管者、利用者及非法获取电子文件者几个环节来分析电子文件信息犯罪发生时其应承担的法律责任及后果，通过对各环节的法律责任解析，使电子文件工作者有更清晰的认识，从而尽量避免发生类似的安全事故。

**关键词：**电子文件　立法情况　违法责任

随着社会信息化程度的逐渐提高，电子文件这个词汇也渐渐为人们所熟知，时至今日，人们的工作已经有很多是通过电子文件的方式来办理，如各单位的OA系统、政府的政务信息平台产生的文件等。关于电子文件的定义，《电子文件管理暂行办法》中的表述为：电子文件是指机关、团体、企事业单位和其他组织在处理公务过程中，通过计算机等电子设备形成、办理、传输和存储的文字、图表、图像、音频、视频等不同形式的信息记录。电子文件与传统的纸质文件相比，具有信息与载体可分离、易篡改、对硬件的依赖性高等特点。关于电子文件的这些特点，人们一致认同是巨大的优点，然而，这些优点从一定程度上说，也是弱点，尤其是在目前相关法律法规还不完善的情况下。从另一个角度讲，电子文件法律法规的不完善，又给电子文件的信息安全带来了威胁。

## 一、我国电子文件信息安全所面临的威胁

目前，我国电子文件信息安全所面临的威胁概括起来，主要有三种：来自人员的威胁，来自系统、软件及硬件的威胁和来自电子文件信息安全法律漏洞的威胁。其中，来自系统、软件及硬件的威胁是技术上的问题，它只能通过改进技术和防御来保障，而且会随着技术的不断进步而更新，如系统漏洞、技术升级后对信息载体的可识读性也即兼容性；而来自人员的威胁是电子文件信息安全的最主要威胁，它包括电子文件信息的黑客攻击、计算机病毒、信息泄露

* 作者简介：陆心愿，女，实习研究员，从事档案工作。

等人为威胁，因此，这是电子文件信息安全法律制定主要的考虑对象；电子文件信息安全法律不健全带来的威胁是这三者中最根本的因素，由于法律不完善或相对滞后，给电子文件的信息安全工作留下了一些法律监管空白点，让不法分子有机可乘。电子文件是人为的产物，不管在电子文件的哪个阶段都有与其直接接触的人，因此，笔者认为电子文件信息安全所面临的最重要威胁来自于相关人员，而对相关人员的管理则要通过完善的法律来完成。

## 二、电子文件信息安全的国内外立法情况

### （一）国内立法情况综述

我国电子文件管理法制体系可分为四个层次：一是国家权力机关制定的档案法律；二是中共中央办公厅及国务院办公厅发布的有关电子文件工作的决定、规定、条例；三是国家档案局及其与有关机构联合发布的有关电子文件的通则、条例、规定、办法、标准等；四是各级地方档案事业管理机关和各专业主管机关根据全国性的电子文件法规，结合本地区、本专业系统具体情况制定的电子文件工作规章制度等。目前我国电子文件的管理主要依据《电子文件归档与管理规范》、《电子文件管理暂行办法》、《中华人民共和国计算机信息系统安全保护条例》、《计算机信息网络国际联网安全保护管理办法》等。

### （二）国外立法情况综述

近年来，许多国家都出台了电子文件的相关法律法规，法律有：美国的《信息自由法案》、澳大利亚的《电子文件管理政策》、英国的《电子文件鉴定办法》和《计算机和证据法》等；相关的制度和法规有：北欧国家1997年的大型研究报告《电子档案保护与存取》、美国1996年数字信息化档案特别工作小组的《数字档案长期存取与保护的总结报告》以及美国国家档案与文件署制定的《国家战略：制定与贯彻联邦政府电子文件的产生、传送、存储与长期保存的标准》、澳大利亚1996年国家图书馆制定的《澳大利亚数字载体长期存取与保护的原则》。

由于电子文件是近年来才出现的新兴产物，其发展还不成熟，电子文件的信息安全问题更是一个新领域，各国相关的法律法规尤其是电子文件信息安全方面的都还处于起步阶段，这给各国的电子文件信息安全带来了很多威胁，也给相关的工作人员带来了不少麻烦。

## 三、电子文件信息违法应承担的责任分析

### （一）对于电子文件制发者的法律责任

从电子文件管理流程可以看出，电子文件在各个环节的权限清晰，具体

到发文者环节来说，在发文之前发生信息泄露就是发文者的责任，而且可以肯定地说，发文者是唯一的信息泄露源。因此，若此时发生电子文件信息泄露，理论上说责任主要由发文者来承担，应追究其法律责任。对于发文者信息泄露的法律规定目前在我国现行的电子文件相关法律中还没有明确规定，只是在其他的信息法中有所说明。在现阶段这一环节发生了信息泄露，则可以依据《政务院关于各级政府工作人员保守国家机密的指示》、《保守国家机密暂行条例》、《中国人民解放军保守军事机密条例》、《国防尖端技术保密规定》和《中华人民共和国保守国家秘密法》，按《中华人民共和国刑法》的第398条规定“国家机关人员违反保守国家秘密法的规定，故意或者过失泄露国家秘密，情节严重的，处三年以下有期徒刑或者拘役；情节特别严重的，处三年以上七年以下有期徒刑”量刑定罪。

（二）对于电子文件收文者的法律责任

电子文件发出后自动归入全国电子文件数据库，所有人对其只有阅读权限，每次收文单位访问数据库时都将自动生成访问记录并追踪记录下收文者的操作，这为收文者泄露信息设置了一个监控、一个威慑和一个取证的途径。如果收文者进行违法操作，根据系统的记录信息很容易就能找到违法者。在这一过程中如发生了信息泄露，则潜在违法者的范围是所有的收文者，包括发文者本身。在该过程保护电子文件信息的安全是所有收文者的责任和义务，一旦发生信息泄露则可在特定的人群中进行取证调查，找到泄密者后，根据泄露的程度依法追究其民事或刑事责任。依据是保密类相关法规条例和《中华人民共和国刑法》第282条对非法获取国家秘密和非法持有国家秘密的相关规定。

（三）对于电子文件保管者的法律责任

电子文件保管者是指电子文件归档后保存电子文件的档案馆。原则上说，电子文件办理完毕归档后发生信息泄露是档案馆的责任，因为电子文件归档后只有档案馆才有已归档的电子文件，其他部门不具备这个条件。因此，电子文件归档后的信息安全由档案馆来负责，发生信息泄露也由其来承担相应的责任。其执法依据和第一个环节是一致的。

（四）对于电子文件利用者的法律责任

电子文件利用这一环节的参与者有两方面的人员，一方面是档案馆的工作人员，另一方面是电子文件利用者本人。由于牵涉的人相对其他环节来说有点复杂，因此，在防范的时候要考虑的因素也相对要多一些，但这个问题也是可以解决的。利用者利用电子文件时要进行实名登记，且所查看的电子文件只可以部分摘抄。该过程中如果发生信息泄露，则应同时追究电子文件利用者和档案馆相关工作人员的责任，利用者泄露信息属于法律问题，而档案馆工作人员也有工作失职的责任。如果进行严格的利用实名登记制和上班考勤制度，这一问题如若发生也是有据可查的。在这一环节中如果利用者将保密的信息扩散到超出规定的范围，则可以使用《刑法》中关于泄露国家秘密的条款进行处理，如果利用者超越规定使用所查阅的信息，则用非法获取和非法持有国家秘密的条款进行惩治。

（五）对于非法获取并使用电子文件者的法律责任

非法获取电子文件在本文的电子文件管理流程中指黑客，由于本文的电子文件制发形成后便归入全国电子文件数据库，收文者也只有通过网络才能阅读到电子文件，因此，电子文件将长期暴露于网络中，从发文到归入档案馆中间的这段时间都有可能被黑客攻击窃取。如前所述，黑客通过网络窃取电子文件信息即使事情再严重，但如果找不到攻击者的话也没有惩治对象，就更别提法律约束了，因此，针对这一情形，法律的威慑力已经没有了，所以，在这一环节中应主要采取技术手段控制，而法律只能是在找出攻击者后对其进行责任追究。这一阶段的法律实施依赖于技术，但如果对黑客攻击从严处治的话或许可以以一警百，当黑客试图截取电子文件信息时产生前车之鉴的警戒效果。该环节的信息犯罪在现行法律法规框架下也可以用《刑法》第 282 条规定来惩治。

## 三、结　语

法律是维护和平、公证的有效手段，同时也是人们生活和工作中的最低准则，它告诉人们什么事可以做、什么事不可以做，如果没有法律这条准绳来告诉人们什么事可以做、什么事不可以做的话，必将给人们的生活和工作都带来迷茫和困惑，也会给不法分子带来可乘之机，电子文件的信息安全虽然是新兴的问题，但其道理也一样。本文从电子文件管理的各个环节来制定相关人员的法律责任，因电子文件本身就是高科技主产物，因此，不能避开技术而单一的谈论法律，技术和法律应该是相互为基础和前提条件的，本文虽然没有过多关于技术的探讨，但并不是说技术和法律可以相互分离。电子文件和电子文件信息安全是目前全球信息化过程中的一大问题，并且随着社会的发展和技术的不断更新，这一问题也将不断刷新，电子文件信息安全方面的法律法规也将会随之而逐步健全和完善。

**参考文献：**

[1] 中国国家档案局．电子公文归档管理暂行办法［Z］．2003－9－1.
[2] 国务院令．中华人民共和国计算机信息系统安全保护条例［Z］．

1994－2－18.

［3］国务院批准，公安部发布．计算机信息网络国际联网安全保护管理办法［Z］．1997－12－30.

［4］2000年9月25日国务院．互联网信息服务管理办法［Z］．2000－9－25.

［5］国务院．中华人民共和国计算机信息网络国际联网管理暂行规定［Z］．1997－5－20.

［6］黄萃．电子文件立法问题管见［J］．档案天地，2001，(6)．

［7］叶晗．浅论电子文件立法［J］．档案与建设，2008，(2)．

［8］电子文件管理研究课题组．保证电子文件信息安全的管理措施［J］．科技档案，2001，(2)．

［9］黄萃．从法律角度探讨电子文件的保护［J］．档案学通讯，2002，(1)．

［10］朱明亮．电子文件信息安全的全过程保护［J］．兰台世界，2007，(9)．

［11］景红．电子文件信息安全问题与对策［J］．档案与建设，2000，(8)．

［12］郝晓梅，仝艳锋．办公自动化过程中电子文件安全保密策略探讨［J］．兰台世界，2008，(2)．

［13］朱庆华，杨坚争．信息法教程［M］．北京：高等教育出版社，2001.

# 高校档案信息化建设的思考

云南大学　郭　静*

**摘　要：**档案信息化建设是社会发展的需要，是档案事业发展的必然结果。文章从档案事业发展、档案信息的收集、信息资源的共享、人才培养、信息利用等方面提出了加快高校档案信息化建设的看法。

**关键词：**高校档案　信息化　建设

随着信息化建设的进一步深入，人们越来越感受到信息作为资源、生产力要素和社会财富所带来的好处。档案部门顺应社会发展的趋势，在《全国档案事业发展"十五"计划》中，把信息化建设列为战略重点之一，明确了"十五"期间档案信息化管理的主要任务：一是档案的电子化；二是加强档案目录数据库建设；三是档案信息化人才的培养。高校档案馆保存着大量的教学、科研、管理的档案信息，要尽快让这些科研信息转化成生产力，使它发挥最大的作用，就必须进行档案信息化建设。而且，高校档案的信息化建设应与全国档案事业的发展同步进行，只有这样才能更好地发挥档案信息的作用，有效地为高校教学、科研、管理等中心工作服务，为广大师生服务，为社会各界广泛利用档案信息服务。

## 一、档案信息化建设是档案事业发展的需要

高校的发展需要档案信息资源，社会发展需要档案信息资源，档案事业发展需要加强档案信息化建设。《高校档案管理办法》第五条第二点明确规定："将档案工作纳入学校整体发展规划，促进档案信息化建设与学校其他工作同步发展。"档案信息化建设如果步子太慢或者根本就不重视，落后其他部门的信息化进程，势必影响高校的整体发展，因为高校档案包含全校所有的工作内容，档案信息化程度高，服务效果好，能有效促进其他的发展，如果档案信息化建设落后，将会影响其他工作的进程。所以，高校要从人力、物力、财力、技术等方面给予大力支持，加快高校档案信息建设的步伐。

* 作者简介：郭静，女，云南大学档案馆副研究馆员，档案利用部主任。

## 二、档案信息化建设要加强档案电子化、馆藏档案数字化工作

档案信息化的前提是归档文件电子化，馆藏档案数字化，没有电子文件归档，就无法实现档案信息化，没有馆藏档案数字化，档案信息化就不全面。

一是要实行文档一体化管理，从档案的前身——文件抓起，从行文开始把关，文件的起草、签发、催办、归档等运作过程在一体化管理软件中进行，这样档案的前身就以机读文件为主要形态，那么档案也自然以机读形式存在。

二是要使用文档一体化管理软件，还要把上级发来的或者非本单位形成的需要归档的纸质文件进行扫描，以 PDF 文件格式或转换成电子文件作为附件保存在相应的目录下。

三是要把馆藏纸质档案进行扫描，以 PDF 文件格式存储，实现馆藏档案数字化，不但检索起来便捷，而且延长了纸质档案寿命。云南大学档案馆自 2002 年把档案信息化建设纳入“211 工程”建设子项目以来，投入经费 50 多万元，购置了高速扫描仪、服务器、计算机等，目前已将馆藏教学档案全部、党群、行政管理（1965 年至今）的档案进行扫描储存，这部分档案实现了不进库房就可利用档案信息。

## 三、档案信息的收集是档案信息化建设的基础

“巧妇难为无米之炊”，要实现档案信息化就要有档案，所以收集档案信息是档案工作的重要基础。每年大量进馆的档案信息支撑了档案事业的健康发展，成为单位和社会一个必不可少的重要组织部分。

多年以来档案的收集仅限于正规渠道，也就是照过去制定的各类档案的收集范围进行收集，有时还因为各种原因，连正常渠道应该收集进馆的档案都没有全部收集齐全，更不用说“归档范围”以外的档案了。笔者认为，每所高校都会有一些反映学校重大历史发展变化的、悠久的、珍贵的实物、照片未能收集进馆，也有许多著名人物的宝贵手迹、重要研究资料等未能收集进馆，这些珍贵实物、资料一般情况下是很难收集到的，只有通过特殊方式才能获得。收集各种档案信息的目的是丰富馆藏，强化信息化建设基础。如果这些具有特殊价值的档案不能进馆，这对丰富馆藏来说是一个不小的缺失。

近年来，云南大学档案馆把丰富馆藏、创新档案工作亮点作为一项重要工作来抓，制订计划、组织力量、采取措施收集“归档范围”以外的材料。一是把云大历史上 20 世纪五六十年代的老教授分批予以采访、摄像，收集

他们保管的实物档案，并分别制作录音、录像、光盘加以保存。二是结合教学特点，对现任教师的课堂教学分学院、分专业、分批进行课堂录像，保留精品课程录音、录像档案。三是拜访已故老教授、老领导的子女，收集他们留下的能反映云大历史的实物、资料，作为人物档案保存。2010 年就收到一批“计划外”的档案。如：原校办主任金宗佑同志的照片和笔记本；云大历史系原系主任赵瑞芳教授不但捐献了她自己的许多珍贵档案材料，还动员她丈夫戴永年先生（中国工程院院士）捐献出许多著作和珍贵照片；云南大学原校领导熊庆来、吴道源、王学仁等人物档案的档案材料。经过不断扩大收集范围、拓展收集渠道，今年进馆档案材料和以往同期相比明显增多了。这样做既丰富了馆藏，增加了档案信息量，又为档案信息化建设打下坚实的物质基础。

另外，云大档案馆通过各种方式将云南大学民国时期存储在南京二史馆、云南省档案馆的档案信息进行复制、拷贝，制作成光盘保存在学校档案馆，进一步方便了广大师生的查询利用。

## 四、档案信息资源共享是信息化建设的必由之路

档案是信息资源的一种，档案信息的有用性与可开发性决定了档案信息资源可以共享，但档案信息资源能否实现社会共享取决于社会环境、档案信息资源的社会认知程度与社会需求、档案管理水平等多方面的因素。高校许多部门管理的档案信息都有共同的、可共享的部分，如每年招收的博士研究生、硕士研究生、本（专）科生，到校以后涉及的教学、管理部门就有研究生院、教务处、学生处、财务处、各学院、团委、组织部、档案馆等部门，如果能将入校以后的学生信息共享，可以方便各部门对学生进行有效管理，比如，学生学籍变化情况、交费情况、入党（团）情况、是否毕业、是否取得学位等，不但能大大减少重复管理信息带来的人力、物力、财力等问题，而且，每个学生的信息有什么变化，其他单位也好根据相关规定作出相应的处理。当然，管理学生信息需要一个能整合各部门信息资源的管理软件，同时还需要各部门的领导统一思想、统筹兼顾、相互支持、密切配合，才能实现学生信息的资源共享。

高校与高校之间也可以共享档案信息，互通信息可以避免重复开发、重复研究。比如科学研究信息就可以实现目录级共享，当然共享科研信息要严格遵守《保密法》的有关规定，保守研究者的科研成果秘密，高校之间可以互相了解研究动态、研究结果，可以通过人力资源共享，搞合作开发研究科研项目，优化研究成果。

要实现档案信息资源共享，还必须确立资源优化理念、公共文化理念等

档案管理新理念。档案工作者应将档案资源建设纳入整个社会文化事业建设框架，从而在史料的组织、地方或部门史志的研究、特色展示、爱国爱乡爱岗教育、营造文化氛围等方面发挥积极的作用，充分展现档案资源开放共享的特征。

## 五、档案信息化建设必须重视人才培养

加大院校档案专业人才的培养。要实现档案管理信息化，档案专业人员不能停留在现有的管理水平上，培养和造就一支掌握档案管理专业知识和现代化科学技术，具有较高的政治素养、较强档案事业管理和档案保管利用能力的高素质的人才队伍，是适应高等院校档案现代化管理和信息化建设的需要。我们面临的是一个科技革命日新月异的新时代，档案工作的重点已转向档案信息深层次加工处理和信息处理的开发与研究，培养一支稳定的、专业的档案队伍刻不容缓，各级领导应高度重视。

## 六、最大化利用档案信息是档案信息化建设的目的

保管档案信息的目的就是要利用信息为各项工作服务，档案信息化建设搞得好，利用信息的效率就高，对各项工作促进大，反之则会影响相关工作的进程。档案信息化建设到什么程度为好呢？就笔者目前对全国高校了解的情况而言，认为南京大学档案馆、复旦大学档案馆档案信息化建设做得比较好。复旦大学档案馆从温湿度变化的智能控制到档案信息的利用已经实现了不进库房就可以操控；南京大学档案馆在对现任教师学术研究、科研成果方面早已实现了远程登录，每一位教师取得研究成果即使在国外也能远程登录，将研究成果发到档案管理数据库中，方便学校及时掌握各位教师的研究动向和取得的成果，方便学校对教师的考核、管理。云南大学档案馆在档案信息化建设方面也取得了一定的成绩，自使用文档一体化管理软件以来，实现了部分纸质档案数字化，已经数字化的档案信息利用可以不用入库房就可提供利用，非常方便，尚未数字化的档案信息也已经实现了目录的检索，利用起来也很快速。

**参考文献：**

［1］中华人民共和国教育部令．高等学校档案管理办法［Z］.2008－8－20.

［2］国家档案局中央档案馆．全国档案信息化建设实施纲要［Z］.2002－11－25.

# 高校档案信息化的实现探究

云南财经大学　王元亮*

**摘　要**：随着信息技术的迅速发展和高校数字化校园的建设，档案信息化势在必行。如何实现高校的档案信息化，本文作者在开展档案信息化实践的基础上总结提炼了五个方面的论点并逐一论述，分别为：实现档案信息化的关键是领导；规范档案基础以适应档案信息化的要求；选择适合自身的档案信息化管理系统软件；改变档案队伍结构不断提升素质；实现档案信息化的合理进程。总之，高校档案数字化是信息化时代对档案部门的挑战，档案的信息化给档案的收集、管理和利用带来了革命性的变化，大大提高了档案工作的质量和水平。

**关键词**：档案　信息化　实现

随着信息技术的迅速发展，高校的信息化、网络化应用越来越普及，许多高校还提出了构建数字化的校园，进一步加快了高校教学、科研和管理的信息化进程。在这一信息化进程的推动下，不仅为高校的档案信息化创造了条件，同时也使得高校的档案信息化势在必行。高校档案的信息化，将有着丰富的数字化资源、海量的存储、便捷的检索、快速的传输、高度的开放、信息的共享等优点。如何使高校的档案加速向信息化方面发展，建设一个准确、及时、安全的档案信息化系统，成为当前高校档案管理工作者需要认真思考和努力探索的问题。

## 一、实现档案信息化的关键是领导

要实现高校的档案信息化，档案部门的领导首先要提高对档案信息化的认识，要意识到信息化是档案发展的必然趋势，不是可抓可不抓的事，而是要高度重视，下定决心，主动地适应信息化的要求，把档案信息化的工作摆上重要的议事日程，并且持之以恒。其次是不仅要熟悉档案的手工业务，更

* 作者简介：王元亮，男，云南财经大学档案馆馆长，教授，硕士生导师，主要从事计算机应用和档案信息化管理研究。

主要的是要钻研档案电子化的知识，这样才谈得上领导档案信息化的工作。当然要具备既熟悉档案业务又精通计算机应用这样的领导人才并不多，但在档案部门的领导中配备一名精通计算机或信息管理的领导，与熟悉档案业务的领导相互配合开展档案信息化的工作，却是不难做到的。许多大学的实践证明，如果档案管理的主要领导中有精通计算机应用的领导，档案信息化的工作就上得快，开展得好，并且越做越有特色。否则就举步维艰，即便购买了档案管理的软件，也往往用不起来，好不容易用起来的，一碰到问题又搁浅了，勉强维持在一个较低的应用水平。

所以，要实现档案的信息化，领导是关键，领导的重视程度，领导对信息化的熟悉程度，决定了档案信息化的成败或应用水平，档案信息化的实施，可以说是一把手工程。

## 二、规范档案基础以适应档案信息化的要求

在实现档案信息化的进程中，既不要急于求成，也不能盲目蛮干，而是要制订切实可行的计划，按部就班地进行。在进行档案的电子归档、电子保管和电子利用之前，一定要做好电子档案的基础性工作。因为计算机系统在处理信息时，对数据的规范是有要求的。例如，计算机很讲究数字的位数和数字的第几位代表什么含义，甚至对全、半角的数字输入都有要求。所以要对手工处理的档案做一次全面的规范清理，尤其是对不同类别档案的卷号和件号的编排。2008 年 9 月 1 日，中华人民共和国教育部令第 27 号颁布实施的《高等学校档案管理办法》，为促进高校的档案信息化打下了非常好的基础，我们完全可以按照这个“办法”来规范手工和电子档案的各方面工作。按照规范的分类标准并结合自身的情况建立全宗，档案分类，并对优化后的馆藏档案目录进行编码。

还要明确电子文件归档的工作程序、内容和要求。电子文件的归档应按档案的工作程序和步骤进行。这样才能有效地保证电子文件的真实性、完整性，有利于对归档工作全过程的管理，有利于执行有关的规范和标准。一般情况下，电子文件归档应遵循如下程序：电子文件形成、鉴定审批、收集积累、编制目录、整理归档电子文件、确定电子文件档案属性、检测归档的电子文件、编制归档说明存入电脑、用移动硬盘或光盘复制备份。

## 三、选择适合自身的档案信息化管理系统软件

要开展档案信息化的工作，必须要有档案管理信息系统软件的平台支撑，因而选择适合自身的档案信息化软件至关重要。

目前基本上有三种选择：一是购买市场上成熟的商品化档案管理系统软

件，购买这样的软件要看其功能能否满足自身档案管理的需求，操作是否方便，安全保密程度是否符合档案规定，软件的开发使用是否使用了主流技术，硬件资源占用情况，该软件的用户面是否广泛等。例如，购买拥有几十所高校用户面的南大之星档案管理软件。这一选择的优点是，软件系统购买来，进行短期的培训即可投入应用；缺点是难以根据自己的业务流程进行大的程序改动，操作的界面也难以做大的改变。二是采用招标开发软件，请有实力的专业软件公司根据本校的档案管理需求进行档案管理系统开发。例如，整体实施数字化校园的学校可以这样实施。这一选择的优点是对自身档案业务流程的适应性好、针对性强，与其他系统的接口容易实现；缺点是开发周期长，开发和维护费用高。三是立足自身开发软件，如果档案部门自身的人才有实力或者本校的其他部门有实力开发软件，则可根据档案管理的功能按计划自主开发。例如，985的高校可以这样实施。这一选择的优点是档案管理系统的开发就出在自己手上，完全适应自身的业务要求，而且还可以根据业务的变化，定期地调整修改，增加或减少软件的功能模块，费用也降到最低，系统的维护也有保障；缺点是开发的工作量太大，不是一个人能够胜任的，需要有一个开发团队，对开发人员的要求也较高，既要能开发软件又要能尽快熟悉档案管理的业务，开发人员还要保持相对的稳定，否则系统难以长期维系。

不论采用上述哪种选择，都要注意两点，一是软件系统的开放性，也就是软件要留有开放的接口，能够与学校的其他应用软件系统对接，进行数据的传递。因为档案的电子归档不应该靠人工传递到档案部门后再输入计算机，而应该在网络上实现系统之间的直接传递。例如，无纸化办公系统的电子发文，就应该通过网络直接归档到档案部门档案系统的数据库中。二是软件系统的后续服务，档案管理系统是一个较庞大的系统，在使用的过程中不可能没有任何问题，碰到问题就需要及时解决。因此后续服务或者说售后服务的好坏是需要特别注重的。按照系统开发的观点来说，系统的后期维护费用要占很大比例，可见其重要性。

### 四、改变档案队伍结构不断提升素质

档案实现信息化管理，对档案部门的工作人员来说，要求不是降低，而是提高了。首先是工作量的增大，因为纸质档案在实现信息化后仍需保留，而且要与电子档案一一对应。实现档案电子化前的大量纸质档案的目录需要录入计算机系统，其内容也要扫描存入计算机系统，因而档案部门已不再是一个清闲的部门。其次是要能够熟练地掌握计算机操作，不再是简单的打打字，而是要能够操作处理一般的操作系统和软件系统常见的问题，因为档案

的信息化，是要靠档案部门大量的多媒体电子化的工作和档案管理系统的处理操作，才能带来网络上方便快捷的档案检索和利用，形象地说，是辛苦了档案人才幸福了用户。那种还停留在档案部门无所事事、无须进取观念上的人，必然不能再胜任档案的工作。再次是档案信息化后，档案的电子立卷归档、现代化的库房保管、计算机的检索查询、网络的利用统计、数字化的档案编研、档案部门硬件系统的搭建、软件系统的安装维护、档案部门网站的建设等，都离不开计算机的操作处理。因此高校要实现档案的信息化，则需要转变观念，重组档案队伍，一个档案部门至少应该配备三分之一以上比例的计算机和信息管理的人才，才能有效地开展档案信息化的工作。

因此，一方面现有的档案工作人员不仅要自觉地提高自己的业务素质和工作水平，使自己成为身兼多职、一专多能的员工，以适应档案信息化的工作要求。另一方面还要引进计算机系统开发或信息管理的人才，并置换既懂档案管理又热爱计算机应用的人员到档案部门，以改变档案队伍的结构。

### 五、实现档案信息化的合理进程

高校要实现档案信息化，其进程比较合理的是：第一，建立自己的档案部门网站，因为网站是档案部门宣传档案法规、查询信息、下载资源、发布信息、使用系统等的门户，一定要最先建立，这可以说是档案信息化的第一步。第二，构建档案部门网络并连接 Internet（如果档案密级需要，还应构建内网），启动“档案管理系统”的应用，链接系统到档案部门的主页栏目，设置档案管理系统中的档案全宗和档案分类目录，开通各立卷归档部门上交和查询电子档案的账户，如果开发了档案系统和其他系统的接口，例如，档案系统与办公自动化系统、档案系统与教务系统等，也要开通应用，以便按规定、按时地上交电子档案。第三，对进行了档案基础优化后的馆藏档案目录进行数字化录入，以便率先实现按目录检索，并根据检索结果到库房对应提取档案，如果库房开发了计算机管理系统，则无须再凭经验去库房查找档案。第四，选择利用率较高的档案，运用多媒体技术，进行全文的扫描，以形成 PDF 或 JPEG 文档，并将文字档案转换为 TXT 文档，前者是为了保留档案的原貌，后者是为了全文检索，同时对应目录存入档案管理系统，以便实现全文的检索和原始文件的对照查看。由于全文的扫描转换可能涉及几十年，甚至上百年的纸质档案，难以在短期内完成。所以，一定是首选对利用率最高的档案进行扫描转换，以此类推，逐步由利用率高向利用率低的档案扫描转换。这样做可以尽快向用户提供方便快速的网络查询利用，使用户感受到档案信息化带来的优越性，对于大批量的扫描工作可以承包给专业的扫描公司来完成。第五，根据学校信息化应用的进程，可以配合数字化校园的建设，围绕档案管理系统的应用，开发一些小的系统。例如，开发与学校新闻系统相连接的实时归档系统，开发3D校史展系统等，不断地推出具有本校特色的档案信息化项目，以提升档案信息化的应用水平。

总之，档案工作是一项艰苦的服务工作，也是一项行政管理的基础性工作，更是一项连接过去、现在和未来的重要工作。高校档案数字化是信息化时代对档案部门的挑战，档案的信息化虽不能取代传统纸质档案的管理方式，但是档案的信息化却给档案的收集、管理和利用带来了革命性的变化，大大提高了档案工作的质量和水平。这就是我们探讨实现高校档案信息化的本质所在。

# 高校档案数据仓库建设初探

云南大学　陶乔双*

**摘　要**：随着高校信息化建设的不断推进，学校各部门的业务管理信息化已经粗具规模，各种信息系统相继投入使用，但信息资源依然分散，学校内部形成多个信息孤岛，无法实现资源共享。档案数据仓库的建立刚好可以解决这一问题，它可以把高校内部各个信息系统产生的数据抽取、清理，进行集成与转换，并装载到数据仓库，进行数据分析，为高校的决策提供依据。

**关键词**：高校　档案　数据仓库

近几年来，随着高校办学规模的日益扩大，在校人数由原来的几千人扩大到几万人，教学资源日益短缺，教务、教学、学生、科研等管理工作难度加大，传统的教学管理已经无法满足当前学校的持续发展。随着现代化进程的不断推进，学校各部门的业务管理信息化已粗具规模，各种类型的信息管理系统在各部门都已经投入使用，如办公自动化系统、文档一体化系统、综合教务管理系统、研究生综合管理系统、仪器设备管理系统、房地产管理系统、学生费用管理系统、综合财务系统等，这些系统的开发和广泛应用大大提高了工作效率，减轻了管理者和教学工作者的劳动强度，高校信息化建设近年来取得了巨大的成就。但各类信息资源分散在学校各个不同的职能部门，各职能部门信息管理系统只为本部门服务，且只局限于本部门的查询等初级的应用，不能实现一些高级应用，如历年来招生数据分析、高校综合能力评价、教学资源利用的定量分析等，远远没有发挥数据库中数据的作用和价值，而辅助决策信息涉及许多部门的数据，不同系统的数据难以集成，这就使得学校的各级管理人员不能从大量的历史数据中获取各自所需的信息，及时进行分析，作出正确有效的判断和抉择，阻碍了高校信息化向深层次发展。如果有一个好的技术手段把所有的这些历史数据都能移交到档案馆，建

* 作者简介：陶乔双，女，云南大学档案馆馆员，主要研究方向：计算机与信息科学理论、方法。

立档案数据仓库，我们就可以通过提取相应的数据对学校各个方面的发展作出相应的分析，可以进一步优化高校管理，配置高校资源，为高校进一步发展提供决策依据。

分析高校自身特点，结合各部门的职能，设计高校数据仓库的体系结构、建立高校数字档案馆、建设高校数据仓库、进行数据挖掘已迫在眉睫。高校的各级管理人员迫切需要在管理过程中，能够高效快捷地查询到各个职能部门所需资料，并将自己的资源与其他部门共享，对不同层次的大量信息迅速作出判断与抉择，减少各类资源、师资、财力、时间的消耗，可以充分发挥学校的各类资源的整合利用，提升学校的管理与决策水平，促进学校信息化的发展，增强学校的竞争力。

## 一、国内外数据仓库研究现状

在国外，世界著名的数据库专家和斯坦福大学的教授等发表了一份权威性报告，讨论了数据仓库的问题，引起广泛的反响，很多公司推出了数据仓库产品。据调查，财富500强企业中已经有85%的企业建成或正在建立数据仓库。这就使得数据仓库与Internet一样，正在成为最快的IT增长点。

在数据仓库技术在国外炒得轰轰烈烈之时，国内也掀起了研究理论和实施应用的热潮。在我国，数据仓库市场起步较晚，主要由于当时我国的应用基础尚不完善及企业意识不足。

目前，数据仓库技术体系还没有成熟，没有像数据库技术那样成熟、易用，市场上的数据仓库产品都是基于一个通用的技术平台设计的，虽然能解决不同用户的分析需求，但没有将特殊领域的商业逻辑与数据仓库技术集成，因而分析效果不可能达到峰值，所以目前数据仓库技术的发展仍处于积累阶段。虽然数据仓库技术还需要不断完善，但是带来的巨大经济效益，使它的发展前景不可限量。数据仓库应用所能够带来的巨大效益也必将刺激中国数据仓库市场的发展，因此，今天研究数据仓库正当其时，中国数据仓库市场必将前景广阔，商机无限。

## 二、数据仓库的创建

数据仓库的建立是一个循序渐进的过程，通常从关系到学校全局的教务、财务、学生、科研、资产系统开始建立，然后根据各类职能部门分别建立各自的数据仓库，最后将所有数据集中到档案数据仓库系统中，或者各职能部门在移交各种具有价值的历史资料时，必须同时移交一份电子版数据，及时把收集到的数据集中到档案数据仓库系统中，随着系统的完善和对数据仓库的新需求的出现，数据仓库也将更加庞大、复杂、功能齐全。当新的主题出现时，可以围绕该主题先建立数据集市，再将数据集市集成到数据仓库中去。

当前，学校的管理系统大部分都是分散在各院、研究所、重点实验室及各职能部门的，是面向各个中心应用的，是按院、研究所、重点实验室及各职能部门应用的划分来组织和管理维护数据的；而数据仓库中的数据则是面向主题的，即数据是按其自然属性来进行组织的，主题是一个在较高层次将数据归类的标准，每个主题对应一个宏观分析的领域。高校的主题数据是在学校决策层次上和评估分析中对学校中的教学、科研、后勤、学生等宏观分析领域所涉及的分析对象进行完整、一致的描述。它综合、统一地刻画各个分析对象所涉及的各项数据以及数据之间的联系，完成数据从面向应用到面向主题的转换，应先抽取主题，然后确定每个主题应包含的数据内容。

数据仓库的创建主要是为将来的数据管理与分析作准备，在以后的各种各样的应用过程中，会对已经创建的数据仓库进行大量的历史数据分析，为进一步的决策提供依据。

## 三、数据仓库的发开过程

数据仓库的开发过程包括以下几个步骤：

### （一）数据仓库技术准备工作

进行系统设计前需要完成技术准备工作，包括：

（1）对数据仓库系统未来的数据量进行估算。

（2）根据系统的数据量选择合适的软件和硬件平台。

（3）熟悉软件系统、硬件系统的技术特长，并在后续的设计工作中运用这些技术特长。

### （二）数据仓库的模型设计

数据仓库模型设计就是根据目前业务系统具有的数据和可以捕获到的系统需求两个角度设计出数据仓库的信息存储结构，数据仓库模型的设计可以分为三个层面的设计：概念模型设计、逻辑模型设计和物理模型设计。

### （三）数据仓库的构建和 ETL

创建数据仓库最重要的一个步骤是将数据从各种操作型数据系统中抽取出来，排除数据中的数据缺陷，完成一系列转换、汇总，最后将数据加载到数据仓库。所要做的工作是接口编程，抽取规则设计，进行源数据的获取、清洗、整理及数据装入。

ETL（Extract Transform Load）即数据抽取、转换与加载。它是在数据仓库构建应用中发展出来的，能够按照统一的规则集成、提高数据的价值，是负责完成数据从数据源向目标数据仓库转化的过程，是实施数据仓库的重要步骤。它根据原数据库中的主题表定义、数据源定义、数据抽取规则定义对异地异构数据源进行清理、转换，对数据进行重新组织和加工，按系统所需要的数据格式与数据内容，按照时序节奏不断地自动加载到数据仓库的目标库中，更新数据。

这一步工作的成果是，数据已经装入到数据仓库中，可以在其上建立数据仓库的应用，即 OLAP 应用。

（1）设计数据转换接口将操作型环境下的数据装载进入数据仓库环境，需要在两个不同环境的记录系统之间建立一个接口。

（2）数据抽取。数据抽取是指从原文件或原数据库中获取数据，并经过集成、清洁、转换、优化后，将其加载到数据仓库的过程。它的目的是：清除原数据中大量重复和对统计分析无用的数据，保证数据的完整性，提高数据仓库中数据的质量；将数据按主题组织，提高数据仓库中数据的可用性。

（3）数据清理。数据清理是将数据源中数据经填补空缺值、平滑噪声、去除孤立点、纠正不一致的数据，而形成具有语法/语义正确的数据。

（4）数据集成与转换。数据集成是将多数据源的数据集中存放在数据存储体中。数据的集中存储会造成数据冗余，产生数据不一致。数据集成并非简单的数据合并，数据在集成过程中某些属性通常是经过数据转换而来的。

（5）数据优化。数据优化是数据转换的特例。在面向特定的主题组织数据时，采用数据优化方法可以缩小数据规模，不影响面向该主题的知识发现，提高数据挖掘的效率。

（6）数据加载。在这一步里所进行的就是运行接口程序和数据仓库抽取规则，将数据装入到数据仓库中。主要的工作是：

①确定数据装入的次序；

②装入初始数据；

③清除无效或错误数据；

④数据“老化”；

⑤数据粒度管理；

⑥数据的定期刷新。

#### （四）数据仓库的使用和维护

在这一步中所要做的工作有建立数据仓库应用系统，调整和完善数据仓库的应用系统，维护数据仓库。

（1）建立数据仓库应用系统。数据仓库中的数据必须通过与用户的交互，才能转化为面向最终用户、面向业务主题的可用信息，这就是建立数据仓库的最终目的。

(2) 维护数据仓库。创建数据仓库的目的是采集和组织历史数据并加以分析。为实现这一目的，当创建数据仓库时，初次加载已有的历史数据到数据仓库中，以后随着时间的推移，应该根据操作型数据库系统的数据变化，周期地改变数据仓库中的数据。

**参考文献：**

[1]（美）[W. H. 伊蒙] W. H. Inmon 著. 数据仓库 [M]. 王志海，林友芳，等译. 北京：机械工业出版社，2003.

[2] 池太崴编著. 数据仓库结构设计与实施：建造信息系统的金字塔 [M]. 北京：电子工业出版社，2005.

[3] 廖开际编著. 数据仓库与数据挖掘 [M]. 北京：北京大学出版社，2008.

[4] 何玉洁，张俊超编著. 数据仓库与 OLAP 实践教程 [M]. 北京：清华大学出版社，2008.

[5] 陈英英. 数据仓库技术及其在档案领域中的应用探讨 [J]. 科技档案，2008，(3).

[6] 钱毅. 数据仓库在档案信息管理中的应用 [J]. 北京档案，2006，(4).

# 档案信息资源开发

# 基于UML的高校数字档案馆系统建模

云南师范大学 张 姝 甘健侯*

**摘 要：**随着数字档案信息的不断增长，档案馆系统软件繁多、杂乱，这些都严重影响了系统整体水平的提高。系统开发的第一步是建立模型，目前UML是系统建模的事实工业标准。基于此，介绍了高校数字档案馆系统的主要模块及其功能，并使用UML对系统进行建模。

**关键词：**高校数字档案馆 UML2.0 系统建模

随着高校信息化、数字化、网络化建设工作的不断推进，建立数字档案馆系统以加快档案信息化建设的步伐和提高工作效率，成为当今高校的发展需求。目前，数字档案馆系统的现状是档案标准化、规范化滞后和应用软件多、乱，这些都严重影响了数字档案馆系统整体水平的提高。

数字档案馆系统开发的第一步是建立模型。使用模型可以提高开发者对整个系统的观察深度和控制复杂度的能力，给不同的开发阶段提供全局统一的视图和指导，提高系统质量、生产率和可靠性。统一建模语言UML（Unified Modeling Language）是一个通用的可视化建模语言，尤其适用于大型、复杂系统的建模。它的特点是直观，强调从整体上把握系统的结构和行为特征。因此，本文使用UML对高校数字档案馆系统进行建模。

## 一、高校数字档案馆系统概述

数字档案馆概念是在数字化社会的大环境下提出来的，是指在基于传统档案馆的基础上，利用现代化的计算机网络技术、多媒体技术和数据库技术等，对传统档案馆馆藏进行数字化，或者直接利用现代化手段生成数字档案。数字档案馆系统可以有效整合资源，实现档案资源共享，减轻了档案管理人员的工作强度，充分提高档案信息利用效率。

高校数字档案馆系统建设就是构建数字化的档案运行机制，建立数字化

---

* 作者简介：张姝，女，云南师范大学档案馆馆员，研究方向：档案自动化和软件工程。甘健侯，男，云南师范大学信息学院副教授，从事计算信息研究。

档案工作体系，它是借助各种现代高新技术，实现各种档案资源数字化存储、加工、流转、利用与控制的一个综合过程。

## 二、UML2.0 简介

UML 是一个通用的可视化建模语言，用于对软件系统进行描述、可视化处理、构造和建立软件系统的文档。UML 适用于各种软件开发方法、软件生命周期的各个阶段、各种应用领域以及各种开发工具，它是一种总结了以往建模技术的经验并吸收了当今优秀成果的标准建模方法。

UML 提供了多种可视化的建模元素来表示一个系统的不同侧面，最常使用的就是 UML 视图。UML2.0 是对 UML1.x 的改进和精化，在 UML2.0 中有 13 种视图，它们可以分为两类：一类是为系统静态结构建模的图，用于捕获物件以及物件之间的静态关系，包括类图、组成结构图、组件图、部署图、对象图和包图；另一类是为系统动态结构建模的图，用于捕获物件是如何交互以产生软件系统所需的行为，包括活动图、用例图、状态机图、顺序图、通信图、时序图和交互概况图。

## 三、数字档案馆系统建模

### （一）系统的功能模块

高校档案管理是一项重要的基础管理工作，涉及单位所有部门，每个部门均可能产生档案材料，档案日常工作主要包括收集、鉴定、整理、利用、编研、统计、销毁等。根据对数字档案馆系统的需求分析，系统由 6 个模块组成：

（1）系统登录模块：系统提示输入用户名和密码，用户输入名字和密码后提交给系统，系统判断输入信息是否正确来登录系统或提示信息错误。

（2）档案接收模块：在接收档案文件后，对接收的文件按照归档时间、归档部门、文件类别等进行分类，判断其是否需要整理。若不需要整理，则直接归档；若需要整理，则鉴定文件是否有保存价值，对有保存价值的文件进行归档。

（3）档案文件管理模块：对归档文件进行编目入库，判断其是否有相应的电子档案，将电子档案与相应的文件目录进行关联。

（4）文件销毁模块：对达到保存期限的档案进行整理，若还有保存价值，则标记回库；若无保存价值，则删除文件目录，同时销毁档案。

（5）查询统计模块：对文件目录进行查询、统计以及报表打印。

（6）档案借阅模块：借阅人申请借阅档案，若达到借阅条件，则管理人员给出借阅档案并进行登记。在借阅期限内，借阅人归还档案。系统对借阅档案信息进行超期检查，管理人员收回超期档案。

（二）基于 UML 的系统建模

根据数字档案馆系统中的各个模块所关注的侧重点不同，选择 UML 顺序图和通信图对各个模块进行建模。如果模块中的交互关注时间次序，则使用顺序图建模；如果其交互主要关注对象间的结构关系，则使用通信图。然后，使用交互概况图对数字档案馆系统进行整体建模。

在 6 个模块中，以档案接收模块为例，采用顺序图对档案接收模块进行建模，如图 1 所示；采用交互概况图对档案管理信息系统进行整体建模，如图 2 所示。

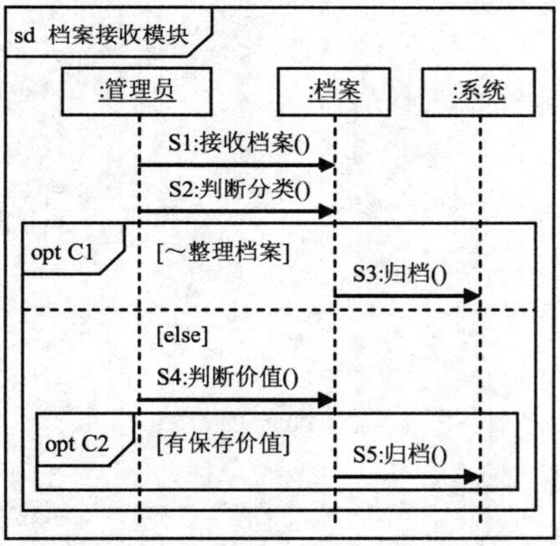


**图 1　档案接收模块的模型**

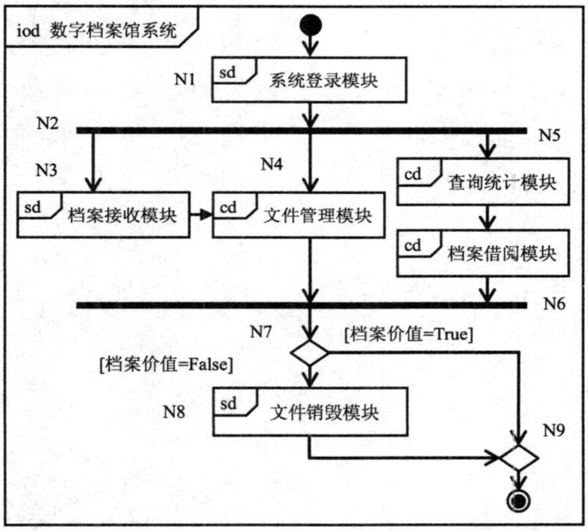


**图 2　数字档案馆系统模型**

## 四、结束语

本文提出了使用 UML2.0 对高校数字档案馆系统进行建模的实用方法。该方法保证了数字档案馆系统的可靠性和正确性，改变了传统烦琐的档案管理模式，增强了档案管理的科学性、规范性和易操作性，进一步提高了高校档案管理水平。

**参考文献：**

[1] 洪芙蓉．谈加强档案自动化系统建设［J］．兰台世界．2008，(10)：33～34.

[2] 杨力，姚乐野．基于知识管理的数字档案馆服务体系构建［J］．档案学通讯．2010，(1)：58～60.

[3] 李杨．高校档案资源信息化建设［J］．图书与档案．2010，

(7)：255.

［4］Russ Miles，Kim Hamilton. UML2.0 学习指南［M］．北京：清华大学出版社，2007.

［5］冉朝霞．档案管理软件的开发原则和系统设计［J］．档案管理．2008，3（172）：45～47.

# 西北五省省级档案馆网站发展现状分析

云南师范大学　蔡　青*

**摘　要**：在我国目前进行的档案信息化建设中，档案网站发展状况是档案信息化建设的重要标志。基于西部大开发的战略形势，西部地区的档案网站建设值得关注。于此，本文就西北五省省级档案馆建设现状进行探讨。

**关键词**：西北五省　档案网站　现状

1999 年 9 月 22 日，党的十五届四中全会郑重宣布“国家要实施西部大开发战略”。2000 年 3 月，九届人大三次会议将实施西部大开发战略明确写入《政府工作报告》，西部大开发正式启动。档案信息资源建设是信息资源开发的重要内容，西北地区档案信息资源建设状况及其发展对西北地区综合发展也具有重要意义。笔者就此进行探讨，以期对该地区档案网站发展有所借鉴。

## 一、西北地区档案网站发展的现状

西北地区包括我国的新疆、青海、甘肃、宁夏、陕西五省区，土地面积为309.3 万平方公里，占全国国土总面积的32.2%。2003 年西北地区共有人口 9 341.89 万人，占全国总人口的 7.24%；实现国内生产总值6 324.8亿元，占全国完成国内生产总值的 5.4%；城市人口 2 987.191 万人，城市化水平 33.32%。我国档案网站建设正处于发展阶段，总体来说，馆藏档案数字化公布数量十分有限，网站建设的技术人员和设备配备发展滞后，政策法规的指定尚不完善。就西部地区而言，加强档案网站建设具有十分重要的意义。

档案网站建设是档案信息化建设的重要标志之一，笔者对西北五省升级档案馆档案网站建设现状进行了调查（截至 2010 年 9 月 20 日，调查结果如下表所示），由此可见档案信息化发展状况之一斑。

---

* 作者简介：蔡青，女，云南师范大学档案馆助理馆员，研究方向：档案学基础理论研究。

**西北五省升级档案馆档案网站建设现状**

| 指标＼名称 | | | 甘肃档案信息网 | 陕西档案信息网 | 新疆档案信息网 | 宁夏档案信息网 | 青海档案信息网 |
|---|---|---|---|---|---|---|---|
| 管理指标规范性 | | | http://www.cngsda.net/ | http://daj.shaanxi.gov.cn/ | http://www.xjaa.gov.cn/ | http://www.nxda.gov.cn/index.do?method=welcome | http://www.qhda.gov.cn/ |
| 内容指标 | 完备性 | 馆藏 | 269个全宗，32.8万卷，资料3.7万册，共计36.5万卷（册）。 | 480个全宗，526 866卷，资料113 646册；分清朝、民国、革命历史、新中国成立后、名人档案及资料。 | 尚无统计数据公布 | 已公开现行文件3 509条，文件汇编1 499条，专题目录10 375条，开放档案10 374条，资料7 250条。 | 开放档案目录76 195条。 |
| 内容指标 | 完备性 | 地域特色 | “丝路风情”“老照片” | “三秦风采” | “西域风情”“新疆掌故” | “古今宁夏” | “珍贵档案” |
| 内容指标 | 完备性 | 教育功能 | “人事教育”，有视频展览。有视频展播（网络连接不佳）。 | “专题展览”，无视频展览。 | “老照片”展览，有视频展播。 | 网上展厅包括4个类别16个专题。有少量视频点播。 | 珍贵档案、档案图片、内容较少，配有图片和文字介绍。无视频点播。 |
| 内容指标 | 权威性 | | 甘肃省档案局正厅级单位，履行档案行政管理和档案保管利用两种职责。 | 陕西省档案馆为省委直属事业机构，履行档案的保管、利用职能。 | 自治区国家综合性档案馆，是新疆维吾尔自治区委员会、自治区人民政府直属的科学文化机构。 | 综合性国家一级档案馆。 | 中共青海省委、省政府直属事业机构。 |

续 表

| 指标 | 名称 | 甘肃档案信息网 | 陕西档案信息网 | 新疆档案信息网 | 宁夏档案信息网 | 青海档案信息网 |
|---|---|---|---|---|---|---|
| 技术指标 | 安全性 | 著作人权益保护未有涉及。 | 版权所有（陕西档案馆）著作人权益保护未有涉及。 | 著作人权益保护未有涉及。 | 版权所有宁夏回族自治区档案馆。 | 著作人权益保护未有涉及。 |
| | 查检性 | 多种检索项“档案查询”和“资料查询”。 | 现行文件查询和档案查询均未能连接服务器；综合档案查询尚在建设中。 | 档案查询只提供“关键词”检索，“档案检索”无法链接。 | 已公开现行文件、以开放馆藏档案提供目录信息；有一般检索和高级检索。 | 不提供网上检索。 |
| 效用指标 | 用户参与度 | 无 | “会员注册/登录”项；档案信息网“论坛”，用户参与度极低。 | 网上咨询 | 无 | “讨论”板块，无版主管理，用户参与度低。 |

## 二、西北地区档案网站建设状况分析

### （一）网站建设优势

西北地区的馆藏档案资源十分丰富，这些馆藏档案具有浓郁的地方区域特色，尤其是这些收藏的档案中反映了中国少数民族及边疆地区的发展沿革。

甘肃省档案馆馆藏历史档案中，最早的为康熙四十四年（1705 年）秦州地方官府的公文；最晚的是宣统三年（1911 年）的。绝大多数是晚清甘肃布政使司、按察使司、提学使司以及各府、州、厅、县形成的公务文书汇抄本，有少数是原件。陕西省档案馆的历史档案起于乾隆三十一年（1766 年），下至宣统三年（1911 年），历乾隆、嘉庆、道光、咸丰、同治、光绪、宣统七朝，还有部分洪宪时期档案，其中以同治、光绪两朝留存档案最为丰富。新疆、青海、宁夏的省级档案馆也藏有诸多珍贵历史档案，是中国古代西北民族发展融合的重要佐证。此外，这些馆藏的民国至今的档案数量和内容也十分完备，记载着中国近代西北地区经济、政治、文化、建设等方方面面发展的重要信息。这些档案记录可以为今天的社会主义建设决策提供借鉴和启发，是不可多得的珍贵资源。

（二）网站建设存在的问题

虽然保存着丰富的档案资源，但由于我国西北地区各方面的长期发展迟缓，在今天信息化的进程中档案网站建设依然存在诸多不足。从对西北地区省级档案网站的调查中主要有以下一些问题。

1. 信息公开度低，传播面狭窄，数字化的档案数量十分有限，科研成果不能得到有效传播

档案管理的水平在一定程度上需要从基本的实践活动中取得理论的提升，以指导实践，进而发现问题再得到发展。我国目前有不少档案学的刊物，虽然质量上参差不齐，但终究是档案学发展的重要平台之一，各省也有自己的档案学刊物。很多这样的刊物对许多重要信息未能充分发布以供社会利用。无论是档案馆和社会，抑或是档案馆工作人员之间的专业交流非常缺乏。

2. 网站域名设置未规范化

档案网站的域名设立缺乏规范性的要求。档案信息的公布因为涉及国家和地区的安全性所以一直未有广泛传播。在我国的档案网站首先应当申请CN 域名，它是一种显著的标志，体现我们自身的价值和定位。档案网站域名更应该具有中国特色的本土化，适用于中国法律，可以在发生纠纷时全面保障用户利益。此外，最重要的就是，从国家安全的角度来考虑应该规范。未来一旦发生了特殊事件，国外域名公司不再为我国用户提供域名解析服务，那么所有我国企业和个人注册的国外域名将得不到解析，无法被访问。而CN 域名则可以通过采取一定措施保证在国内仍然可以畅行无阻。

3. 版权问题未规范化

部分网站提供了用户注册和发表帖子的方式，但是并无明文规定这些基于用户发帖和捐献档案的用户的产权和使用权问题的保护。由于这些权益未得到保障，也使得很多用户在使用和协作方面有所顾忌。

## 三、加快西北地区档案网站建设的对策

（一）开发“电子教室”，全方位提高社会档案意识

目前，社会上很多人员包括学生、教师、职员以及诸多对某方面内容感兴趣的社会人士，对档案所涵盖的内容十分感兴趣，却苦于没有途径获取。档案馆的闭塞利用，使得非本地区的人员不能有效地利用档案，远程用户的

需求意愿更是难以实现。我们在网站可开发“电子教室”，通过网络调研用户兴趣所向，开发富有主题和区域色彩的档案片段和图文展示，还可以与学校，尤其是中小学教育挂钩，一方面扩展学生的视野，另一方面充分利用档案信息，从“娃娃抓起”树立积极的档案意识，是低能高效开发档案意识的重要手段。

（二）加强政务公开力度，提高政务透明度

西北地区省级档案馆的档案在政务公开方面力度不够，很多反映社会发展现状和国家制定的社会发展规划和政策应该是社会人员周知的，可是在这方面，公开的数量十分有限且时间滞后。及时公开这些档案信息，是转变政府职能，提升政务透明度的重要途径。

（三）提供多元检索和个性化的档案信息服务

要使得档案网站为更多用户关注，我们必须以一种积极的心态，“提供一种引导性的需求服务”，根据用户的不同需求，动态地改变所提供的档案信息。比如，对本地用户，应重点考虑用户层次、职业和习惯方面的特殊性；对于远程用户，则应侧重于网络数字化信息的便捷性、内容的丰富性以及信息交互过程中的安全性等因素。

（四）保护利用者隐私权和对档案版权问题进行规范化管理

美国国家档案与文件管理局早在20世纪就“对于姓名、IP地址、电子邮件地址、通信地址、电话号码、私有财产状况等个人资料予以保护，另外对自己之事不被他人干涉的隐私、对要求不被他人监视的隐私也予以保护”，而版权方面也有相应的规定，“用户有义务识别版权作者并在利用这些文件之前，无论如何要先获取版权作者的许可”，“网站也为这些文件提供来源和准许合同列表”。在英国也有类似的隐私和版权保护。在我国档案网站建设中这些方面尚未得到重视，加强被利用者隐私权和著作者著作权的保护是档案信息法制化工作的重要渠道，也是西部大开发建设能够顺利进行的积极手段。

西北五省省级档案网站有良好的馆藏基础，但由于建设的起步晚，人力、物力、财力不足，发展的步伐比较迟缓，其中存在的问题也是今后建设中需要注意和值得改进的方向。笔者就此发表一些浅见，以期能有所借鉴。

**参考文献：**

[1] 杨公之．档案信息化建设事务［M］．北京：中国档案出版社，2003.

[2] 张淑霞．档案网站定位及功能研究［J］．档案学通讯，2002，

(2).

[3] 颜海. 档案网站评价指标体系研究 [J]. 档案管理，2003，(1).

[4] 姜宝欣. 档案馆网站建设中的个性化服务 [J]. 兰台世界（工作版），2007，(6).

[5] 王利伟. 建立西部大开发档案网站初探 [J]. 档案天地，2001，(4).

[6] 阎婷婷编译. 英美国家档案网站对隐私权和著作权的保护 [J]. 浙江档案，2005，(11).

[7] 李影. 中国档案网站名称、域名分析 [J]. 兰台世界，2006，(9).

[8] 田广星，李鸣骥. 对西北地区城镇发展的路径选择 [J]. 中国国情国力，2004，(8).

[9] 姜宝欣. 档案馆网站建设中的个性化服务 [J]. 兰台世界（工作版），2007，(6).

[10] 阎婷婷编译. 英美国家档案网站对隐私权和著作权的保护 [J]. 浙江档案，2005，(11).

# 基于社会共享的高校档案信息服务模式探析

曲靖师范学院　杨　敏　吕庆江*

**摘　要**：实现档案信息资源共享，最大限度地开发和利用学校档案信息资源，是新时期高校档案工作发展的必然要求，也是高校档案信息服务要努力实现的目标之一。通过建立高校信息服务中心和高校档案信息集成系统，构建基于社会共享的高校档案信息服务新模式，以适应现代社会信息需求发展。

**关键词**：档案信息服务模式　社会共享　高校档案管理

高校档案管理工作是整个国家档案事业的重要组成部分，高校档案管理工作的目的就是开发档案信息资源，提供档案材料，为高校的教学、科研和党政管理等工作服务，为社会公众提供利用服务。在高校档案管理工作诸环节中服务是高校档案管理工作的灵魂，也是档案工作的根本途径。高校档案贮存的信息资源，只有通过利用，使高校档案实现社会共享，才能使档案与学校各部门的活动有机地联系起来，使高校与社会及社会公众实现对接，使高校档案原有价值由静态转入动态，也才能真正实现其应用的价值。

## 一、档案信息资源共享的理念

信息资源共享是人类长期以来的一个美好愿望，在信息社会，档案信息资源共享是档案事业适应社会发展要求的必然趋势，也是促进档案信息资源开发利用的自身需要。

范宗斌在《档案信息资源共享的几点思考》一文中指出：档案信息资源共享是指在有效整合馆（室）藏档案信息的基础上，运用网络技术传递档案信息，同时加强科学管理及统筹规划，实现档案信息的社会充分共享。它主要有以下几层含义：第一，有效整合馆（室）藏档案信息是档案信息资源共享的前提。第二，通过网络传输档案信息是档案信息资源共享的最佳途径。

* 作者简介：杨敏，曲靖师范学院档案馆馆员，主要从事档案管理与信息资源开发利用研究。吕庆江，曲靖师范学院档案馆馆长，副教授，主要从事高校档案管理。

第三，科学管理与统筹规划是实现档案信息资源共享的重要保障。第四，档案信息资源共享的最终目标是实现档案信息的社会充分共享。

档案信息资源共享是档案馆在信息时代满足利用者需求、体现档案馆“档案信息服务于社会”这一理念的必由之路，并且信息技术的迅猛发展为真正实现资源共享提供了条件。面对众多的档案利用需求，档案信息资源开发与利用显得更加的迫切，抓紧时间调整工作思路，抛开传统的档案管理模式，将档案工作各项环节调整到适应社会信息化的发展、社会公众实现信息知情权道路上来。

那么如何使高校档案信息资源实现社会共享，达到高校档案工作效益的最大化呢？本文试图构建基于社会共享的高校档案信息服务模式，它主要包括三个层次：一是以本校档案馆为中心，联合学校图书、情报部门，建立信息服务中心；二是以本校档案馆为基础，联合其他高校档案馆，建立档案信息资源集成化管理系统；三是建立档案信息资源提供利用与建设的双循环的反馈系统，实现高校档案信息资源的社会共享。

## 二、联合图书情报建立信息服务中心

高校图书馆和档案馆作为高校内部重要的信息机构，虽然管理信息的形式、内容有异（档案馆提供的信息以纵向的原始信息为主，图书馆提供的信息以横向的再生信息为主），但它们的最终目的都是为了开发、利用信息，实现信息的价值。为此，双方都投入了大量的时间、精力，也取得了一定的成效。但是，由于在管理体制上档案馆和图书馆分别属于不同的系统，相互间缺少横向交流，因而形成了在信息服务中各自为政，各行其是，致使馆藏内容交叉，库存庞大，而且重复劳动现象时有发生，浪费人力、物力、财力。这种现象的存在，造成用户与信息之间的距离拉大：一方面同一内容的科研、生产、建设信息分藏于档案、图书、情报和资料中，另一方面用户对所需信息在数量、内容、形式、系统性、检索速度等方面都提出了更高的要求，图书馆、档案馆单一的信息服务模式愈来愈难以满足利用者对信息的全面需求。信息用户迫切需要信息部门提供全程性、全方位的知识信息保障，迫切需要信息部门开拓综合性强的，能够满足他们多方面、系统化信息需求的综合化知识信息服务体系。

高校信息服务要跟上改革的步伐，主动适应社会化服务的要求，就必须对信息服务战略进行重大调整，改变过去陈旧的服务方式，大胆破除一系列陈旧的管理制度，推行信息服务力量的大重组，集成双方的优势，组建信息服务中心，建立图书、情报、档案一体化的信息服务新模式。

建立高校信息服务中心，是当前高校信息服务机构开展横向联合、进行合作共建的一种为实践所证明科学有效的形式。高校信息服务中心不是一个行政机构，而是一个从事信息资源的开发、利用、提供信息服务的工作机构。通过这种组织形式实现两个转变：一是通过它实现图书、情报、档案信息资源共享，实现信息联网交流，改变过去分散的、小规模的信息处理和信息服务方式。二是通过它实现双方业务骨干的集成，联合进行信息资源的开发、利用，开辟一个联合的信息服务窗口，改变过去单一低效的信息服务模式。

信息网络为我国各大专院校、情报单位及图书档案文献中心打破自我封闭、开展馆际交流与协作提供了有利条件。高校档案部门在档案信息资源开发利用和建设中，应该加强与图书、情报部门的信息服务合作与联合，发挥图书档案界的整体优势，走“分散建库、集中联库、分散服务、资源共享”的联合建库道路，按照互惠互利原则，充分发挥资源效益，最终实现信息的一体化管理，达到档案信息资源的社会化共享。

## 三、联合各高校构建档案信息集成系统

### （一）现实状况

为了进一步推动教育事业的发展，各个高等院校已经开展或正在开展自己的信息化建设，并取得了很大的发展，但在许多方面还需要改进。第一，由于对档案工作重视不够，高校档案信息的采集面窄、信息不完整的种种缺陷，致使各校建立的数据库规模小，标准化程度低，类型单一，且大多为条目数据库，缺少全文数据库和多媒体数据库，无法满足用户的多种需求，无法实现实质性的资源共享。第二，网络建设参差不齐，标准化水平低。由于缺乏统一要求和有效的组织协调，各个档案馆根据自己的经济实力和技术条件选择硬件设备，机型五花八门，水平参差不齐。目前研制出的不少档案管理系统应用软件都没有遵循国际标准，功能单一、标准化水平低，数据不完整，致使大多数档案馆无主题标引，共享性差。而国家至今没有统一的发展规划和标准，各馆的发展存在着很大盲目性，势必给档案网络化建设和资源共享造成隐患。第三，网络封闭，资源共享性差。由于受高校管理体制和运行机制的影响，不同的高校隶属不同的行政主管部门，这种分散领导的管理体制，无形中使各高校档案馆形成了条块分割、自成系统、各自为政的局面，缺乏馆际交流合作的行动。而国家目前尚没有一个统一的组织机构来规划协调档案馆网络化建设和资源共享工作。大多数档案馆仍然是采取封闭式的办馆方式，不能充分发挥档案网络优势，信息共享程度差，失去了档案网络沟通高校与社会的信息平台作用，档案网络化建设的效能也大打折扣。

以上这些问题的存在，成为高等教育信息化建设及高校档案事业进一步

发展的巨大障碍。在此背景下，联合各高校构建档案信息集成系统，实现档案信息资源的整合、加工和综合利用，促进高等教育信息资源的充分共享，无疑具有十分重要的意义。

（二）集成的含义

集成是一种全新的理念与方法，其核心是强调运用集成的思想和理念指导管理实践。而集成的本质是要素的整合和优势互补。所谓集成，就是将工作中各阶段、各层次相关联的资源和内容组织协调起来，按照要素之间功能互补匹配的规则构建成一个有机的系统，从而实现信息流和业务流的不间断连续运行，更大程度地提升集成体的整体性能，适应环境的变化，更加有效地实现特定的功能和目标的过程。集成理论的精髓就是优势互补、整体优化、动态开放、过程管理及创造性融合。从根本上讲，集成的最大价值在于能够形成一个互相融合的整体和功能最强、效果最优的系统。对于联合各高校构建档案信息集成系统来说，就是将集成的思想、理念和原则创造性地用于各个高校档案管理工作的实践活动中，实现档案工作中诸多要素的全方位优化，促进各项要素、功能和优势之间的互补与匹配，从而促进整个档案信息化工作效率和效果的提高。

（三）集成系统的建设

高校档案信息集成系统的建设，应以档案信息资源门户网站为中心，多方联合协作进行，最终形成以国家档案局、教育部为网络中心，以省级档案局、教育厅为节点，以各大学档案馆（室）为网点，以众多院（系）档案室为网员的网际，构成优势互补的高校集成管理系统，实现档案信息资源的充分共享。

首先，各地区、各高校的档案部门进行自身的档案信息资源组织，建立档案信息资源数据库，实现校际间的档案信息集成。通过集成建立集约化的、丰富的、系统的档案信息资源库，为档案信息资源的共享利用提供物质基础。在研究和制定数据共享规范的基础上，对来自各个高校的档案信息资源进行深入的整合，建立统一的、不同主题的教育信息数据仓库，如教学数据库、科研数据库等。对于各个高校优秀的教育资源，如教学课件、教学案例、教学素材，将统一整合到集成平台的数据仓库中，实现优秀档案资源在高校间的充分交流和共享。

其次，通过行业纵向联合，以中心档案馆为基点，集成各高校的档案信息资源数据库，建立高校档案馆的行业档案信息资源数据库，对现有档案信息资源进行有效整合。这些档案信息资源数据库是相对独立的，纵向上通过网络相连，形成一个联合体，组成分布式的高校档案信息资源总和。

最后，与网络相连，在多方协作的基础上建立地区性或全国性的高校档案信息资源门户网站，并利用该网络进行档案信息发布，实现高校档案信息资源在整个地区及网络上的共享和利用，为广大用户提供信息服务。

## 四、构建高校档案信息资源共享服务模式

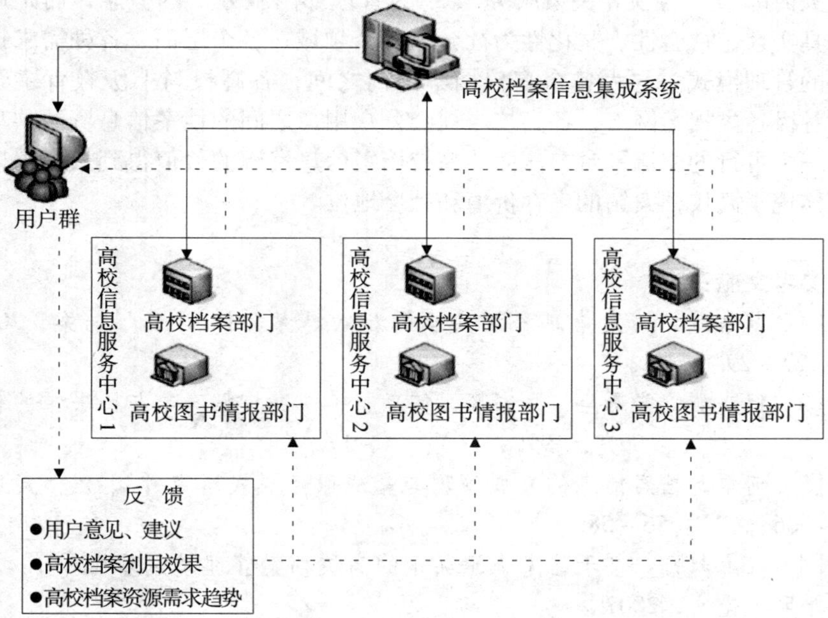


**图1　高校档案信息资源共享服务模式**

在图1中，档案信息的反馈是指经过档案信息资源中心输出的档案信息经与外部环境（社会公众利用档案信息资源的过程）作用后，其输出效果（包括用户要求、意见、评价及效益等）向档案管理及开发利用各项具体工作中的反馈，靠反馈信息与最初的给定信息进行分析比较，找出其中的差距，并由此引起各项工作内容的调整以使其更接近服务目标的过程。反馈包括：用户的意见或建议，高校档案利用效果，高校档案资源利用需求的趋势。由此，构成了高校档案信息流动中循环的信息链。

如此形成的档案信息资源提供利用与建设的双循环反馈系统，可以促进高校档案服务工作的改善和调节内部关系从而适应外部环境，以便最大限度地发挥档案信息开发工作的服务能力为学校和社会服务。它如同是整个高校档案信息系统的一条生命线贯穿其中，使档案利用服务从静态分析转入动态

分析，从局部分析转入全面分析，真正把用户和社会的需求当做工作的重点，高校档案信息服务工作因之而充满活力并处于良性循环的发展状态。

构建基于社会共享的高校档案信息服务模式（如图1所示），纵横交错的档案信息链共同构成了高校档案信息资源共享网络，使高校档案信息资源的价值得以充分实现，避免了资源浪费。这种新的服务模式，不是原有局限在机关内部的“为领导决策服务”、“为管理部门服务”的概念，而是以档案的真实性、社会性、文化性为社会的各个领域、各个层面、各种需求提供服务的管理模式。它为各个高校档案部门之间，各高校与上级教育主管部门、各级各类档案网络，各高校与社会公众用户之间的档案信息资源共享提供了一个可行的交流平台，从而使高校档案信息资源的价值得到最大限度发挥，体现了高校档案馆的生存价值和社会地位。

**参考文献：**

[1] 范宗斌．档案信息资源共享的几点思考［J］．贵州档案，2003，(2)：27~29.

[2] 纪晓群，张厚生，夏家怀．信息服务中高校档案馆与图书馆的合作共建［J］．档案学研究，1999，(4)：14~17.

[3] 何军．档案信息的集成管理与集成服务模式研究［J］．档案学通讯，2006，(2)：56~58.

[4]［5］赵丹．基于信息资源共享的高校档案管理模式重构［D］．吉林大学硕士论文，2007.

# 论档案管理信息化与决策支持系统建设

昆明医学院　吴　娜*

**摘　要：** 信息化现已成为时代发展首要的、不可或缺的一部分，档案管理作为信息资源管理的重要渠道，应该紧跟时代步伐，加快信息化发展。档案信息化有利于决策支持系统的建设，帮助决策者提高决策水平和质量，也是提高档案管理工作和档案服务水平的必由之路。

**关键词：** 档案管理　信息化　决策支持

档案工作从狭义上讲，就是档案业务工作，它是档案管理部门围绕档案所进行的一系列业务工作，是利用科学的原则和方法管理档案，为社会各项事业服务的工作。档案管理信息化是档案管理工作适应时代和社会发展，提高档案管理工作和档案服务水平的必由之路。决策支持系统是在传统的 MIS 基础上发展起来的，帮助决策者提高决策水平和质量的先进信息管理系统。档案管理信息化可以有效地促进决策支持系统的建设，更好地发挥档案信息的作用。

## 一、档案管理信息化

所谓档案信息化，就是在档案管理活动中全面应用现代信息技术，对档案信息资源进行处置、管理和为社会提供服务，加速实现档案管理现代化的进程。换句话说，档案信息化是指档案管理模式从以档案实体为重心向以档案信息为重心转变的过程。这是一个长期的发展过程，在这一过程中，要不断地采用现代信息技术装备档案部门，从而极大地提高档案管理和利用的现代化水平。

人类社会发展的历史进程中，档案是社会各项事业开展的基础，是一种重要的信息资源。特别是随着信息时代的到来，档案信息资源就显得更为重要，它是国民经济和社会发展的战略资源之一，具有不可替代的作用。加强档案管理信息化就是要充分展示档案的价值，实现档案信息资源的共享，提

* 作者简介：吴娜，女，昆明医学院档案科馆员，长期从事档案工作。

高档案信息利用服务水平，使档案的社会效益和经济效益得以充分发挥。在新时代的政务信息化中，随着大量电子文件的产生以及政府决策、管理科学化的需要，档案信息化已成为不可或缺的重要支撑。当今世界信息技术作为新兴的社会生产力，代表着生产力的发展方向和社会进步的必然趋势，是最活跃的生产力，加强档案信息化进程是时代赋予我们的任务。

## 二、决策支持系统

决策支持系统（Decision Support Systems）的概念最先是由美国 MIT 的高瑞（GORRY）和莫顿（MORTON）针对传统的 MIS 提出的，他们认为 DSS 是支持决策者对半结构问题进行决策的系统，后来，莫顿等人又提出了更具体的看法，强调 DSS 是支持而不是代替管理者进行决策，是改善决策的效益而不是效率。

决策支持系统是辅助决策者通过数据、模型和知识，以人机交互方式进行半结构化或非结构化决策的计算机应用系统。它是管理信息系统向更高一级发展而产生的先进信息管理系统。它为决策者提供分析问题、建立模型、模拟决策过程和方案的环境，调用各种信息资源和分析工具，帮助决策者提高决策水平和质量。

一般来讲决策支持系统是以管理科学、计算机科学、行为控制论为基础，以计算机技术、人工智能技术、经济数学方法和信息技术为手段，主要面对半结构化的决策问题，支持中高级决策者的决策活动的一种人机交互系统。它能为决策者迅速而准确地提供决策需要的数据、信息和背景材料，帮助决策者明确目标，建立和修改模型，提供备选方案，评价和优选各种方案，通过人机对话进行分析、比较和判断，为正确决策提供有力支持。

## 三、档案管理信息化与决策支持系统的关系

### （一）档案管理信息化为决策支持系统提供基础的信息和数据，有效地促进了决策支持系统的建设

档案信息是决策支持系统的基本信息，档案管理作为信息资源管理的重要渠道，档案部门作为信息的最大拥有者，蕴藏着丰富的信息资源，为决策支持系统提供了信息和数据基础，有助于决策支持系统的建设，帮助决策者提高决策水平和质量。

### （二）决策支持是档案管理信息化的重要目的

如今，档案管理工作不单纯的只是对档案的收集、整理和保管，更多的是对档案信息资源的开发和利用。通过对档案中记载和积累的经验和知识的

挖掘，从中得到有利于发展和决策的信息，使档案信息的价值得以充分的体现，这才是档案的功能所在。

（三）决策支持系统的建设可以促进人们重新思考档案管理信息化

档案管理应该从表面上的档案实体的保存和管理转移到关注对档案所存储的信息、所蕴涵的知识的管理。档案收集过程等同于信息知识的积累过程。要重视档案管理信息化建设，科学合理地开展和推进档案管理信息化建设。

（四）决策支持可以促进人们重新考察档案管理信息化的技术方法

新时期的档案管理工作要与时俱进，普及先进的信息技术来替代传统的手工操作。从知识管理的角度审视档案管理信息化工作，清楚地认识到档案管理工作的本质是信息资源的管理，从信息中提炼知识。

档案管理信息化与决策支持系统的建设是相辅相成，互相促进的。要加强和规范档案管理信息化建设，充分发挥档案信息的功能和利用价值，帮助决策者提高决策水平和质量，提高档案管理工作和档案服务水平。

# 如何构建学校数字化档案馆

昆明理工大学　曹　红
德宏师范高等专科学校　蔺　青*

**摘　要：**建设数字档案馆是知识经济和信息时代发展的需要，是加快国家信息化步伐的需要，也是我国档案事业发展的需要。组建单位内部局域网，建立档案信息网站，实现档案信息资源的网络化，使馆藏以数字化形式充分融入现代化世界，最终实现数字化档案馆是社会对档案事业发展的必然要求，也是我们的最终目的。

**关键词：**构建　数字化　档案馆

档案信息化建设是档案事业适应社会发展的必然趋势，是创新档案服务机制、全面提高档案工作为社会服务的必要手段。随着“政府上网工程”和“全国档案信息化建设”的全面实施，档案信息化建设已成为各级党政机关、社会团体电子政务建设的组成部分。组建单位内部局域网，建立档案信息网站，实现档案信息资源的网络化，使馆藏以数字化形式充分融入现代化世界，最终实现数字化档案馆是社会对档案事业发展的必然要求。

国家档案局发布的《全国档案信息化建设实施纲要》提出：“到‘十五’末，各省、自治区、直辖市档案部门要努力建设并投入使用一批内部局域网，基本实现档案管理现代化和办公自动化；依托当地电子政务建设工程，建立为各级党政机关服务的档案目录信息中心，为逐步构建中国档案文献数据库创造条件；依托公众信息网，建立面向社会、服务公众的档案网站，逐步构建全国档案工作信息网”；“有条件的省级档案馆全部馆藏档案案卷级目录都要实现机检，重要档案全宗逐步实现文件级目录检索”，并在十四个省级档案馆“开展数字化工作试点，实现馆藏重要全宗纸质档案及照片、录像档案的数字化”。在这一精神指导下，各地都在加快档案信息化建设的进程。

我校也根据自己的实际情况制定了《昆明理工大学档案馆信息化建设发

---

* 作者简介：曹红，女，昆明理工大学档案馆副研究馆员，从事档案管理工作。蔺青，女，德宏师范高等专科学校档案室馆员，从事档案管理工作。

展规划与实施纲要》，根据这一《规划与纲要》中所提出的推进档案信息化的目标——“本着适用可靠、适当超前、统一标准、分步实施、安全保密的原则，以数字化档案馆建设为前导、以分布式工作站建设为基础，通过文档一体化、归档双轨制（实体与电子两种形式）、信息安全、信息共享等形式加快档案信息化基础设施建设”，特构建加快昆明理工大学“数字化档案馆”的建设目标、方案与管理措施。

## 一、建立数字化档案馆的建设目标

加快开发档案信息资源，建设以数字信息化、网络化和信息共享的数字档案馆。

（1）加快基础信息数据库建设，充实内容，使档案信息资源满足学校，乃至整个社会的需要。

（2）开发和引进先进的档案管理模式，并结合学校的发展和学校档案管理的需要，不断探索、不断完善。

（3）建立学校档案信息共享的安全保密机制。

## 二、建设数字化档案馆应体现以下特征

### （一）馆藏档案信息全文数字化

馆藏档案数字化应该是目录检索数字化与档案全文数字化之和，全文数字化对用户才具有直接利用价值，无全文档案数字资源库，数字档案馆的建设将毫无意义。

### （二）档案管理自动化

办公自动化是档案馆工作现代化的重要标志和核心内容。可通过建立健全馆内计算机局域网，实现馆内档案管理自动化、网络化，提高档案馆的办公效率、工作质量和实现馆内信息资源共享。

### （三）档案信息海量化

使用光盘系统，对馆藏珍贵档案资料和录像、录音、照片档案进行全文存储和检索。由于计算机光盘存储的密度高、容量大、信息输入简单，便于计算机联机处理，可以实现多途径查询、检索，能迅速获得所需结果，因此对于一部分利用频繁的档案，使用光盘技术全文存储和检索，将大大提高查档接待的服务质量，提高服务水平。

### （四）档案信息传递网络化

由于数字档案馆保存的信息是数字式信息，在传递的过程中可以同时进

行多向传递，形成传递网络，而且通过因特网可以很方便地进行远程传递，不受时空限制，提高了信息利用率。

（五）档案信息社会化（社会共享）

由于信息源的连接和自身数据库的扩大，每一个数字档案馆都成为一个开放信息中心，能够提供分散于不同地区的信息资源。数字档案馆所保存的档案信息可以不再局限于本地，而是可以超越地域局限，实现真正的信息共享。未来的数字档案馆不需要像今天的档案馆一样，按地域设立数量繁多的档案馆机构，而是按照档案信息的内容属性或较大的区域概念，建立与今天相比并不太多的数字档案馆即可满足人们的需要；此外，任意一个数字档案馆通过与其他数字档案馆的连接，成为整个数字档案馆网络的一个组成部分，在任何地方都可以利用整个数字档案馆网络的信息资源。

## 三、建设数字档案馆所需要的技术手段

（一）基础技术（公共技术）

（1）计算机应用技术；（2）网络应用技术；（3）数据库技术；（4）多媒体技术；（5）海量存储技术；（6）自动化控制技术。

（二）专用技术

（1）数据安全技术；（2）网络安全技术；（3）网络构建技术及标准化参数。

在专用技术上，要求针对数字档案形成过程的每一个环节，建立一套科学、合理、严谨的管理制度、管理标准、规范文件。在防护技术上，配置防病毒卡和查杀系统，且不断升级；设置密码、密钥、防火墙、身份验证、防写保护等措施。

（三）纸质、照片、底片、图纸等档案资料的数字化技术

利用图像技术输入设备——高速扫描仪、数码相机、数码摄像机等，以数字图像形式，将档案信息存储到数据存储服务器中。

（四）录音（音频）档案数字化技术

它是将录音档案的声音信号用“0”、“1”来表示的过程，主要的设备有播放设备、存储设备、装有声卡的计算机，此外，还需有相应的软件。

（五）录像档案的数字化技术

录像档案是一种视频信息，其数字化包含两方面的内容：（1）模拟视频是一种视频信号，通过专门的视频采集设备使之数字化，并加工成数字视频档案；（2）通过数码摄像机拍摄下的录像本身就是数字视频，输入计算机后

不会有视频质量减弱的问题，直接通过视频编辑软件加工成数字化视频档案。

（六）实现档案资源共享（社会化）的相关技术

以数字档案馆为标准的档案信息化，其最主要的目的和功能就是要达到档案信息资源的社会利用（社会共享），因而只有为社会用户随时提供便捷、灵活、有效的档案信息服务，才能达到此目的。

要使档案信息资源社会共享，只有在网络运行环境中才能实现。而在网络环境中，以数字化为中心，同时要注重社会用户的身份确认和档案数据授权使用两方面的重要工作。

在整个数字档案馆的建设中，要始终把档案信息管理、档案信息的社会共享、档案信息资源的安全防护作为三条重要经线贯彻其中，缺一不可。

## 四、建设数字档案馆所需建立的管理软件系统

（一）网络版的档案管理软件

构建系统网络环境，建立馆内局域网，并与校园网连接，充分保证校内各利用者能快速查询馆藏档案信息的要求，以及保证档案馆归档数据信息的有效传递。

（二）数字档案信息采集软件

涉及如下项目或内容：电子目录数据、档案全文、照片档案、声像档案、多媒体信息等。这是不断丰富和完善馆藏的最广阔的渠道和来源，只有不断扩宽档案馆档案信息的渠道和来源，不断完善和优化馆藏，让数字档案运转起来，才能不断创造价值，最终档案部门的社会地位和社会形象才能得以不断巩固与提升。

（三）数字档案信息存储管理软件

主要包括主数据存储管理软件，档案全文数据库管理软件，元数据处理、服务、存储软件，数字信息和系统脱机存储备份管理软件等。科学合理地存储、管好、用好馆藏，切实保障档案的完整与安全。

（四）档案数字信息发布、在线利用管理软件

存储的目的在于应用，把丰富的馆藏资源，特别是最新采集入库的档案信息，经过整理挂接在档案目录库中进行发布和利用，使人们能够及时准确地获得各自所需要的信息，从而快速高效地实现信息的再利用，发挥档案的最大价值。

## 五、建设数字档案馆的硬件设备要求

除设立以上的管理软件系统外，还需构建一套完整的硬件设备，如 1 台服务器、1 台千兆交换器、若干桌面交换机、1 台高速扫描仪、1 台光盘镜像服务器、若干台计算机等硬件设施。

## 六、数字化档案馆建设方案运行图

数字化档案馆的运行方案设计图如下：

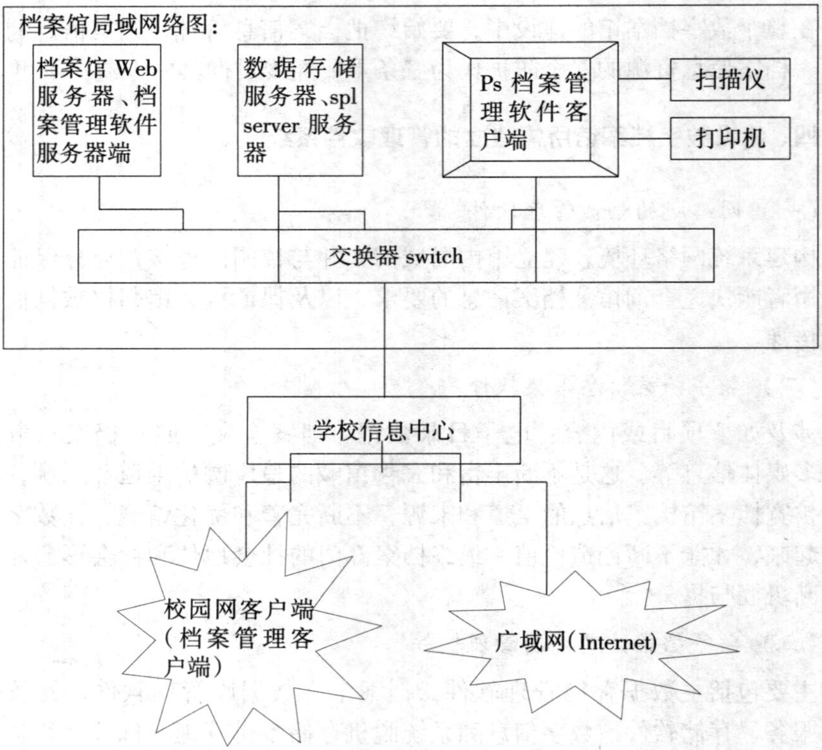


## 七、数字档案馆馆舍建设的要求

数字档案馆是一个多功能、开放型、综合型、面向社会的档案信息中心，因而馆舍的建筑需具备多功能化、智能化的要求。

（一）功能化

建筑上需大空间、大容量；结构上需同柱网、同层高、同荷载；设计上需模块化、标准化；设施上需自然通风与局部空调相结合，人工照明与自然采光相结合。

建筑功能上要满足：实体保管、阅览接待、开发利用、展览教育、技术处理、办公会议学术研讨等；对外设立开放区、半开放区、非开放区，在平面布局中功能区分要明显。

（二）智能化

数字档案馆应设立：楼宇自检、办公自动化、通用自动化系统；同时还应包括：电力监控、智能照明、保安巡视、火灾自动报警与消防联动控制系统、公共紧急广播系统、综合布线系统、卫星有限电视系统、闭路电视监控系统、程控交换机系统、防盗报警出入的监控系统、计算机网络系统等。

通过应用软件实现上述系统集成和信号系统集成，使数字档案馆馆舍的灯光、照明、配电、音响与广播、电梯、智能防火系统等装置系统实现联动控制，与通信、办公、保安系统联网，实现数字档案馆建筑物管理的综合自动化。

在综合布线系统时，根据信息点的密度要求铺设能连接内部网、办公网、互联网、保密网的网络光纤，为了保密可在上述网络中使用6类屏蔽线进行物理隔离。

为向公众提供便捷的信息服务，应设立信息引导系统、触摸引导屏、语言揭示系统、大屏幕显示系统等。

## 八、建设数字档案馆对档案人员的素质要求

数字档案馆是伴随着信息技术、现代科学技术和数字化的快速发展而诞生的，作为档案从业人员，不再是过去意义上的档案保管人员，而应是新时期的“档案信息导航员”、“知识创新与创造者”的新角色。

（一）“档案信息导航员”

要求数字档案馆的工作人员必须是既懂档案专业，又懂现代信息技术；既懂经济，又懂政治、历史、国际法规且熟练掌握外语的复合型、一专多能的人才。

由于历史原因，我校传统档案工作人员的学历不够高，知识结构不合理，缺乏专门训练，数字档案馆的建设要求对现有从业人员进行在职教育和培训，更新知识结构、能力结构，要求具备档案信息分类，计算机基础知识和操作，档案信息组织、收集等技能。

（二）“知识创新与创造者”

要求档案专业人员必须具有创新意识和研究能力，能充分对档案馆藏的

各类档案信息资源进行深加工，对现有的档案信息资源进行第二、第三次开发，创造新的知识信息，合理利用档案信息。

（三）档案工作人员要具有掌握现代化办公设备的能力

能熟练使用计算机、传真机、复印机等设备，掌握计算机技术、复印技术、录音录像技术、缩微技术、摄像技术、光盘刻录技术等现代化手段，特别是能运用计算机完成档案的全文存贮、自动标引、图形处理、字迹恢复、档案真伪的鉴别、自动借阅等，从而实现对档案信息的现代化存贮、检索、提取和交流。

（四）档案工作人员要不断提高驾驭现代科技设备的能力

除懂得其他相关知识外，还要熟悉掌握计算机网络知识，熟练操作各种数字化工作中的设备仪器。目前，档案工作各个业务环节普遍采用现代化的机器设备，但是这些机器设备的利用率还有待于进一步提高，要充分发挥它们的功能，变单机操作为联机操作，运用网络系统，实现档案信息的资源共享。

档案信息化建设是学校信息化建设中的一部分，应纳入学校信息化建设的总体规划之中，各部门之间互相协调、人才资源共享。档案信息化有着极其丰富的内涵，档案信息化建设是一项庞大的系统工程，涉及面广，难度大，面对挑战我们要进一步解放思想，更新观念，与时俱进，不断开拓创新，在实践中探索，在探索中前进，档案信息化是我们的目标，也是我们的出路。

**参考文献：**

［1］陈勇．传统档案馆与数字档案馆的比较研究［J］．档案学通讯，2004，（6）．

［2］张振峰．加速企业数字化建设［J］．云南档案，2005，（增刊）．

# 依托高校档案馆创建爱国主义教育基地

云南财经大学　符世鸿*

**摘　要：**高校档案是学校发展历史的缩影，是广大师生员工实践经验和智慧的结晶，是传承大学文化和大学精神的载体。它包含了高校教学、科研、管理、服务等诸多方面的内容，反映了历届师生员工各个不同时期、不同层面的活动，其丰富的内容是用之不竭的教育源泉，是学校在历史发展中所积累的一笔宝贵财富。高校档案馆创建爱国主义教育基地，积极开展爱国主义教育活动，既是其作为高校教辅服务部门的责任和使命，也是学校实现全员育人、全过程育人、全方位育人的有效途径，更是档案馆自身建设和发展的需要。

**关键词：**依托　档案馆　创建　爱国主义教育基地

党的“十六大”以来，以胡锦涛同志为核心的中央领导集体高度重视爱国主义教育，强调爱国主义是民族精神的核心，要高扬爱国主义旗帜，最大限度地凝聚和动员全民族的力量，为振兴中华而奋斗。爱国主义教育基地传承着悠久的历史文化，记述着中国人民奋发图强的光辉业绩，是激发爱国情感、培育民族精神、陶冶道德情操、提升品德修养的大课堂。而作为高校，又应该如何加强爱国主义教育基地的建设呢？笔者认为，高校应形成完善的爱国主义教育基地建设领导体制和工作机制，依托高校档案馆建设好爱国主义教育基地。

高校档案是学校发展历史的缩影，是广大师生员工实践经验和智慧的结晶，是传承大学文化和大学精神的载体。它包含了高校教学、科研、管理、服务等诸多方面的内容，反映了历届师生员工各个不同时期、不同层面的活动，其丰富的内容是用之不竭的教育源泉，是学校在历史发展中所积累的一笔宝贵财富。《中共中央国务院关于进一步加强和改进大学生思想政治教育工作的意见》和《中宣部关于加强和改进爱国主义教育基地工作的意见》等文件精神，都要求高校广开思路，广辟途径，充分利用各种教育资源，切

---

* 作者简介：符世鸿，女，2005年毕业于云南大学法学院，助理馆员，从事档案工作。

实加强大学生爱国主义教育。《全国档案事业发展“十五”计划》和《全国档案事业发展“十一五”计划》中都明确指出：要加强档案馆爱国主义教育基地建设，努力拓展档案馆的教育功能。因此，依托高校档案馆创建爱国主义教育基地，有效开发利用馆藏资源对广大师生员工进行爱国主义教育，既是时代赋予我们高校档案工作者的责任和使命，也是高校自身发展的内在要求。

## 一、依托高校档案馆创建爱国主义教育基地具有独特的优势

历史是现实的一面镜子。有效开发利用档案信息资源，弘扬学校优良传统，提升大学文化，凝练大学精神，激励广大师生员工自强不息，开拓进取，勇于创新，为实现学校建设发展目标努力奋斗，从而为学校改革和发展提供强大的精神动力，这应是高校档案馆爱国主义教育基地建设所追求的目标和价值取向。

### （一）高校档案记载了学校的优良传统，对高校学生有较强的爱国爱校的教育功能

中国的高等教育至今已走过了上百个年头，百年来它和民族共荣辱，与国家同兴衰，涌现出许多可歌可泣的英雄人物和波澜壮阔的革命业绩。高校档案所记载的高校发展史既是一部民族荣辱史，又是一部革命史。例如，北洋大学（今天津大学）是中国近代高等教育启蒙的少数几所高校之一，它创建于1895年10月。当时中日甲午海战刚刚结束，中国的失败引起许多国人的愤怒，有识之士提出“教育救国”的主张。为了“救亡兴国”先后建立了北洋大学、北京大学等具有近代教育性质的大学。中国高等教育创办的初衷就是为了“救国”。1919年爆发的“五四运动”也发源于北京大学，它是中国人民彻底的反对帝国主义、封建主义的爱国运动，它揭开了中国新民主主义革命的序幕。高校档案所记载的高校发展史还是一部创业史和奋斗史，透过它可以看到学校在过去创业过程中所走过的艰辛历程，也可以看到改革开放以来学校迅速发展所取得的巨大成就。高校档案所记载的这一页页爱国荣校史无疑成为爱国主义教育的典型素材，能够激励和鼓舞广大师生员工继承和发扬艰苦奋斗、自强不息、勇往直前的优良传统，与祖国同呼吸，共命运，刻苦学习，积极进取，为实现中华民族的伟大复兴而努力奋斗。

### （二）高校档案凝结了学校的优良校风，是进行道德教育的宝贵资源

高校经过长期的积淀和凝练，形成了带有自身特色的良好校风、校训、校歌和规章制度等。如清华大学的“厚德载物，自强不息”，“严谨、勤奋、求实、创新”，南开大学的“允公允能、日新月异”，云南大学的“会泽百家、至公天下”，还有我们云南财经大学的“好学笃行，厚德致远”等，都

是一种群体气质、作风的反映。它一方面体现在广大教育者和管理者的言传身教中，另一方面也随着时间的延续，凝结在不同历史时期的档案中。这些档案所反映的内容是高校在长期办学实践中形成的，大家共同遵守的自我约束、自觉追求的准则。实质上是一种素质的培养，是一种道德规范的培养，是一种精神文明的产物。各个高校的档案，无论是教学档案、科研档案还是管理类档案，无不渗透着学校办学理念和良好的校风、学风。这些隐性教育资源对广大师生员工陶冶情操、提升修养、完善个性都将起到潜移默化的作用，无疑成为高校进行道德教育的宝贵资源。

（三）高校档案馆保存了大量实物档案和声像档案，是进行爱国、爱校、敬业教育的直观教材

高校档案馆收集、保存了大量实物档案，包括学校各种重大活动中上级领导或知名人士的题词手迹，捐赠的书画原稿，知名校友赠送的纪念品，在国际和校际友好交流中交换的礼品，历次校庆以及重大活动的徽章、纪念品，参加国内外各种活动或比赛获得的奖杯、奖状、证书、奖牌、匾额以及锦旗等，可以说是学校发展成果和荣誉的见证，具有唯一性和不可再生性。同时还保存了很多记载上级领导来校视察、各种重大庆祝活动、高层学术活动以及校园文化活动的照片、录音带、光盘等声像档案。这些档案真实地记录了当时的场景，反映了学校的发展变化，蕴涵着大学精神和大学风貌，是对广大师生进行爱校荣校、热爱科学和尊师重教教育的直观教材，其教育效果要比读书和说教更直观，更容易理解，更具有说服力。

（四）高校档案馆珍藏了大量“功德”之档，是进行人生价值观教育的模范读本

高校档案馆收藏了大量名人档案资料，其中一代又一代知识分子“立言、立德、立行”的原始资料，真实记录了他们追求真理、严谨治学，教书育人、无私奉献的行为表现，成为后世的光辉典范；也有许多本校专家、学者和先进人物的手稿、日记、动人故事、事迹图片等档案资料，记录了他们把立志报国与个人价值的实现紧密联系起来，把自己的理想抱负与脚踏实地的奋斗紧密结合起来，积极进取，奋发图强的闪光足迹。这些珍贵的档案史料无疑会对学生树立正确的世界观、人生观、价值观起到很好的指引作用。用这些实例来教育、引导学生，对于促使其树立崇高的理想和信念，必定会起到很好的促进作用。

## 二、利用高校档案馆创建爱国主义教育基地的途径

（一）把校史馆作为爱国主义教育基地的具体场所加以全面建设

随着我国高等教育事业的快速发展，全国各高校为了宣传和展示学校的

优良传统及建设发展成就，都纷纷创建了校史馆。高校档案馆可以在此基础上挂牌建立爱国主义教育基地，进行全面建设，这样不仅能够使校史馆受到学校的重视，在建设方面加大投入，而且有利于更好地发挥校史馆的教育功能。通过建立校史馆等方式，生动直观地再现学校悠久的办学历史、坎坷的发展经历以及艰苦创业的精神等，最终将高校档案馆办成校史教育和爱国主义教育的生动课堂。有些高校的校史馆在寒暑假当中承担了本地中小学的爱国主义教育任务，随时对外开放，接受中小学生的参观。我们云南财经大学的校史馆在每年新生进校时都承担着新生入学教育的任务，使每一位新生在入学之初就对学校的历史、发展历程等有一个初步的认识。

（二）加强以爱国主义教育为线索的馆藏建设，不断丰富馆藏资源

丰富馆藏资源是档案馆创建爱国主义教育基地的前提和基础。馆藏建设应从两方面着手，其一是要加强对具有爱国主义教育价值档案资料的收集和征集工作。在档案收集工作中坚持高标准、严要求，保证档案资料的齐全完整；在档案征集工作中，要扩大征集范围，不仅要面向本校师生征集，还要面向社会广泛征集。其二是要加强对所收集和征集到的资料的鉴定和筛选，保证档案的质量。收集与爱国主义教育有关的档案资料要以人物或事件为线索，力争形成内容连贯、脉络清晰的完整体系。可以通过建立名人档案的方式，设法征集老一辈知识分子为救国救民和争取民族独立解放而呕心沥血、努力拼搏的革命文献资料、影像资料及实物资料。尤其是平时就要注意收集保存历任校级领导、知名校友或校内著名专家学者的活动照片、获奖证书、科研成果、事迹材料等档案资料，为以后进行编研和展览打好基础。

（三）深化编研工作，充分挖掘档案馆的爱国主义教育功能

高校档案馆内容丰富，信息量大，要想有效挖掘和充分发挥其爱国主义教育功能，必须注重档案信息的深加工，分析研究各种档案史料，编研出各种档案成果，为爱国主义教育基地提供系统、全面、高质量的信息资源。为此，高校档案馆要深入挖掘和研究档案资料，让一张张照片、一份份文献、一件件实物背后的故事“鲜活”起来，形象而直观地展示大学的文化精髓和精神内涵。特别要重视对革命历史档案、校史档案、名人档案等内容和价值的研究，并著书立说、汇编资料、编史修志，用高质量的编研成果鼓舞人、引导人，使广大师生从中汲取与时俱进的精神力量。可以利用档案进行校史研究，许多大学编写了《校志》，这些都是开展爱国主义教育的良好素材。高校档案馆还可以进行一些诸如校史专题、校风专题、教学专题、科研专题、校貌专题等的编研，并以图书、录像、录音、幻灯、电影、电视片等形式呈现给广大师生，通过喜闻乐见的形式，增强广大师生的自豪感和努力为学校发展作贡献的使命感。

（四）进一步加强信息化建设和管理工作，不断提高服务利用水平

高校档案馆创建爱国主义教育基地，就要不断提高其开放程度、服务能力和服务水平。首先，要有效利用先进的网络信息技术加强档案信息化建设，将各类档案统一制作成数字化档案，并将其添加到校园网的档案信息网页上，以便于广大师生浏览和查阅，同时积极与当地档案主管部门和其他高校档案馆（室）联网，以提高档案资料的利用效率和社会共享程度，增强档案馆爱国主义教育基地的服务能力，扩大覆盖面和影响力。其次，要不断强化科学管理，逐步建立定量与定性相结合的评估考核机制，建立健全各项规章制度，在陈展制作、服务利用、接待参观、队伍建设等方面加强规范管理，努力建立一支高素质的具有专业化水平的建档、管理、接待、讲解、研究和陈展人员队伍。在接待利用档案和参观人员时，处处体现人文关怀和对人的尊重，通过高尚的职业道德、过硬的业务素质、广博的文化知识，使广大师生获得满意的服务，受到潜移默化的教育。

（五）充分利用档案馆的教育资源，积极开展形式多样的爱国主义教育活动

高校档案馆开展爱国主义教育可以采用多种形式，比如既可以组织学生参观校史馆（展），利用档案中的爱国主义素材举办专题讲座，也可以制作播放校史电视片，这些生动活泼的爱国主义教育形式，必然比单纯的课堂讲解更有吸引力和渗透力。我校现在对学生开设的《生涯规划》课、“三生”教育等，许多授课老师都会选择直接到校史馆进行授课，使学生有一个更直观的感受。由于高校档案馆教育内容的真实性和新颖性以及教育形式的多样性，其爱国主义教育效果必然好于传统的理论灌输，进而弥补了传统爱国主义教育中的不足。

总之，高校档案馆创建爱国主义教育基地，积极开展爱国主义教育活动，既是其作为高校教辅服务部门的责任和使命，也是学校实现全员育人、全过程育人、全方位育人的有效途径，更是档案馆自身建设和发展的需要。

**参考文献：**

［1］刘红兵．浅议高校爱国主义教育基地的建设［J］．湖南医科大学学报（社会科学版），2008，（4）．

［2］张小明．大学生爱国主义教育基地建设的研究［J］．梧州学院学报，2007，（4）．

［3］丁祥艳，马宁．新时期应如何加强爱国主义教育基地建设［J］．大学时代，2006，（11）．

# 专业档案管理

# 新形势下的高校科研项目档案管理探析

曲靖师范学院　刘　玲*

**摘　要**：通过对新形势下高校科研项目档案管理的作用及现状分析，围绕高校科研项目的档案管理工作存在的障碍，探讨了应该如何加强高校科研项目档案管理工作，使之适应新形势下高校科研工作的发展。

**关键词**：高校　科研项目　档案管理　探析

高校科研项目档案是高校科研管理工作的重要环节，是高校档案工作的一个重要组成部分，是一种重要的信息资源，是知识创新、科技创新以及成果转化的基础和依据，它在科研工作中发挥着知识储备的作用。科研项目档案的管理是科研档案管理的主体和重点，其科学管理手段对科研工作的进程、效率和质量起着重要的作用，同时也影响着科研项目档案的收集及档案价值的实现，所以，研究分析高校科研项目档案管理中存在的问题，探讨解决问题的途径，对于提高高校科研档案整体管理水平、发挥科研项目档案的利用效益、更好地为教学和科研服务有着积极的意义。

## 一、高校科研档案的作用

### （一）有利于促进高校科研工作的发展

高校科研工作是一项创造性劳动，而科研档案工作是科研管理的重要组成部分，是整个科研工作的重要环节，它完整地记录了一项科研活动的全过程及所取得的成果，能给当前研究人员提供足够的背景资料和信息储备，使他们能准确掌握所研究领域的前沿动态，从而确定切实可行的科研目标。高校科研档案是为学校科研管理、科学研究及学校各项工作服务的，尤其对科学研究具有重要的学术价值。作为科学技术知识和科研成果的储备，高校科研档案对新思想、新概念、新规律、新技术的萌发具有巨大的促进作用，对知识创新有启发灵感和激励的作用，是提高高校科研工作不竭的动力和源泉。

---

* 作者简介：刘玲，女，曲靖师范学院档案馆副研究馆员，从事高校档案管理工作。

科研工作的连续性，是科技工作的重要特点。任何科技成果的取得，既包括他人、前人的也包括自身的研究成果和工作经验。有的大型研究课题经历时间长，要经过上下几代人的连续研究，没有科技档案做“接力棒”是不可能完成的。取得经验或发现科学规律，没有大盘的试验数据为依据，是不可能的。撰写著作，不利用档案就根本无法获得成果，也无法进行连续性的工作。

（二）有利于推广科研成果的经济效益和社会效益

科研档案的经济效益和社会效益功能正在逐步被人们接受。科研档案工作是按照集中统一管理的原则，完整、准确、系统、安全地管理科研档案，及时、准确地提供科研档案，为高校科学技术研究服务，为高校经济建设服务的一种工作。高校科研档案管理工作并不只局限于将科研材料整理、分类和保管，而是归档后科研档案的再利用，即将科研成果进行推广实施，实现科研成果经济效益和社会效益的最大化。

科研档案是科研与经济效益和社会效益结合的重要媒介，一项高新技术的研发与深化，一个新产品的研制，都需要查阅大量的科研档案，一旦开发研制成功，又需要借助科研档案加以推广。因此，完整、准确、系统的科研档案有利于推广科研成果的经济效益和社会效益。

## 二、目前高校科研项目档案管理的现状及障碍分析

（一）科研管理体制对高校科研项目档案管理工作的影响

随着高等教育事业和国家科技事业的不断深化和发展，高校科研项目的来源渠道丰富宽广，下达及指导高校科研项目的主管部门已由原来比较单一的科技口发展为多渠道管理。各部门管理手段和操作方法各异，由于岗位职责的限制性，缺少部门之间的协调，在一定程度上造成了项目研究过程材料的缺失。有些管理部门归档的材料只有项目立项、批准、下达研究经费和结题的文书通知，而项目申请书、合同书、结题材料都没有，归档材料根本不能反映出研究的过程，有的甚至不能反映出研究成果。

（二）高校科研项目的特点对科研项目档案管理工作的影响

受管理体制的支配，高校科研项目档案无论在内容，还是在其形成规律方面，都有着其鲜明的特点，这些特点对科研项目档案管理工作也产生影响。

一是高校科研队伍的多层次性和科研方向的多样性，决定了科研项目档案来源的广泛性，决定了科研管理涉及的部门多、制约因素多。一方面，上级主管部门对高校科研项目档案管理缺乏外部关系的统筹协调，对课题研究

只具有引导、服务作用，而对课题研究过程中的档案资料管理不具有约束力；另一方面，有关职能部门对科研项目档案的认识、定位等方面，仍有较大的差异性，而且由于科研项目是几个部门各自分管，管理人员处于“各自为政”的状态，对档案的管理在操作上有较大的随意性，管理水平参差不齐。这些情况都严重地影响着高校科研项目档案的案卷数量和质量。

二是高校科研课题专业性强，研究周期长。高校从事的研究项目类型不同，研究对象和采用的研究手段各异，涉及的专业学科广泛，因而使得记录其研究活动的项目档案也不同。由于开发类科研项目从开题到研究成果的取得，每个环节都必须经过反复的研究和试验，要取得最终成果，往往要耗费很长的时间。这需要研究人员及管理部门在研究期内坚持长期做好日常档案资料的收集整理工作，但在实践中却很难坚持做到。

（三）档案观念和责任心对科研项目档案管理工作的影响

部分研究人员及相关管理人员档案观念薄弱，没有坚持把科研项目档案工作纳入研究工作的计划之中和岗位职责中，不注意对科研项目自始至终各个环节所产生的材料进行收集积累，只注重结论性、成果性材料的积累，使最终的档案材料成套性很差。有的是研究人员之间、协作单位之间由于科研成果的权属之争，而引起争原始材料，争报奖励而不愿主动把材料集中管理。由于项目档案专业性很强、技术含量高，有的研究人员害怕泄密，归档时避重就轻，抽去反映成果水平的关键技术材料，另外，研究人员不了解收集档案的重要性，这些都影响到项目材料归档的质量和数量。这些因素都制约着科研项目档案管理工作向更深层次的发展。

## 三、对加强科研项目档案管理的几点思考

针对目前高校科研档案的管理现状非常有必要采取一系列措施，加强高校科研档案的管理，提高科研管理水平，充分发挥科研档案为科研工作服务的重要作用。高校应有怎样的科研项目管理体制，如何建立完善高校科研档案管理体制，理顺档案管理关系、程序，科研管理部门以及档案部门应当积极探索。

（一）建立健全科研项目档案管理规章制度

建立行之有效的科研档案归档制度。首先应当建立行之有效的科研档案归档制度和模式。作为科研活动的管理部门，科研项目从申请课题、经费审批、下达计划任务书、科研计划进度检查以及成果验收、上报登记评审科研成果等阶段无一不在科研管理部门的监督管理之下，因此，对于科研档案的收集归档，科研管理部门较之档案部门更易于介入并进行有效的监管。若采

用先由本单位科研管理部门对项目（课题）档案进行检查验收，然后在一定期限内由科研管理部门统一向学校档案管理部门移交归档这种模式，学校科技管理部门在订立课题合同时就可加入关于档案归档的条款，并在经费下拨、项目进度检查等阶段，控制该档案的归档，这样，就确保了科研档案归档的及时、完整和齐全。

建立健全管理制度和工作标准，既是档案工作顺利进行的可靠保证，也是实行档案工作科学管理、规范管理的依据及准绳。

（二）加强高校科研档案的利用工作，发挥科研档案的作用，提高社会经济效益

科研项目档案的价值特点决定了档案部门开发利用科研项目档案的方式。高校科研项目档案作为一种重要的信息资源，储存积累着大量的知识和财富，但由于科研档案的信息参考价值和现实使用价值的实现受到知识产权保护的影响，档案部门开发利用科研档案的信息参考价值和现实使用价值有许多法律法规的限制，容易造成泄密和侵犯知识产权的行为，因此，以往档案部门对于科研项目档案多着重于其凭证价值和历史研究价值的实现。而科研项目档案凭证价值的实现，大多在反映研究人员评奖、晋升职称、统计科研工作量等环节。高校档案部门应该把握这一特点，把开发利用的侧重放在完整齐全收集科研项目档案、科学完善地建立多种检索工具方面，最大限度地揭示档案信息资源。可以根据客观实际需要，利用科研档案实体，就某一专题进行系统的较深层次的加工，用新的体例、新的语言汇编成相对集中、系统的信息资料，把静态的档案汇编成动态的活信息。总之，只有充分理性地认识科研项目档案的价值，才能做好科研项目档案的开发利用工作。

（三）建立高校科研人才档案信息库

高校的科研成果是科研人员辛勤劳动的结果，档案管理部门在对科研成果妥善加以建档保存的同时，应该考虑为科技人员建立一套系统、全面的个人技术档案。

科技人员在长期的科研活动中，其科研成果陆续在国内外刊物及会议上发表，获得了众多的奖项，其科研成果的延伸取得了多项专利，获得多项省市、单位的奖励及荣誉称号等。这些成就对科研单位来说，是一笔可观的专业技术财富。但人事档案部门和科技档案部门往往都疏于及时地将这些材料加以收集整理，造成了人才和科技的流失，可以考虑将科研人员的档案材料加以重新整理，建立科研人员科技档案信息库，这样，档案管理部门就能及时地将科技人员历年来的科研成果、获奖情况、发表的论文、获得的荣誉称号、取得的专利项目及培养研究生、出国考察、学习深造等情况加以汇集整理，建立一份能全面系统地反映科研人员科技活动与成就的个人信息档案，

这不仅是对人事档案和科技档案的一个极大的补充，也是对高校科研人力资源的整合与利用。

**参考文献：**

[1] 邓绍兴，和宝荣．档案管理学［M］．北京：中国人民大学出版社，1989.

[2] 农燕玲．中国高高科技与产业化［J］．高校科研项目档案管理研究，2009，(7)．

[3] 葛建萍．如何做好科学技术档案的整理工作——以煤炭档案为例［J］．档案天地，2009，(8)．

[4] 黄桂玲．科学技术档案工作与经济效益的探讨［J］．机电兵船档案，2009，(4)．

[5] 朱琨．在新形势下加强高校科研档案的科学化管理［J］．黑龙江史志，2009，(18)．

# 会计档案管理中的问题及对策

红河州财经学校　侯艳琼*

**摘　要：**伴随着计算机技术与网络信息技术的发展，会计信息系统发生了质的变革，同时也产生了大量信息化的会计档案，而对这些信息化档案的管理也不能沿用传统的会计档案管理手段和方法，本文阐述了局域网管理中会计档案管理常见的问题和对策。

**关键词：**会计档案　安全性　维护性　研究

会计档案是重要的经济档案，随着会计电算化技术的广泛应用，会计档案的产生与保管也随之发生了根本性变化，原来手工记账中的纸质凭证和档案也被电子凭证和数字档案所取代，由传统的纸质档案变为了信息化档案。

## 一、会计档案的特点

### （一）会计档案的载体多样性

传统的会计档案是指会计凭证、会计账簿和会计报表等会计核算纸质材料，它是记录和反映经济业务的重要资料和证据。实行会计电算化后形成的会计档案，既保留了传统意义上书面纸质的会计档案，又包括存储在计算机硬盘、光盘等存储介质中的会计数据和相应电算化环境下的财务软件系统等。

### （二）表现形式的特殊性

传统的会计档案直观性强，主要以书面纸质形式保存，可以不借助任何技术手段而直接查看会计信息，但记录信息量低，占用空间大，数据查找不便且不容易保管。信息化会计档案，必须在特定的计算机硬件和软件环境下才能使用，对计算机系统的依赖性很强，但记录信息量大，占用空间小，数据查询简单方便且容易保管。

### （三）信息处理的便易性

信息化会计档案因其会计信息的数字化，大大提高了会计档案的利用效

---

* 作者简介：侯艳琼，女，助理馆员，现在红河州财经学校工作。

率，便于会计档案信息的资源共享，但同时也加大了会计档案被篡改、破坏及泄密的风险。

（四）保管条件较高

信息化会计档案存储介质十分精密，电子数据容易因温度、湿度和其他意外情况而丢失，对使用存放环境要求较高。

## 二、会计档案管理中的问题及对策

（一）安全性

信息化条件下，会计档案的调阅将不再完全依赖于手工的查账，会计信息资料可以直接由软件查询，或通过拷贝光盘等存储介质直接获取相关资料，从而在会计信息档案的管理中保证档案的安全是首要问题。确保信息化档案安全首先要完善管理制度，根据相关法律法规和信息化档案的特点，制定和完善符合新环境下的会计档案管理制度，特别是要建立权限分级制度，实行岗位专人专职制度，对不同岗位赋予不同权限，在会计电子档案管理中负有不同职责，采取不相容职责相分离措施，严格岗位责任制，加强相互监督和约束。健全档案归档、档案查阅、档案目录登记和鉴定销毁管理制度，严防会计电子档案毁损、丢失和泄密。其次对信息化档案采取必要的物理保护措施。根据其档案载体的物理特性，在形成这些档案时应采用“AB 备份法”进行数据的备份，对于每一备份要注明形成档案的时间与操作员姓名，最好做异地存放，存放地点还应远离磁场，注意防尘、防潮、防静电、防高温。对这些采用磁性介质保存的文档，还要定期进行检查，定期进行复制，以便在再利用或发生意外时能及时恢复数据，保证数据的完整性。再次对传输、存档的会计档案要提供保密功能，最好使用相关的档案管理软件能对产生的会计数据提供相应的加密措施，即使数据丢失，没有特定软件解密仍不能读取数据，保证其不会泄密。最后对保存有信息化档案数据的计算机应采取物理上的隔绝，只接入财务系统内部局域网，与 Internet 互联网物理断开，同时还要严格禁止在相关的计算机上直接使用移动存储介质，必须用最新杀毒软件查杀完毕后才可使用，防止计算机病毒感染，造成数据的破坏。

（二）维护性

在会计档案管理中，除了上述的安全性问题外，还有一个问题也是极其复杂和困难的，那就是会计档案的维护工作，它要求其操作人员不仅要熟悉计算机软件的相关使用与维护知识，还应具备一定的财务管理方面的专业技能与计算机硬件知识。

培养高素质的维护人员是做好会计档案维护难题的前提，一方面，要对在职的会计档案管理人员进行继续教育培训，以分层次、分阶段和根据业务需要进行培训为原则，着重加强财务档案管理人员的信息化技术培训及应用新技术、新设备、新方法的培训，提高他们掌握和运用信息技术和信息手段的意识和技能。另一方面，有意识地引进具备会计学、计算机、档案学和管理学等多方面知识的电算化会计档案管理复合型人才，逐步改变业务人员队伍专业结构单一的现状，满足信息化档案管理工作的需要。

第二是信息化档案存储介质的选择。会计档案主要是电子档案，对电子档案的保存需要使用一定的存储介质。在保证存储数据稳定安全的前提下，尽可能降低存储成本，并选择使用更加方便的介质。现在数据的存储一般应以光盘存储为主，因为光盘作为一种光存储介质，其存储容量大，DVD 光盘甚至可达 4GB 到 8GB，而且有造价低廉、存储时间长、保存方便、对环境要求低等特点。

第三是不同版本财务软件的存储。由于会计准则、会计制度的变化以及其他经济法规的出台，也会导致财务软件版本的不断变化，对于不同版本的财务软件，在存储其会计档案时，一定要将其对应的财务软件一并存储，以防止因为在不同的财务软件版本下会计数据结构的不同而带来的会计档案不能被借阅或者产生某些意料外的错误，影响会计信息系统档案的再利用。

第四是财务软件的选择。在财务软件的选择上，不仅要看软件的功能，还要看软件的开发公司是否具有开发财务软件的资格和能力。此外，还应注意财务软件的兼容性，在软件更新换代后能不能兼容以前版本的财务数据，能否查询浏览以前版本的会计档案。

第五在利用现有软件调用会计信息系统档案时，要注意操作时间与会计期间的不同，即在查账进行系统注册时，需以系统时间进行注册；当调用历史档案时，再修改会计期间的会计年份和会计月份，以查询相应的历史资料库。只有这样，才能保证操作日志中的跟踪是有意义的。

第六是信息化档案管理中的硬件设备。随着计算机软件和硬件的不断发展与升级，许多配置落后的计算机将无法运行新的软件，面临淘汰，但新的计算机又不能运行老的软件，无法查询过去的会计档案，给查询工作造成麻烦。因此，应在计算机软硬件更换的时候做好记录，并将淘汰替换下的硬件和相关说明文档一并存档，以便在需要调阅前期档案的时候更加方便。

**参考文献：**

[1] 成法民．会计档案的安全与维护［J］．商场现代化．2006，(7)．

[2] 刘雪晶．浅析会计档案安全与维护［J］．财会通讯．2008，(12)．

[3] 李进德．浅谈电算化会计档案的管理［J］．云南档案．2008，(3)．

# 浅议本科教学工作水平评估档案管理

云南农业大学 李文荣 陈 霞*

**摘 要**：学术界就高校本科教学工作水平评估档案实体管理实行集中统一管理已达成共识，但围绕是否单独设类管理形成了两种针锋相对的观点。两种观点都有其优劣。笔者认为，评估档案的实体管理应该独立管理与关联式管理相结合。

**关键词**：本科教学 评估档案 管理

按照教育部颁发的《2003—2007年教育振兴行动计划》规定，2003年起将实行5年一轮的普通高校评估制度，通过这项活动，逐步建立起适合我国国情的高等教育质量宏观调控体系与评价制度。围绕教学评估活动形成了对高校教学和管理全面考核的重要档案。本科教学工作水平评估档案不仅全面反映了学校教学工作成果，同时为学校以后的建设、发展、教学评估等活动奠定了良好的基础。因而对这部分档案进行规范化管理应引起高校各职能部门特别是档案部门的高度重视。本科教学工作水平评估档案应成为高校档案管理的重要组成部分。笔者对本科教学工作水平评估档案实体管理（以下简称评估档案管理）进行探讨，以期对高校科学合理地管理评估档案起到抛砖引玉的作用。

## 一、实行集中统一管理评估档案已成共识

### （一）实行集中统一管理是评估档案特性要求

评估档案覆盖面的广泛性及评估工作的总体性客观上要求对评估档案实行集中统一管理，即高校档案业务工作主管部门负责对评估档案实行集中统一管理。

### （二）实行集中统一管理可避免档案分散，有利于再利用

不对评估档案实行集中统一管理会出现两种不良后果：一是由于归档意

* 作者简介：李文荣，男，云南农业大学党办校办，讲师。陈霞，女，云南农业大学经济管理学院，讲师。

识不强，认为评估支撑材料大部分是复印件，没有必要存档，因而评估检查工作结束后，评估档案没有及时归档和统一保管，散放在各个形成部门，导致部分档案材料的丢失、不完整，下一次评估工作将会重新陷入编造材料的恶性循环中；二是一些高校由于档案库房空间不足或者其他原因，没有及时将教学评估档案移交给学校档案管理部门，而是临时放在教务处或某个临时的保管地点，由于保管环境质量存在问题，给教学评估档案的妥善保管带来很多隐患。

（三）实行集中统一管理使得保管条件有保障

将评估档案统一集中保管到学校的档案库房中，能达到档案保管的“八防”要求，避免长时间不归档出现散失、不齐全，或因保管环境不符合档案保管要求出现损坏现象。

## 二、评估档案管理方式上截然不同的两种观点

在评估档案管理方式上是否单独设类，学术界有两种观点：一种是单独设类，如倪慧敏、乔玉英在《高校评估档案管理初探》一文中，认为在档案现代化管理日益发展的趋势下，档案的设置类别将趋于多元化，单独设类有利于专题类档案的发展，有利于评估档案的利用；另一种是不单独设类，如高殷在《高校教学评估档案管理之别议》一文中，认为单独设类有悖于档案实体分类原则，不利于馆藏优化，不利于保持高校档案分类法的稳定。

两种观点在不同的档案管理环境下各有利弊。单独设类管理的利弊已很清楚了，我们看看不单独设类管理的可行性。高殷认为，“教学评估档案”的管理不是单独设立门类的问题，而是修改完善实施了十多年的《分类法》和《规范》，避免各高校对新事物形成的文件材料各行其是，造成不必要的混乱。笔者认为，从长远而言，这不失为根本的解决办法，但评估档案业已形成，不能让其因无标准分类和规范而不实行集中统一管理，等待不是办法。同时，如教育部实施的周期性本科教学工作水平评估因特殊事件如出现断层，必将影响到《分类法》和《规范》的稳定性。故而二者都有可取之处，但不足也显而易见。因此，需要寻求一种两全其美的管理方式来解决燃眉之急。

## 三、基于两种观点的评估档案管理探讨

就评估档案管理整体而言，高校评估档案需要纳入高校档案管理的管理体系，实行集中统一管理。但由于评估档案的形成过程和档案本身都有着不同于学校其他档案的特点，无论是否实行单独分类管理，都是对评估档案管

理模式的选择，不是对现有高校档案管理模式的否定，需要我们寻找评估档案与高校档案整体管理的契合点，对现有模式进行完善和修正。笔者认为，对评估档案的实体管理应该独立管理与关联式管理相结合。

（一）确立管理核心机构

评估档案的管理机构应以高校档案馆（室）为核心。高校档案馆（室）具有两项基本职能：一是管理高校档案工作，行使行政管理职能；二是存放和利用高校档案，开展具体档案业务的职能。因此高校档案馆（室）应负责高校的整体档案管理发展规划、档案实体和信息管理以及对各相关业务部门的行政和业务指导。

（二）采取相对独立管理方式

评估档案的管理宜采取相对独立的管理方式。一方面，基于评估指标体系而形成的评估档案，在分类、编号、内在逻辑关系、重要程度等方面与传统高校档案都有所不同，因而在管理上需要首先遵循独立管理的原则，而这种独立不是绝对的，不能使评估档案与原有高校档案完全隔绝，需要探寻一种恰当的方式，使其保持和学校档案的历史逻辑关系。另一方面，评估档案中许多材料与原有学校档案存在重复、互补、关联等多种现象，如果把重复的教学、科研、实验、就业等所有档案完全分散到原有档案类别中去，既割裂了其原有面貌，打乱了特定的编码体系，又不利于用户的查找利用；对于和原有档案体系内容不重复的评估档案来说，无法按内容相对应地分散到原有档案体系中，也必然导致评估档案失去完整性。

（三）优化分类方法

在现有高校档案实体分类“XZ11 行政综合”中，规定“学校评估材料入此”，在“JX11 综合”中，规定“教学评估材料入此”。从现实操作上来看，学校评估和教学评估的内涵概念无法完全划清，因而，笔者认为在高校档案实体分类法中，可以将学校评估和教学评估合并单独设一类，类别名称为“PG 评估”，PG 评估其二级分类为：PG11 材料、PG12 准备、PG13 进校、PG14 整改、PG15 专项。

（四）重视档案鉴定

从数量上看，评估档案占全校档案的比例虽然不算多，但在归档过程中须通过鉴定使评估档案“去粗取精、去伪存真”，确保评估档案的全面、完整，去除无需存档的档案。同时应根据评估档案形成要求和高校档案保管期限表制作评估档案保管期限表，应用于评估档案归档过程。评估过程档案的价值鉴定可以大体遵循高校档案鉴定的原则，年度以上计划总结、重要方案、重要会议纪要、讲话、结论意见等应永久保存，宣传稿件、月或周计划总结、各类通知、说明、要求、经验交流、培训材料等定期保存。

（五）强化实体管理

如果把评估档案作为一个单独的类别，在实体管理上就需要将其作为一个类别单独排列，并实行关联管理。在这里，对具体实体管理操作上不作赘述，仅对几种特殊情况加以说明。第一种，在迎评档案中抽取了原高校档案体系中的档案原件，应将原件返回其原归档的相应类别中，在迎评档案中保留相应的复制件，并在原件和复制件中相互标记，这样既保证了迎评档案的完整，又保持了相应档案在原有档案体系中的原始性；第二种，在迎评档案中使用了原高校档案体系中的复制件，则直接在原高校档案材料体系中相应档案材料上标记评建材料编号即可；第三种，原档案体系中和评估档案相关的案卷，应做上相应标记，以利于迅速准确地查找利用，便于下一个周期重点关注相应档案的形成和归档；第四种，评估档案中的声像档案或实物档案，如学校宣传片、领导讲话的录像，这类档案材料可以归入原高校实体分类法中的“SX 声像”中，并根据本校实际情况增设“SW 实物”类别，同样，也需要在相关档案上标注评估档案标记。

（六）加快数字化建设进程

建立完善的档案信息化平台，使用户更加方便快捷地利用评估档案，大大地提高利用率。虽然电子档案的管理方式、原件问题、价值周期等诸多问题还在争论中，但在高校档案建设中需要先通过一定的方式把电子档案完好地保存下来，进而深入地探讨档案的信息化建设问题。

（七）做好信息开发利用工作

对评估档案进行管理，不能为了管理而管理，而是要充分发挥评估档案的作用，发挥其潜在的价值，因而需要通过多种方式发挥评估档案在学校建设和改革中的作用。

评估档案正在逐渐成为高校档案的重要组成部分，实现评估档案的科学管理，有利于学校提高管理水平，增强综合实力，从而推进高等教育的发展，使广大师生从中受益。广大高校档案管理工作者应该认识到，评估档案管理模式的优化，核心在于实现由被动提供向主动形成的转变，关键在于实现形成过程管理与实体管理的有机结合。只有对评估档案的形成进行制度化、规范化管理，纳入日常工作流程，才能真正实现评估档案的科学管理。

**参考文献：**

[1] 苏梅．论高校本科教学评估档案的归档与管理［J］．高教高职研究，2009，(2)：176.

［2］赵淑梅．高校本科教学评估档案的管理［J］．档案学通讯，2008，(2)：74～76.

［3］郭永丽．高校教学评估档案的管理及模式选择［J］．宝鸡文理学院学报（社会科学版)，2007，(10)：121～124.

［4］高殷．高校教学评估档案管理之别议——与倪丽娟同志商榷[J]．中国档案，2007，(5)：32～33.

［5］倪丽娟．高校教学评估档案的管理［J］．中国档案，2006，(12)：48～49.

［6］倪慧敏，乔玉英．高校评估档案管理初探［J］．学校档案工作，2006：37～38.

［7］2003—2007 年教育振兴行动计划［E］.2004－3－3.

# 浅议高校名人档案资源的开发利用工作

云南大学　王海鹰*

**摘　要：** 高校名人档案工作是学校档案工作的重要组成部分。高校名人档案的开发利用对学校的教学、科研、管理等工作以及社会的建设有着重大意义。如何开发利用名人档案资源，更好地为学校建设、社会发展服务，充分发挥名人档案的作用、价值。本文从适应学校建设、社会发展的需求入手，从四个方面作了阐述。

**关键词：** 高校　名人档案　开发利用　工作

高校名人档案的开发利用是高校档案工作的重要组成部分，高校名人档案记载着名人的经历、高校发展的历史，高校名人档案工作在文化建设工作中有着极其重要的地位和作用。对于培养高等教育人才的校园，如何开展好高校名人档案工作，尤其是高校名人档案的开发利用工作，发挥其在社会主义文化建设中的积极作用，这是我们每一位档案工作者应该思考的问题。通过这种思考，有利于我们从高校名人档案的开发利用工作角度来促进高校档案工作的发展，更好地为学校的教学、科研、管理等各项工作服务，为社会的各项事业发挥作用。笔者不揣浅陋，拟结合自身工作实际，略谈几点粗浅的看法。

## 一、高校名人档案资源开发利用的重要意义

高校名人档案是高校知名人士在教学、科研、党政管理及其他活动中直接形成的对学校和社会具有保存价值的不同门类和载体的档案资料，这些资料能够客观而生动地记载和反映高校名人在教学、科研等工作中走过的艰辛历程，从不同侧面也可以客观反映出学校一定历史时期的面貌。由于这种客观反映决定了高校名人档案资源的价值性和开发利用的必要性，通过开发利用高校名人档案资源，尽可能满足学校教学、科研、管理等各项工作的需求，使之为学校的教育事业发挥作用，为党和国家培养人才服务。

高校名人档案资源的开发利用，也是高校认真贯彻落实、深入实施党的

---

* 作者简介：王海鹰，女，云南大学档案馆副研究馆员。

“科教兴国”战略和人才强国战略方针所需，按照推进教育现代化的要求，以创先争优活动为动力推动高校改革发展，办好人民满意、国家需要的高等教育所需；是贯彻党和国家尊重知识、尊重人才的方针政策所需。做好名人档案的收集、整理、归档、开发利用工作也是一件功在千秋的大事。

学校不少名人将自己的毕生精力奉献给学校的教学、科研工作，为高校的教育事业作出了自己的贡献。名人档案资源的开发利用，可以对学校的教学、科研等工作提供重要的参考作用。由此可见，名人档案资源的开发利用有利于我们总结学习经验、教学和科研经验、办学经验；有利于我们把握学校的未来发展方向。做好名人档案的收集、整理、归档、利用是一项有价值、有意义的工作，也是我们档案工作者义不容辞的责任。

就我校来说，云南大学建校八十多年来，有过辉煌的过去。以彭桓武为代表的一批老科学家，为祖国的“两弹一星”事业作出了杰出的贡献，获得了国家授予的最高荣誉；以戴永年院士为代表的数万毕业生，他们在祖国的各条战线上贡献着他们的聪明才智，为祖国的建设事业作出了令人瞩目的业绩。这些业绩都是通过档案史料记载反映出来的，反映出几代云大人为学校的发展作出的贡献，名人档案是前人留下的宝贵财富，也是学校极其珍贵的文化遗产，是一种打破学校传统档案的特色档案，具有其他类档案不同的特殊性，是对学校传统档案的有益补充。

历史是由人写的。云南大学的辉煌也是由云大的先辈们铸就的，早年仙逝的刘文典、方国瑜、杨桂宫、顾建中等一大批名教授，成就了云大的辉煌，铸就了名校的灵魂 。尽管历史翻过了一页又一页，但我们不应忘记无数云大人为今天的云大抛洒的汗水，付出的艰辛。

历史是由档案材料所保存的。这批名教授他们在云大生活、学习、工作所留下的档案材料，是云大最具特色的部分。我们今天翻阅这批档案，从他们的字里行间、音容笑貌里能够倾听到他们的屐履声，能够看到他们为追求科学真理执著的身影。这些珍贵档案记录了云大的发展历程，它们不仅是学校的宝贵文化遗产，也是我们今天办学，推进“五十强”必需的借鉴。因此，今天我们做好档案工作，特别是名人档案的开发利用工作，尤为显得迫切和重要，是非常有价值、有意义的。

## 二、加强高校名人档案资源的建设，做好高校名人档案的开发利用工作，发挥名人档案的作用

名人档案资源的开发利用，首先要存储名人档案信息资源，这就要不断增加、丰富名人档案的内容，加强名人档案资源的建设。从名人档案建设的实际工作来看，要做好名人档案资源建设，关键是做好名人档案的收集工

作。名人档案资料由于长期保存在个人手中，处于分散状态，已造成一些珍贵档案资料的损坏甚至丢失，这样下去将会造成更为严重的损失，如个人获得的荣誉证书、传记、手稿、著作、有代表性的照片等档案资料。由于这些名人档案资源所有权属于个人，凝集了名人的毕生心血，不可能像收集常规档案那样顺利，所以，在收集名人档案资料时会涉及这样、那样的困难，因此，要加强高校名人档案资源的建设，必须争取相关领导的重视，领导重视是做好名人档案工作的前提和保障。定期研究部署学校名人档案的收集对象范围，有计划、有针对地逐步开展；在人力、财力方面争取领导的支持，必要时请领导出面协调解决名人档案工作中遇到的实际困难，如工作上相关的配套设施，力争有关名人甚至家属的支持，动员他们配合名人档案的收集、归档工作，必要时也可以采取征购的方式处理。这些名人档案的收集，不仅为名人档案的开发利用奠定了基础，还可以丰富学校档案馆的馆藏，加强学校档案资源的建设。

当然加强高校名人档案的建设，最终目的是把散存的名人档案资料挖掘出来开发利用，发挥高校名人档案的作用，提高社会经济效益。高校名人档案的价值特征决定了档案部门开发利用名人档案的形式。高校名人档案作为一种特殊的重要信息资源，积累着名人大量的知识和经验财富，但由于高校名人档案利用价值的实现受到个人知识产权的保护，使得名人档案的开发利用受到限制，因此，高校名人档案的开发利用除了收集完整齐全的名人档案，还要侧重科学完善地建立多种检索工具，最大限度地揭示名人档案信息资源。对有条件的高校档案机构，可以申请创设爱国主义教育基地，可以根据实际工作需要，利用名人档案信息资源实体，就某一专题进行系统的有层次的加工，用新的体例、新的语言，图文并茂等形式汇编成相对集中、系统的资料信息。这样可以开创高校名人档案利用工作的新领域，拓展名人档案开发利用的范围。总之，高校名人档案的开发利用就是将名人档案记载的真实信息开发出来，将那些以客观事物反映的物质的、精神的事物加以揭示，这也是开发利用高校名人档案的价值性和必要性。只有充分认识高校名人档案的价值，才能做好名人档案的开发利用工作。

### 三、加强高校名人档案工作服务功能建设，促进名人档案资源的开发利用

提供利用档案是档案工作赖以生存和发展的基本因素。名人档案工作虽然不直接创造物质财富，但学校名人档案工作是一项为科学管理和科学研究提供必要条件的重要基础工作。不论在什么时候、什么情况下都起着不可低估的作用。

服务学校、服务社会是档案馆的功能之一。为了适应学校发展的需要，必须围绕学校工作的亮点、重点、难点问题，围绕学校各项管理工作，开展超前服务、主动服务。针对高校名人档案信息资源，尽可能满足利用者的需求，不断提高服务效率和效益。了解和研究利用者的需求，是做好名人档案开发利用的基础，作为高校档案工作者是最基本的一项要求，把被动的工作变为主动。在预测利用需求的基础上，要加强编研工作，合理地确定高校名人档案信息资源的开发，有目的地将分散于高校名人档案中的信息资源进行挖掘、分析、归纳和综合，系统、全面、集中地揭示高校名人档案的精华，最终向利用者提供需求的，具有突破性、可行性，具有参考利用价值，高质量的名人档案信息编研成果。总之，加强高校名人档案建设，是现阶段高校档案工作的自我完善；是高校教学、科研、管理等各项工作，社会经济的发展赋予高校档案工作者的历史责任。因此，高校名人档案工作要结合本校的实际情况，加强学校名人档案利用服务工作的建设，充分发挥名人档案的价值，为学校的发展服务，为国家的教育事业服务。

## 四、加强高校名人档案工作的信息化、数字化建设，做好名人档案的开发利用工作

高校档案信息网络化管理是信息时代的必然结果。不断从以往的手工作业方式转到以自动化管理为核心的轨道上来，也是高校名人档案工作的大势所趋。要大力实施“科教兴档”战略，全面推进高校档案信息化建设进程，利用现代信息技术，实现名人档案资料的电子化、数字化，切实提高名人档案现代化管理水平和工作效率，跟其他类档案信息一体化，这就需要加快名人档案资料的信息化、数字化建设，为各门类档案的信息化管理奠定基础。同时，也要正确处理高校名人档案信息化、网络化建设中保密与开发利用的关系，建立健全各项规章制度，把各项保障性措施落实到名人档案管理和网络管理的各个环节，既有效发挥高校名人档案的作用，又要做好保密工作。既要立足高起点定位、高标准建设，又要综合考虑自身的规模、经费、人员情况等实际因素，量力而行。围绕高校名人档案资源的建设、利用、安全三个建设目标，尽可能利用已建成的学校局域网及办公自动化系统，档案基础设施、名人档案资源，全面谋划新思路、新理念，实现新突破，以便开发利用高校名人档案，推进高校名人档案信息化、数字化建设，为做好高校名人档案资源的开发利用工作创造条件。

**参考文献：**

[1] 邱金辉，邱金玲．浅析广电档案信息资源的开发利用工作［J］．

中国档案，2010，(9)．

［2］陈姝．略论加强高等学校名人档案建设［J］．沈阳农业大学学报(社会科学版)，2006，(4)．

# 高校照片档案管理的探讨

昆明理工大学　刘永祥　周　荣
昆明医学院第二附属医院　祁　震*

**摘　要：**本文对学校照片档案在收集、整理、鉴定、归档等过程中存在的问题进行了分析与探讨，根据工作实践提出一些解决的方法。

**关键词：**照片档案　分类　整理　鉴定　利用

高校照片档案是高等院校从事教学、科研、党政管理以及其他各项活动直接形成的一种特殊载体的具有保存价值的历史记录。它作为高校档案中的一个重要组成部分，具有形式简单、直观、真实的特点，记载和反映了学校的历史及重大变革、重要人物的真实面貌。随着现代社会的不断发展，它具有的重要性更加地显现出来，它在学校规模发展、历史沿革研究等方面往往起着文字、实物等档案不能代替的作用。但是，照片档案的管理仍是许多高校档案管理的薄弱环节，并没有引起足够的重视，更没有得到充分的利用。一般高校建校历史比较长，照片保存年代久远，很多照片都已经破损，甚至在单位部门搬迁的过程中遗失，因此对照片档案进行科学有效的管理迫在眉睫。

## 一、照片档案管理存在的问题

高校照片档案主要是由各个部门分别组织拍摄的，往往存在如下问题。

（一）照片档案的归档意识不够，很多活动形成的照片档案归档不齐全或者根本没有归档

有些归档部门认为只有纸质档案才需要归档，照片档案通常就是一包、一袋无意识地存放，一旦档案部门要求归档时则将所有照片一并移交，有些照片甚至连背景说明都没有，这样就容易造成反映某一个活动的照片重份太多或者移交不齐全，随着时间的推移，照片逐渐散落而无从查找，留下许多

---

* 作者简介：刘永祥，男，昆明理工大学档案馆馆员，从事档案管理工作。周荣，女，昆明理工大学档案馆副研究馆员，从事档案管理工作。祁震，女，昆明医学院第二附属医院档案室馆员。

遗憾。

（二）部分照片档案只移交数码照片，重要的照片档案没有翻洗

随着科技的发展，数码相机越来越普及，数码相机在拍摄、保存、传输、检索等方面的方便快捷是传统胶片摄影所无法比拟的，这就为各地建立照片档案提供了一个新的契机，但是很多部门或者摄影人员只将这些数码照片保存在存储介质上，并没有对这些照片的内容进行详细的说明，更谈不上将这些照片翻拍后进行归档。

（三）照片档案编目不规范

一张照片如同一份文件，在编目时照片档案的编目应与纸质档案一样，必须具有归档文件的基本特征，如文件（照片）内容、文件责任者（照片拍摄）、文件（照片）的形成时间等要素。但大多数照片拍照后不加任何文字说明、不编目，就直接交到档案部门进行归档，失去了照片档案保存和使用的价值。照片如果不加编目及文字说明，归档后是没有任何意义的，随着时间的推移，谁也无法说清楚照片上所指的人和事是做什么的、是什么时候发生的事情，因此，照片档案的编目是照片档案管理的重要环节，必须加以规范。

（四）照片档案整理不规范

照片档案的形成往往是一件事情形成一组照片。为了确保照片档案的有效性，拍摄者一般对某一事件、某一人物、某一场景等进行多次拍摄。在归档时拍摄者通常难以取舍照片或不加整理和挑选，将照片全部归档，造成大量个别活动照片数量大、良莠不齐、重点不突出。

## 二、照片档案的分类

照片档案是部门档案的重要组成部分，我们需要对照片档案进行科学的分类，分类时应遵循有利于保持照片档案的有机联系、有利于保管利用的原则。一般高校都经过合并组建或者更名，笔者建议在进行照片分类时首先按照全宗来分类，然后再根据年度和内容进行分类，即全宗—年度—内容，其详细设置如下：

机构类：包括新成立机构、开办新业务、开设新网点等照片。

会务类：包括各类会议、表彰先进、比赛、招聘、答辩、培训学校、庆祝联欢等活动的照片。

外事类：包括上级视察、接待来宾和外宾、单位领导出访等照片。

业务管理类：包括反映单位主要职能活动、工作成果、重大事件、签订合约、有关学校重大建设项目开工、竣工典礼等照片。

荣誉表彰类：包括本单位荣获的重要奖励的奖状、奖杯、证书的照片。

## 三、照片档案的归档

### （一）照片档案的收集

收集照片档案时需鉴定其价值。画面内容、质量和真实性在一定程度上决定了照片的档案价值，在归档时应对照片进行鉴定筛选，选择那些有归档价值、拍摄清晰、画面完整、未加修饰剪裁、具有代表性、能全面反映事件全貌及其重要细节的照片归档，反映同一场景的照片一般只收集一张至两张。

### （二）照片档案的编目

对选中归档照片（同时也要对照片）进行文字说明，应指明拍摄的时间、地点、人物、事由、背景、摄影者这六大要素，这是保证照片内容真实、可靠的重要依据，也是对照片进行整理和提供利用的基础。数码照片的鉴定最重要的是对它的原始性和真实性的鉴定。目前计算机图像处理技术已日趋成熟和完善，随意改变和伪造的照片很难从画面上辨认出，这给照片档案的原始性、真实性的鉴定带来很大困难，照片收集归档前，档案管理人员应对照片是否进行过处理进行鉴定，确保归档数码照片的真实性和有效性等。

## 四、照片档案的数字化

针对本单位照片档案管理实际，便捷的查询和利用照片档案，更好地保护照片档案，需要对照片档案进行扫描，并将照片有关信息录入到相应的照片管理系统中。在对照片进行著录时，要保证照片信息的完整性，即拍摄时间、地点、拍摄人、背景、内容、尺寸大小等，同时也要注明照片的移交人、接收人、接收时间等，通过这种方式，我们可以根据不同的信息方便快捷地查询到所需要的照片。在对照片进行扫描时，需对扫描的照片格式进行选择，一般分为 JPG、TIFF 格式，JPG 格式的照片文件占用的存储空间比较小，但图像质量差一点，TIFF 格式的照片文件占用的存储空间大，图像质量较高。笔者建议对重要的一些照片使用 TIFF 格式进行保存，而一般的照片尽量使用 JPG 格式来进行存储。如果有条件的话可以另存一份矢量格式的图片格式。经过扫描之后的照片要进入数据库系统，在数据库中并不是将图片本身存入到某个图像字段中，而是将图片的文件名保存在数据表中的字段中，而真正的图片是存储在相应的某个文件夹中，一旦将数据库存入到数据库的某个字段中，随着图片数量的增加，数据库文件会爆炸式的增长，不利于照片的管理。经过扫描的照片和数据库文件，我们需要按照相关的规定对其进行保存，针对自然灾害、非法访问、非法操作、病毒侵害等，采取与系统安全、保密等级要求相符的防范对策，主要有：网络设备安全保证、数据安全保证、操作安全保证、身份识别方法等。

具体保障措施主要有：

（1）归档载体（如光盘、硬盘等）应一式两套或三套，一套封存保管，一套查阅使用，一套异地保存。

（2）归档载体应定期检查、转存，并防潮、防高温、防擦划、防挤压等。

（3）归档数码照片同时保存在档案部门计算机硬盘中。

（4）该计算机应由专门人员操作，避免误删等意外发生，同时安装专业防火墙和防病毒软件，并定期升级。

采取以上措施后，我们就基本可以保证归档数码照片的安全了。

总之，照片档案是高校档案工作中极为重要但又易于忽视的工作，我们要提高认识，采取行之有效的措施，切实维护照片档案的完整与安全，强化照片档案的管理，更好地为学校教学、科研、管理服务，为学校的中心工作服务。

**参考文献：**

［1］吴定宜，周华青．高校数码照片档案的规范化管理［J］．兰台世界，2009，（6）．

［2］袁彤彦，王超．对高校照片档案管理的思考［J］．兰台世界，2005，（11）．

［3］刘云峰．对照片档案管理问题的探讨［J］．青海档案，2001，（2）．

［4］张韵．高校照片档案管理存在的问题及对策［J］．科技信息，2009，（29）．

# 档案管理的过程控制论

## ——以基建工程档案的管理为例

昆明医学院　邵成林*

**摘　要：**本文不在于论述某个具体的概念，某种程度上，概念的定义反而限制了学科的发展，因为，任何事物都处于不断发展变化的过程之中。本文旨在引入相关理论，以基建工程档案为例，为档案的动态管理提供一种方法或者是一个思路。

**关键词：**档案管理　过程　控制论

### 一、引　题

在大部分学者看来，档案的管理是一个陈旧的话题了，因为它已经有一套相对陈式的理论，即使在当前数字档案深入人心的网络时代，有些人也认为，只要套用纸质档案的某些管理方法，稍微变通一下，设计个管理系统，也能对其进行管理。但事实是，躺在我们库房中的大部分所谓“永久”保存的档案，有多少人利用过？这些“永久”档案的价值是否真正发挥？档案管理机构的工作人员是否还在重复着“你来查什么，我提供什么”的传统“工作程序”？然而，所有这些问题可归结于“档案价值”的问题，在于我们如何界定其是否有价值！因为，受于时空的限制，个人对某个事物价值的判断实在是太主观了。

那么，我们如何相对准确有效地鉴定文档的价值呢？

### 二、入　题

首先，说明一个概念——档案。在笔者看来，档案的提法只是一种状态，为了引入过程控制论，档案就是一份文件或是一条记录或是一条信息发展到保存这一过程的状态了，本文提到的档案凡是未予说明的都为广义

* 作者简介：邵成林，男，昆明医学院院长办公室综合档案管理科，馆员，2008 年至今负责呈贡新校区工程建设档案的管理和利用。

之用。

那么，什么是控制论？在控制论中，“控制”是为了“改善”某个或某些受控对象的功能或发展，需要获得并使用信息，以这种信息为基础而选出的、于该对象上的作用，就叫做控制。由此可见，控制的基础是信息，一切信息传递都是为了控制，进而任何控制又都有赖于信息反馈来实现。信息反馈是控制论的一个极其重要的概念。通俗地说，信息反馈就是指由控制系统把信输送出去，又把其作用结果返送回来，并对信息的再输出发生影响，起到控制的作用，以达到预定的目的。由此可见，控制的目的是为了达到或者获得期望的目标和价值。为了达到价值的最大化，信息的不断反馈、方法和手段的不断变革就显得尤为重要，这就是过程控制。下面就以基建工程档案为实例，说明档案管理工作引入“过程控制”思想给鉴定文档价值所带来的有用性。

档案的整个管理过程是由“横向的过程”和“纵向的过程”交织而成的一个立体管理网络。首先来看“横向的过程控制”。横向的过程控制包括人、财、物的控制。人，即档案管理人员；财，即对档案管理的资金投入，其实也就是设备、技术的投入；物，即档案，因为物的过程控制主要以“纵向”控制为主，所以在横向过程控制中就主要以人和财为主。

对于基建工程档案管理人员的过程控制来说，要比一般文书档案管理人员的过程控制要复杂得多，因为工程档案管理人员不仅要懂得一般文书档案的管理方法，还得掌握建筑、财务、招投标、审计、监理等其他专业的基本知识。但是，现实情况是懂档案管理的不一定懂建筑，懂建筑的不一定懂档案管理，因为当前的教育“专业化”程度很高了，即使是在建筑当中，水、电、气等专业分工也相当精细。那么，对于基建工程档案管理人员的过程控制，就要结合建筑工程管理人员、技术人员、财务管理人员、审计人员、监理人员等各专业管理人员对整个建筑过程反复的信息反馈来实施对工程档案的管理控制，因为只有各个专业管理人员的亲历及过去的经验总结对工程档案以后价值走向的判断才更加准确有效，而作为主要过程控制的工程档案管理人员必须要在建设的各个阶段，针对不断出现的新问题，积极地提出解决方案，对档案管理方法不断变革，在过程之中就能准确地预测和掌控档案的价值走向。

而对财的过程控制，主要是设备和技术的投入控制。在建设过程中，主要文件资料以各种方案文本、报告、记录和工程图居多，因计算机、网络技术的广泛应用，使得这些“大部头”技术资料的管理显得简便得多，这就是先进设备和技术带来的最明显的效益。那么，要利用先进的设备和技术就需要不断地对其进行资金投入，然而，资金的投入也不是盲目的、跟风的投入，设备和技术不是越先进越好，而是要根据档案工程资料管理的需要进行控制性的选择，再先进的技术手段也是为了最大限度地发挥档案资料的价值。

物的控制，即对档案实体的控制，也就是档案“纵向的过程控制”，即对传统理论中所述的产生、收集、整理、鉴定、利用等这一档案发展过程的控制。

第一，对产生的控制。一份文档的产生不是任意的，它是按照相关规范和要求制作。在工程建设当中，所涉及文档资料种类较多，规范及标准也相对较多，比如各种报告、方案、合同、证书、图纸、记录、报表等。因此，作为档案管理人员就要全面了解各种文件资料的制作规范，针对这些规范和标准才能对此类档案的整理保管有一个宏观的“形态”把握，这是对档案产生之初“形”的控制。此外，作为一个合格的档案管理人员还要对产生这类档案的内容有所掌握。对内容的掌握才能真正了解它的价值所在，为鉴定工作奠定基础。一份文档的产生都有它的必要性，但它作为一份档案是永久保存还是有时限保存就得靠档案工作人员对其产生的前因后果有所了解，这样才能对档案的价值走向有一个宏观把握，这样的价值鉴定才是最大化的价值判断。

第二，对收集的控制。一份文件资料产生后是要“流动”的，这是一个信息的传递过程。那么，在信息的交换过程中，对流通的文件资料就会有所改动和修改，改动和修改的部分成为此份文件资料的重要组成部分，当改动和修改停止时，文件资料所对应的事项就也已完成，说明此项问题已解决。作为档案管理人员就要关注这一流动的过程，全面地收集相关资料，使得文件资料在成为档案后能清晰、准确地说明相关问题。比如一项设计方案和相应的设计变更便是一份完整的设计方案档案，我们不能只要原始方案，更不能丢弃设计变更。

第三，对整理的控制。档案整理工作对档案管理和利用有着重大的影响，整理越有序、越科学，管理和利用越方便、效率越高。其中，档案整理工作中以分类工作为核心，然而，分类的思想不是随意的，也不是一成不变的，而是要根据所管档案的现实情况、保管环境与条件、利用情况来考虑如何把收集到的档案科学地分类。对于工程档案来说，因工程档案种类繁多，可根据实际情况要么同类合并，要么分项保管，总之，如何分类都要以管理利用方便为目的，这样的分类思想才是科学的、高效的。

第四，对鉴定的控制。档案的鉴定工作是档案工作中要求最高的工作环节，鉴定工作是人对档案价值判定最主观的活动，但高质的鉴定工作要求档案工作人员最大限度客观公正地判断档案的价值，那么怎样做到客观公正地鉴定档案的价值呢？人还是关键因素，档案鉴定工作不能局限在某几个档案工作人员身上，鉴定者应征求文档的产生者、阅办者、修改者、利用者等其他人员的意见，综合判定其价值，这样才能做到价值挖掘的最大化。针对工程建设档案来说，就要征求诸如项目立项者、规划人员、设计人员、勘察人员、技术人员、监理人员、审计人员、财务人员以及其他涉及建筑、水、电、气、环保、消防、人防和施工等人员的综合意见，只有如此，档案的价值才能真正最大限度地发掘。

第五，对利用的控制。利用控制包括利用程序的控制和利用结果的控制。程序的控制是方法的控制或者说是“形”的控制，比如利用的手段，纸质的、电子的还是网络的，结果的控制就是内容的控制，它也是一个信息反馈的控制，通过对利用内容的分析我们也可间接地看出此份档案的价值，通过对利用内容的分析，我们也可以此为据有目的地开发二次、三次文献，使其利用更方便、价值发挥得更高。

以上五项构成了对档案这一“物”的过程控制，总之，对每一发展过程的控制都是围绕“价值”来进行的，因为价值才是我们管理档案的目的和重点所在。

## 三、结　题

在档案管理中引入过程控制论是非常有必要的，基建工程档案如此，一般文书档案亦如此，因为，档案管理人员只有对档案管理“横向”和“纵向”发展过程中产生信息的获取、分析以及不断地反馈分析，适时地革新档案的管理思想和方法，做到动态管理，这样才能达到档案价值最大限度的挖掘和发挥，档案的信息价值才是为我们所用的，信息的“有用性”才是我们社会活动中所需要的。

**参考文献：**

［1］控制论概述．［DB/OL］．http：//baike. baidu. com/view/62820. htm. 2010－11－15.

# 大学城基建档案整理中出现的若干问题的思考

昆明理工大学　杨　靖　杨淑芸*

**摘　要：** 基建档案是以独立的工程项目为对象，在工程建设中形成的一系列相关文件材料的汇集和存档，作为日后参考的资料。本文通过提出基建档案整理中存在的几个问题，想出了处理这些问题的相应对策，并同时进行反思，以便更好地指导日后的工作。

**关键词：** 大学城　基建档案　“三步走”　思考

随着我国高等教育事业的蓬勃发展，国家加大了对教育投资的力度，高校的扩建和合并组建越来越多。一大批现代化的教学用房、办公用房、教工住宅、学生公寓以及配套的基础设施拔地而起，随之而来的是基建档案数量以惊人的速度增长。基建档案是以独立的工程项目为对象，在工程建设中形成的一系列相关文件材料的汇集和存档。基建档案往往种类繁杂，而且数量较多，这样一批数量庞大的基建档案材料如何按照《高等学校档案工作规范》的要求进行分类、整理、立卷、归档，是目前大学城内高校档案馆亟待解决的问题。笔者按照“三步走”——发现问题、解决问题、反思问题这一过程，浅谈如何解决大学城基建档案整理中存在的问题。

## 一、基建档案整理中存在的问题

### （一）基建档案材料收集不齐全

高校基建档案材料一般是较为规范的，从一开始接受多家企业竞标，到各方论证、相关审批、实践检验、竣工验收，都有《建设工程档案管理条例》的规范和相关制度的约束，所以基建档案材料的形成应该是比较系统和规范的。但是有一些高校在基建档案整理中，由于对大学城整体建设没有前瞻性，对大学城建设过程中所产生的基建档案材料没有一个整体的整理思路，档案专职人员也没有对各施工企业档案整理人员提前进行培训、指导和

---

* 作者简介：杨靖，女，昆明理工大学档案馆副研究馆员，主要擅长档案业务指导及收集工作。杨淑芸，女，昆明理工大学档案馆馆员。

监督，导致一些施工单位移交的基建档案材料不齐全，出现错漏现象。缺失的材料涵盖了桩基础、地下结构工程、主体结构工程、屋面工程等施工技术管理记录和验收记录材料，以及火灾报警及消防联动系统施工及验收记录、消防日志、智能建筑综合布线系统竣工图等，并且出现卷内文件目录著录的文件级条目与文件内容不相符的现象。

（二）建设单位移交的基建档案材料整理不规范

由于大学城建设工程庞大，各高校建设单位通过招标、投标的方式，将几十栋楼房的建设以及电梯工程、综合布线系统、白蚁预防工程、建筑电气工程等内部单项工程交给不同的施工单位承包。这些工程的性质不同，各个工程的准备阶段、监理、竣工验收等各部分都是由不同施工单位负责的，并由施工企业将所产生的文件材料整理归档，这就使得同一个建筑物的档案材料由不同施工单位产生，导致基建档案的整理出现不规范现象。其负责整理档案的人员并不具备档案整理的专业知识，所以这些企业上交的材料不规范，大量的单项工程成套性材料被人为地分割开来，无法保持单项工程档案材料的有机联系，影响了档案的完整性、系统性和准确性，同时，也影响了档案提供利用的效果，不利于科学管理。

（三）大学城建设形成的档案材料数量庞大

随着呈贡大学城建设的快速发展，大量的工程项目已在竣工验收，将形成数以万计的归档材料。

（四）大学城建设形成的档案材料种类繁杂，涉及内容广泛

大学城是从无到有的一个创世纪的工程，由此将产生与以往的基建档案不同的文件材料，如校园规划、征地搬迁材料、地界红线图、招标补偿材料、地基勘测材料、建筑设计施工图纸、监察审计、财务等，种类包括合同、申请、报告、批复、会议纪要、名单、报表、图纸。

（五）《高等学校档案实体分类法与高等学校档案工作规范》已不适应大学城基建档案发展的要求

大学城建设形成的材料的收集范围已远远超出《高等学校档案实体分类法与高等学校档案工作规范》所列范围，无标准可参照，使大学城基建档案整理技术难度增大。

## 二、大学城基建档案整理的对策

科技的发展赋予现代建筑越来越多的功能，日常频繁的维修改造，使得基建档案利用的频率不断增多，因此，高校档案馆如何按照《普通高等学校档案管理办法》和《高等学校档案工作规范》整理基建档案材料是目前必

须考虑的问题，笔者认为，应从以下几方面予以考虑。

（一）查缺补漏，收集工作的好坏是直接关系到基建档案材料是否齐全、完整的关键所在

因此，高校档案馆对施工企业整理移交的基建档案材料进行仔细核对，并对欠缺的材料进行统计清理、查缺补漏，对于欠缺部分的基建档案材料，要及时做好补充收集工作，特别是要加强竣工验收文件及图纸的收集力度，档案馆要会同基建处对缺失部分的档案材料一一进行追补，尽可能使基建档案完整。笔者认为可采取以下措施进行补漏：由档案馆的工作人员提前按城市建设档案馆的要求给施工方布置要求，以确保基建档案的齐全完整。

（二）统观全局，对基建档案材料重新整理

基建档案的核心是以独幢建筑物构成一个归档单位，以保证工程施工档案的系统性和完整性，由于大学城建设的特殊性，造成大量的文件材料交叉、分割的混乱现象，故此，笔者认为，必须对这部分材料进行重新的分类整理。只有这样才能保证大学城基建档案的标准化和规范化，便于日后查找利用。具体做法如下：

1. 制订分类方案，规范档号的编制

按照《高等学校档案工作规范》的要求，根据大学城建设的实际情况，结合基建档案材料形成的特点，制订适合大学城基建档案的分类方案。按照单项工程设置类目，大致可以设定为三级类目来整理大学城的基建档案。考虑到新校区建设产生了大量招标文件及建设合同，这些文件并非完全按单体建筑来实施，无法将其归入某一个单体竣工档案中，因此招标文件及建设合同通通纳入 JJ11 类，JJ12 类为建筑单体竣工档案，例如某大学 2004 年有 14 项竣工验收的单项工程，2005 年有 38 项，2006 年有 3 项，由于同一年竣工验收的项目多，故基建档案档号适宜实行三级类目设置加以区别，如：2005 – JJ12 – 01 ~ N，即在 2005 年竣工的 38 个项目中，JJ12. 02 – 01 为第一个项目，JJ12. 02 – 02 为第二个项目，JJ12. 02 – 38 为第 38 个项目（02 为学校呈贡指挥部的部门代码）。由于大学城建设是空前的壮举，故将所有基建档案的保管期限通通定为“永久”。

2. 重新分类整理不规范的归档材料

同一工程的基建档案材料是一个有机整体，同一个案卷内的档案材料之间都有一定的联系，因而我们不能孤立地判断某一案卷、某份文件的价值和作用，而是将它们放到所属工程的案卷中去衡量。因此，要整理不规范的工程材料，首先，必须将联动工程项目档案材料进行重新拆卷，将涉及单项工程的基建档案材料内容全部抽出，并放入各单项工程中重新排列案卷。在维持原施工企业编制移交的案卷目录的条目不变的同时，将分离出来的材料在

案卷目录内的备注栏中注明互见号。其次，可以将工程准备阶段文件、监理文件、竣工验收文件、电梯工程等涉及单项工程相关的档案材料抽离出来，全部重新归入各单项工程中，按照竣工年度—— 问题——保管期限重新排列组卷。这样，既保持了联动工程的有机联系，又保持了单项工程档案材料的齐全完整。

3. 规范卷内文件目录题名

目前卷内文件目录题名的著录方式是采取文件标题的直接录入方式，这样势必造成有大量相同的卷内文件目录，成为档案利用的障碍。为了与日后数字化档案接轨，便于档案资源的检索和提供利用，形成一个档案提供利用体系，笔者以为，应改变当前卷内文件目录题名的著录方式，可以在每条基建档案的卷内文件目录前均输入项目工程的名称，如：菊苑 1 栋学生公寓：建筑安装施工任务通知书，菊苑 1 栋学生公寓：申请开工报告呈批表等，这样，便于数字化档案的内在管理与检索。

4. 提供人力保障，以保证基建档案整理工作的顺利进行

由于大学城各高校基建档案的数量多，分类整理过程较为复杂，工作量相应较大。因此要重新组卷整理、编制案卷号，是一个非常大的工程，所以要把基建档案整理工作做好，必须有学校领导的支持，在人力、财力、物力上给予保障。首先档案专职人员在一定的时间内要提前介入，对施工单位资料员进行业务指导，统一分类、重新组卷；其次充分约束施工单位，施工方必须按城建档案馆的要求向学校档案馆提供完整的一套竣工档案才能组织验收和工程结算。组织一批学生助理，或实习大学生修改页号、打号、按照规范折叠蓝图图纸等，并输入文件级条目，档案专职人员检查后，学生完成入盒、排架等细节工作，这样必然能够保证基建档案的案卷质量。

5. 采取档案馆直接针对施工单位的对接方法

因为大学城建设档案数量大、整理技术难度大，档案部门无法按照传统的整理归档要求规范呈贡指挥部这个归档部门，而采取档案馆直接针对施工方的对接方法，跳过了建设方及学校基建管理部门两个环节，目的是针对施工企业基建档案进行规范化的指导，一步到位地提出要求。在多年的档案工作实践中，笔者认为，高校档案馆在提升基建档案工作质量的同时，应经常到施工企业，主动了解各施工企业档案的收集、整理的具体特点和问题，给予有效的、具有前瞻性的具体指导，为施工单位的基建档案收集整理解决一些具体问题。

## 三、大学城基建档案材料整理的思考

在遇到问题后，能够解决问题，这仅仅是第一步，我们更应该反思问

题，以便更好地指导实践工作。针对目前大学城高校中负责基建档案整理的专职档案员对基建档案整理的做法不一的现象，鉴于大学城基建档案中出现的问题以及高校对基建档案整理工作不同的衡量标准，笔者认为，应从以下几方面予以思考。

（一）从制度上保障基建档案的质量

档案材料分类整理工作的好坏，直接影响到档案利用的效率，做好分类整理工作，是保证档案质量的基石。确保基建档案归档的案卷质量，档案馆必须建立健全档案管理各项工作的规章制度。大学城各高校档案馆应根据本高校的实际情况，进一步修订本高校档案工作的规章制度，特别是要制定切实可行的基建档案收集制度、归档范围（1994 年国家教委颁布的档案工作规范已无法适应新形势的需要，比如现基建工程新增了监理这个新兴的行业，产生了一系列由监理单位独立形成的监理文件和监理合同等档案材料）、实体分类方案、录标准、竣工验收材料归档质量评估体系保障制度、施工企业基建档案整理人员的上岗培训制度等一系列的规章制度，从制度上保障基建档案整理、归档工作的标准化和规范化。

（二）从收集上确保基建档案的完整

基建档案的收集工作，首先要对施工企业基建档案进行规范化的指导。专职档案人员对施工企业整理基建档案材料从工程的前期准备阶段，到工程开工、竣工验收的全程进行指导、监督、检查，提前介入基建工程档案材料的收集、分类、整理、立卷工作，这样，既有利于基建档案材料收集的齐全完整，又不会造成重复劳动，又有利于档案材料不受损坏。每个基建工程项目的档案材料客观地记述了这一工程项目的进展过程及成果，是一个有机的整体，不可任意割裂分散，因此要保证基建档案材料的完整性。各高校档案馆（室）要在今后的工作中，一是与基建部门一起，把好材料收集关，并将基建档案的归档范围、归档质量列入工程验收范围；二是可以实行工程基建档案归档案卷质量一票否决制，对档案材料收集不齐全、整理不符合要求的工程项目一律不能通过验收，从行政的角度对施工企业进行约束，以确保基建档案收集齐全完整。

（三）从专业人员上确保基建档案工作的顺利完成

由于档案工作者普遍不具备基建专业知识，难以适应较为复杂的基建档案整理工作。因此，作为单位的管理者来说，应该从基建档案工作的实际出发，让档案专业人员经过一系列档案专业知识的培训，然后再从事基建档案的整理和管理工作。这些专业人员，让他们提前介入工程的前期准备阶段，在工程开工、竣工到验收过程中指导、监督、检查施工企业整理基建档案材料，这些专业技术人员定能将基建档案的整理水平提升到一个新的高度，以确保基建档案工作的顺利完成。

以上所述，是笔者从大学城基建档案材料中发现的问题而引发的思考，以期抛砖引玉，尽快促成大学城基建档案工作的标准化和规范化，使高校的基建档案工作能为学校的建设、管理提供更高效的服务。

**参考文献：**

［1］李启卿．高校基建档案归档范围及保管期限改革之思考．［J］．北京档案，2006，（11）．

［2］国家教委办公厅．高等学校档案实体分类法，高等学校档案工作规范［M］．成都：四川科学技术出版社，1994.

［3］刘金存．论高校基建档案的建设与管理［J］．扬州大学学报，2003，（3）．

# 档案与旅游共赢之路

## ——旅游背景下纳西民族档案保护、发展研究

云南艺术学院　和　璇　曾丽娟*

**摘　要：** 一方面，学术的兴盛促进了旅游业的兴盛，纳西民族档案作为旅游的异质文化资源促进了旅游业的发展，另一方面，旅游业的兴盛又反过来促进了纳西民族档案的研究，纳西民族档案与丽江旅游业在相辅相成中得到了扩展。正是因为民族文化这条纽带，纳西民族档案和丽江旅游得以结缘。

**关键词：** 纳西民族文化　档案　旅游

旅游由人们对异质文化的感同身受之渴望而引起。所谓异质文化，对旅游地来说就是“人无我有”。档案文献则是对文化进行记载传承、发扬光大的重要载体，文化成为联结档案与旅游不解之缘的纽带。

纳西民族档案是我国西南地区纳西族从其发展的历史长河中采撷的各样的片段，它积淀了博大精深的纳西民族文化。纳西族主要源于中国古代氐羌族群中的夷系部族，秦汉以来从甘肃、青海河湟地区往南迁移，明清时期，纳西族的政治、经济、文化在云南丽江得到了高度的发展，形成一个民族文化底蕴深厚的民族。纳西族在其发展以及社会实践的过程中，创造了纳西族象形文字，此文字再为东巴所利用，写成经书，成为我们研究纳西族文学、历史、哲学、语言文字学以及自然科学方面的重要史料。这些档案史料为把握纳西族近千年来的发展脉络提供了最原始的第一手材料，有其重大的利用价值。文化产业是旅游业的灵魂，丽江紧抓大地震以后恢复重建以及1997年申报世界文化遗产成功的机遇，制造了旅游业一个突飞猛进、享誉全球的神话，文化产业自然发挥了不可估量的作用，纳西民族档案积淀的东巴文化（严格来讲是纳西民族文化）以积极姿态活跃于旅游市场，以纳西民族档案

---

* 作者介绍：和璇，在云南艺术学院档案室工作。曾丽娟，在云南艺术学院档案室工作。

为积淀形式的纳西文化成为丽江旅游业的强势品牌。

## 一

明确东巴文化和纳西民族文化的概念。

目前学界一般认为东巴文化指的是纳西族本土宗教东巴教中包含的丰富内容。最初吸引学者关注点的是记载东巴文化的由东巴文字形成的经书。很多学者例如宗晓莲就倾向于从民俗的角度而不是从宗教的角度来理解东巴文化，“把东巴文化看作民俗文化、民俗事项，客观上就把纳西人生产生活中的诸多事项都包括进东巴文化，东巴文化不再仅仅指东巴经书中包含的内容，外延无疑大大扩展”，“日本学者荒屋丰先生从自己的研究角度出发，‘把东巴文化当作包括民俗层次上诸种事项在内的广义性存在加以把握’，因而，他对东巴文化的定义是：‘东巴文化就是包括具有历史差异和地域差异在内的一切纳西文化，其对象是整个纳西族所保留的文化。以东巴文化相称，不过是为了使用上的方便。’”①

随着旅游的发展、研究的深入以及纳西族民族意识的增强，东巴文化越来越代表了纳西民族文化。容易造成概念混淆的是，随着丽江旅游业的发展和民族文化的开发，“东巴文化”声名响亮，越来越成为纳西文化的代名词，误用“东巴族”代替“纳西族”概念的现象已不鲜见。

由此看来，虽然“东巴文化”以及对应的“东巴档案”概念外延可以扩大到纳西民族文化以及纳西民族档案的程度，但是“东巴文化”这个提法在丽江以外的学术界不太普遍，还容易引起一些概念的混淆，且就字面意义来看，笔者倾向于使用“纳西民族文化”以及“纳西民族档案”来囊括东巴古籍以外的民俗档案以及正在产生的现代纳西民族档案，这些原始记录共同记录了博大精深的纳西民族文化。东巴档案是纳西民族档案的重要组成部分。

## 二

档案是人类社会的一种记忆工具，记忆是一个民族的根基。档案是社会实践活动中直接产生和形成的，并非事后写给人看的，它真实地记录着历史的原貌，是原汁原味的民族记忆的载体，民族的精神和文化在其中得到最真实的体现。档案本身就是文化发展的产物，积淀的是博大精深的文化因素。

档案作为一种文化资源与旅游有着密切的联系，无论是旅游胜地、博物馆、纪念馆等保存的各类非纸质和纸质原始档案，还是各级档案馆保存的大

① 宗晓莲．旅游开发与文化变迁［M］．北京：中国旅游出版社，2006：103.

量的历史古迹资料及相关人文历史档案，都是不可多得的旅游文化资源，其在旅游规划与开发、古迹的修复与保护、景观内涵延展以及旅游促销等方面具有不可替代的促进作用。

纳西民族档案是一种重要的旅游文化资源。纳西民族档案作为纳西族历史文化的传承载体，与旅游文化有着不解之缘，并形成了旅游文化资源的价值。纳西民族档案的旅游资源效用主要有以下几方面：一是文物景观附属原始档案的资源效用。例如纳西族石刻历史档案、壁画、崖画等，这些无疑都是重要的书法、文学以及宗教等旅游人文资源。二是档案的资源潜在效用。文物及相关人文历史档案，若合理开发其旅游潜能，不仅能够展示档案的文化属性，而且能拓展档案工作的服务功能，促进旅游业的发展，形成纳西民族文化的良性传播及传承。三是纳西民族档案本身就是旅游宣传的生动素材。

## 三

19 世纪以后，纳西民族文化的价值越来越受到学者的关注，对其进行了一系列的调查和研究。学者的研究为此后纳西民族文化作为资源开发所具有的价值进行了定位。纳西民族的原始记录逐渐成为档案的家族成员之一。

从档案学意义上来讲，纳西民族文化纳入档案学视野经历了一定的过程，这个过程中，纳西民族档案经历了关注——开发——传播——促进旅游兴起的过程，而旅游业兴起之后，纳西民族档案又被更大范围地关注——开发——传播。这种过程实际上也就是纳西民族档案与旅游业的互动过程。

如果没有学者对纳西民族档案的关注以及对其进行开发、大众传播，如火如荼的旅游业就不可能得到如此神速的飞跃。

这个阶段的飞跃事件是东巴古籍被列为“世界记忆遗产”。中国这样的文明古国产生的珍贵遗产可谓浩如烟海，在如此浩繁的民族珍宝中东巴古籍列入了“世界记忆遗产”，是纳西人民的世代积累和学者等的关注、研究、传播的成果，也是其档案原始记录价值的体现。

纳西民族原始记录纳入到档案学视野，意味着纳西民族档案成为我们档案工作的客体，我们必须对它进行保护和传承。联合国教科文组织对于记忆遗产有着特殊的规定，不是固化的方式加以保护，而是要求开发利用，使文献遗产得到最大限度的、不受歧视的平等利用；另外是产品的销售，开发以文化遗产为基础的各种产品并广泛推销。这样的规定是针对记忆遗产的特殊性提出的。作为一种民族档案，其开发利用工作亦是档案工作的重要方面。旅游是开发利用的一个重要催化剂，也是一个重要的应用主体。

## 四

承接以上论述考察纳西民族档案与丽江旅游业不难发现其内在联系：学术的兴盛促进了旅游业的兴盛，纳西民族档案作为旅游的异质文化资源促进了旅游业的发展，另一方面，旅游业的兴盛又反过来促进了纳西民族档案的研究，纳西民族档案与丽江旅游业在相辅相成中得到了扩展。正是因为民族文化这条纽带，纳西民族档案和丽江旅游才得以结缘。

旅游对纳西民族文化的影响，我们需要关注到积极和消极两个方面。

从积极方面来看，旅游促使人们认识纳西民族档案的价值，还可以促进纳西民族档案的保管与开发。认为旅游业的兴起只能带来文化的变迁和趋同化的观点是片面的。如宗晓莲博士就认为表层的文化可能快速而普遍地被采用或被丢弃，但是文化的认同和民族意识则可以长时间保持不变，甚至有所增强。旅游业的兴起在一定程度上能增强文化认同和民族认同感。以纳西民族档案为例，东巴文字主要应宗教需要而产生，决定了其传播的有限性。在新中国成立前，一般纳西族人都学习汉字，新中国成立以后更是普及汉族文化的教育，甚至把东巴经书等作为“四旧”破除的对象，东巴文字和文化被渐渐淡忘。直到20世纪70年代，一些纳西族学者开始意识到东巴文字和文化的独特性以及对本民族的特殊意义，在研究领域东巴文化被提上了日程。但这只是传播的基础，真正得到宣传以及研究、开发是在旅游业发展之后。旅游业的发展对纳西民族主体意识的增强起到了很大的促进作用，在民族意识增强的基础上，纳西族人开始越来越关注自己民族文化的变迁以及传承问题。旅游开发商、政府、民众的旅游开发以及旅游开发所必然带来的民族文化开发、保护、传承意识得到了前所未有的发展。因为旅游业对异质文化的关注，东巴制纸等工艺亦得到了恢复，在古城里提供成品东巴纸以及可自制东巴纸的商店并不鲜见。古城的街道路标、Adidas的广告语、德克士的菜单等都用东巴文字表示，东巴文字的应用得到了前所未有的普及。

从消极的方面来看，在商品化时代急功近利的趋同思路之下，很多商家把纳西民族文化变成一种招牌，迫不及待地悬挂出去招揽外人来看，或贴上东巴文化这个醒目的商标以后变成新鲜的商品去卖个好价钱。

纳西民族档案是纳西民族文化的产物，是重要的旅游文化资源。纳西民族档案作为档案工作的客体，被作为纳西文化的原始记录进行研究经历了一定的过程，从自然、客观的存在状态，到渐渐为学者、游客认识，最后作为纳西民族的原始记录纳入了大众传播，纳入了研究者的视野，纳入了档案工作的视野。一方面，关于纳西民族档案的学术研究的兴盛促进了丽江地区旅游的兴盛，纳西民族档案又作为旅游的异质文化资源促进了旅游的发展；另一方面，旅游的兴盛又进一步促进了纳西民族档案资源为大众所认识，促进了学术研究以及开发利用。以民族文化作为纽带，让旅游与档案结下了不解之缘。纳西民族档案在旅游热潮中，价值得到了更进一步的实现，但是不容忽略的是，人们对纳西民族档案的开发利用有着很多的曲解、谬误、浅层次等不足，对纳西民族档案的旅游资源效用开发度不足。档案和档案工作在这样的现状下需要转变角色，突出人文关注，关注文化内涵，以实现档案工作的发展与促进旅游业可持续发展的双赢，使得档案业和旅游业更好地实现良性互动。第一，需要强化档案、档案工作的文化积淀功能，做好纳西民族文化的整理工作；第二，需要强化档案、档案工作的文化传播功能，在传播过程中作为信息原始记录权威而存在，规范旅游经济的文化根基；第三，要促进纳西民族档案文化公布工作，全方位关照利用群体，选择特色、传播纳西民族文化精髓、易于提供利用的选题和程式，做好纳西民族文化的理性、良性传播。在不懈努力下，纳西民族档案在丽江地区旅游业可持续发展中必将起到越来越重要的作用，实现档案业与旅游业的共赢目标。

**参考文献：**

[1] 杨毅，张会超．东巴文化之档案化探析［J］．学术探索，2006，(1)．

[2] 杨毅，张会超．用旅游业提升档案业魅力［J］．山西档案，2006，(1)．

[3] 杨福泉主编．策划丽江［M］．昆明．云南民族出版社，2005.

[4] 宗晓莲．旅游开发与文化变迁［M］．北京：中国旅游出版社，2006.

[5] 和璇．论东巴档案在旅游热潮中的价值扩展［J］．兰台世界，2007，(1)．

[6] 和璇．档案学视野中的东巴文化［J］．云南档案，2007，(6)．

# 新形势下高校外事档案管理工作探析

昆明医学院　张晓娴*

**摘　要：** 高校外事工作目前正处在一个前所未有的活跃期，对外交流与合作日益频繁，传统的外事档案管理已经难以适应新的工作需求，为了适应日益发展的外事工作，外事档案工作必须进入一个崭新的管理模式。本文分析了目前高校外事档案管理工作中存在的主要问题，并提出了一些解决思路和办法。

**关键词：** 高校　外事档案　管理

近年来，随着我国高等教育管理体制改革的不断深入，高校的办学规模越来越大，校际间的竞争愈来愈激烈。为扩大办学规模、创新办学模式、提高学校国内国际的知名度，各高校都在千方百计地扩大与外国高校及社会各界的合作与交流，从而使得高校外事档案材料数量与日俱增。因此，外事工作在高校扮演着从未有过的重要角色。如何做好新形势下高校外事档案的管理工作，是高校档案人员关注的一个新热点。笔者结合我校的工作实践，就此问题谈几点看法，以供同行探讨。

## 一、要求与现状

教育部在高校外事工作基本原则中对档案工作提出了明确要求，即“外事档案必须实行集中统一管理，确保完整、系统、准确和安全，便于开发利用”。众所周知，外事档案收集整理工作质量的高低，不仅直接影响着馆藏的外事档案信息资源开发利用的水平与价值，而且还关系到它能否真实记录学校外事工作历史的重大问题。高校外事档案在1993年以前隶属于文书档案，国家教委《高等学校档案实体分类法》颁布后，高校档案按活动领域分类，从1994年起单独列为“外事类”。根据《普通高等学校档案管理办法》，高校实行文件材料形成部门立卷制度的规定，高校外事档案工作由一名高校外事部门负责人分管，并设部门兼职档案员，具体负责外事档案材料的收集、整理、立卷和归档工作，高校档案管理部门负责此类档案的业务指

* 作者简介：张晓娴，女，昆明医学院档案科科长，副研究馆员。

导、集中保管与提供利用服务。然而，在实际执行中许多高校进馆的外事档案数量与质量难以保证，外事档案管理工作现状不容乐观。究其原因：一是，外事工作人员编制较少，几乎每一位同志都在肩负一项或几项具体的工作，经手大量材料，因其自身工作较忙，而由于档案工作基础性、辅助性的特性，使外事档案收集工作难以得到应有的重视；二是外事档案整理材料内容复杂，载体种类多、工作周期长，收集难，整理也难，相对其他种类的学校档案而言，外事档案的归档工作难度更大。

## 二、面临的形势

### （一）外事档案数量巨大

我国高等教育管理体制改革，各高校为提高知名度、提高办学水平，促使各高校在增强软实力上下工夫，纷纷加大外事工作力度，使高校外事档案材料数量与日俱增，有成规模化的趋势。以昆明医学院为例，仅 2009 年一年，派出长期出访教师 32 名，短期出访师生团组 39 批；来访团组 40 个，招收留学生及港澳台学生 97 人；聘客座教授 2 名，外教 6 名；举办国际学术会议 4 次。

### （二）外事档案内容多样化

随着高校对外合作交流范围的扩大、层次的提高和形式的多样，外事档案内容呈现多样化。以近几年昆明医学院外事工作为例，其内容涉及：国外的医疗机构、高校负责人、专家教授来访，外聘专家、教授，学校（包括学院、部门）负责人的出访，教师出国深造、参会，举办（或参加）国际学术会议，合作科学研究、合作发表论文、合作开发应用，联合培养学生、联合申请课题、联合建立研究机构以及本科生交流、学生社团互访等。

### （三）外事档案载体多元化

除了传统的纸质档案外，高校外事档案载体呈现多元化，如照片、光盘、胶片、录音带、录像带、缩微品、电子文件等不同载体的档案材料，不同实体的荣誉证书、礼品、纪念品等，且其比重越来越大。如何将各种载体的外事档案及时、完整、齐全地收集管理，保持本校外事活动的历史真实原貌，已成为学校档案管理部门必须面对的紧迫问题。

### （四）外事档案来源复杂化

随着我校对外开放和管理体制改革的深入，一是教师自费出国（境）人数大增；二是学院级外事活动的范围与数量也大增；三是研究生、本科生的交流增加。因此，外事档案来源日趋复杂化，除学校外事管理部门外，外事档案的形成还包括校内、校外多个管理部门、个人，往往还会来自国外的管理部门、个人。

（五）外事档案形成周期比较长

长期公派一般要三四年才能完成，而合作项目少则一两年，多则八九年乃至更长。

## 三、几点对策

（一）领导重视，增强档案意识

我校国际交流合作处领导高度重视档案工作，将档案管理工作纳入部门工作制度、工作计划，纳入相关人员的岗位职责，与其他工作一同安排部署、一同检查落实；同时，还经常过问档案工作，并根据需要召开专题会议，切实解决工作中出现的具体困难和问题，组织全体职工大会广泛宣传学习有关档案管理的政策、规定，统一思想，提高认识，更新观念，树立和强化了全员档案的意识。

（二）健全管理制度，规范档案工作

制度是工作规范的基础，只有建立和健全外事部门的档案管理制度，才能使外事档案的各个环节有法可依、有章可循。我校根据外事工作的新形势，适时调整、更新外事类档案的归档范围，经过学院档案科与国际交流处多次讨论，先后制定了《昆明医学院国际交流处外事类档案管理制度》、《昆明医学院国际交流处档案分类指导目录》，为外事档案工作规范开展奠定了基础。

（三）逐级落实责任，形成工作网络

从 2007 年开始，我校档案工作按三级行政管理体制推行三级校、处（院）、科（室）管理系统，外事建立了相应三级管理网络，即处长主管、副处长分管，三个科的档案工作分别由科长负责，相关人员按职责对其形成材料做到谁办谁归，实行统一管理、层层负责制，建立了一套完善的档案管理工作网络和体系。为加强监督和管理的力度，要求档案管理员按照规定，利用 OA 系统，每天及时处理在工作活动过程中形成的文字、声像、图表等材料，定期整理，年度移交，尽量减少缺漏。

（四）增加三级分类目录，利于归档工作

根据其工作内容和内部分工情况，我们对校级管理的 WS12、WS13、WS14、WS15 下设了三级类目。即在 WS12 下设三级类目：121. 长期派出（三级类目按人排序，一人一个序号）、122. 短期派出（三级类目按团组排序，一个团组一个序号）、123. 学生长期派出（三级类目按人排序，一人一个序号）来访；WS13 下设三级类目：131 长期来访（三级类目按人排序，一人一个序号）、132．短期来访（三级类目按团组排序，一个团组一个序号）；WS14 下设三级类目：141. 中外合作院校校际交流协议、合同、项目纪要材料、备忘录，142. 国际合作项目、成果等材料，143. 授予外籍人员名誉称号的材料，144. 双方互赠的礼品、纪念品，145. 国际会议有关材料（本校主办或承办的）；WS15 下设三级类目：151. 本科生、152. 硕士研究生、153. 博士研究生、154. 医学进修生、155. 汉语进修生。

（五）加强培训，提高档案工作水平

三级工作网络的建立，使国际交流处每一位同志都负有档案工作任务，为确保档案工作质量，国际交流处请档案科多次对全处人员进行培训，并利用出差机会与兄弟高校外事部门档案员进行横向交流，使大家掌握了一定的档案管理理论知识和业务技能，以适应新形势下外事档案收集工作的新要求。档案管理部门还应经常主动与外事部门沟通和交流，了解并帮助解决他们的实际困难与问题，以人为本，以情动人，提高外事兼职档案员的业务素质。

（六）以利用促大发展

归档工作的顺利进行，让师生员工和社会体会到外事档案材料规范管理后好找好用，外事档案的价值与作用逐步得以体现，以此提高人们的归档自觉性。此外，档案进档案部门管理后，也为外事部门进一步做好工作提供方便和参考，减轻了外事部门保管和利用的压力，使外事部门切身尝到归档工作的甜头，归档的积极性更高了。以利用促收集，是加强外事档案收集工作力度的重要方法之一。

（七）利用文档一体化管理系统，随办随归，提高工作效益

利用 OA 系统，改革传统的事后收集模式，在文书材料形成之时就加以控制，这样一方面可保证外事归档文书材料的齐全、完整，另一方面又可推动外事档案收集、整理、利用实现标准化、规范化、信息化。为实现集中统一管理，确保完整、系统、准确和安全打下良好基础。从而提供快捷、时效、准确、可靠、便利、多方位的信息服务。

我们相信，在科学发展观的引导下，本着对学校历史负责的高度责任感，通过不断的努力，高校外事档案管理工作定能适应不断发展、变化的新形势，从而使外事活动的历史记录得以完整地保存，从而促进高校外事工作向高层次迈进。

例：2009届本科毕业生 Phung Thi Thu Trang 冯氏秋莊归档情况

2009－WS151.1－C　　**归档文件目录**

| 件号 | 责任者 | 文号 | 题名 | 日期 | 页数 | 备注 |
|---|---|---|---|---|---|---|
| 1 | | | 录取通知书及入学材料（Phung Thi Thu Trang 冯氏秋莊） | | 3 | |
| 2 | | | 教育厅奖学金生文件（2004） | | 6 | |
| 3 | | | 转学材料（广西中医学院） | | 3 | |
| 4 | | | 高中毕业证书及成绩单 | | 4 | |
| 5 | | | 外国留学人员来华签证申请表（JW202表） | | 4 | |
| 6 | | | 体检表 | | 12 | |
| 7 | | | 护照复印件 | | 2 | |
| 8 | | | 居留证复印件 | | 4 | |
| 9 | | | 住宿登记复印件 | | 4 | |
| 10 | | | 办理居留许可的函及申请表 | | 7 | |
| 11 | | | 收费通知及收据 | | 7 | |
| 12 | | | 学位授予相关材料 | | 5 | |
| 13 | | | 学位证及毕业证 | | 2 | |
| 14 | | | 其他相关材料 | | 14 | |

**参考文献：**

［1］李彩梅．高职高专外事档案管理存在问题及解决思路探讨［J］．柳州师专学报，2010，25（2）：138～139.

［2］刘可勤．高校档案信息数字化［J］．中国档案，2001，（4）：21.

# 民办院校人事档案管理存在的问题及解决途径

云南经济管理职业学院　崔立华
昆明理工大学　樊荣珍*

**摘　要：** 人事档案是一个人成长经历的记载，在人的一生中起着重要的凭证和依据作用，具有重要的保存价值和参考使用价值。而目前我国的民办院校人事档案的管理普遍存在很多问题，本文主要探讨民办院校人事档案的重要性与存在问题，并提出解决措施与建议。

**关键词：** 民办院校　人事档案　管理

随着教育事业的发展，民办院校已经成为我国高等教育体系的一个重要组成部分，并且发展前景良好。但是民办院校在人事档案的材料收集、整理、接收托管、利用等方面存在诸多问题。邓小平同志曾经指出："一个学校能不能为社会主义建设培养合格人才，培养德智体全面发展、有社会主义觉悟的有文化的劳动者，关键在教师。"对于民办院校的教师而言，学校不仅是其生存的基础也是他们工作事业发展的平台，而人事档案是他们政治生涯和业务能力发展的真实写照，有了自己的档案即有了一种归属感、安全感和充实感。人事档案既是民办院校事业发展的需要，也是教师个人成长和生存发展的必要条件。因此建立健全民办院校的人事档案，显得尤其重要。

## 一、人事档案的重要性

在我国，人事档案是国家机构、社会组织在人事管理活动中形成的，反映建档对象个人经历、思想品德、业务能力、工作状况以及奖惩等方面的材料，是以人为单位集中保存起来以备查考的文字、表格及其他各种形式的原始记录，是一个人毕生经历的记载。高校人事档案是学校进行教学科研、职称评定、提拔聘用干部的重要依据。随着民办高校的兴起，人事档案已成为记录教师流动、个人成长、用人单位考核的重要依据。民办院校教师在申报职称，办理退休退职，申请养老保险、医疗保险等方面都少不了人事档案，

* 作者简介：崔立华，女，云南经济管理职业学院讲师。樊荣珍，女，原昆明理工大学档案馆研究馆员。

它是教师人生工作轨迹的见证。

随着我国改革开放的深入，民办院校的人事档案与其他流动人员的档案一样是由当地人才交流服务中心代管。许多年轻教师由于对人事档案认知度低，档案意识薄弱，在工作变动时意识不到人事档案的重要性，以致办理调动手续时对个人档案不闻不问。一些教师人事档案不健全、内容单一，甚至丢失或下落不明。那么人事档案对一个人的作用是否重要？毋庸置疑，在中国的国情之下，人事档案甚至可以决定一个人的政治命运。正如有的学者所说，它是一个人存在于社会的“印迹证据”。如果个人档案遗失或档案内容模糊不全，那么教师在职称评定、办理退休时，可能会由于档案上的问题带来意想不到的麻烦。特别是民办院校随时有教师流向其他事业单位、考公务员等，其在民办院校时期形成的人事档案就成为过去工作的经历、身份的证明。人事档案记录的德能勤绩体、奖惩等情况，是新的用人单位全面地了解和启用新人的重要依据。随着教育事业的发展，民办院校教师已成为我国教师队伍建设的重要组成部分，其人事档案管理也应逐渐地纳入干部人事档案管理体系，与公办院校一样实行人事档案规范化、标准化管理。

## 二、民办院校人事档案存在问题

### （一）“弃档”现象严重

根据国家有关部门规定：县以上人才流动服务机构为流动人员档案管理机构，非国有企业等部门不具有管理人事档案的资格。因此民办院校教师人事档案只能由当地人才交流服务中心托管。所有挂靠在该中心的档案，每月需缴纳一定的保管费用。民办院校教师个人档案在合同期内是由学校缴纳保管费，也有的是个人缴纳。教师辞职后，有的没开到调档证明、有的没找到合适的工作，反而要再交一笔托管费，导致教师不得已“弃档”。由于“弃档”后，近期内没有人事档案并不影响个人的发展，因此，多年来对人事档案的在意程度日益淡化，对挂靠在人才交流中心的档案不再问津，任由其成为“死档”。有的教师自高校毕业后多次调换工作，对档案的去向从不过问，以致最后不知道自己的人事档案流向何处。

### （二）人事档案材料内容陈旧，缺乏可用性

根据相关规定，人事档案要正确全面地反映一个人的德、能、勤、绩、体等方面的情况，归档内容应具有真实性、专业性、动态性和机密性。民办院校的档案管理人员要及时将反映教师本人工作表现、德才能绩等内容进行归档，做到“档随人走，人档统一”。特别是教师调入、调出时，要检查、完善档案材料内容。现民办院校教师的人事档案大部分是在校读书期间的人

学材料、学籍表、成绩册、毕业登记表、入党或入团志愿书等材料。毕业后进入社会的工作表现、取得的成绩等材料在档案里很难见到。导致很多教师的个人档案出现断档、空白，缺乏真实性、有效性和全面性，档案可用率不高，没有使用参考利用价值。

（三）民办院校人事档案管理制度不完善

由于民办院校的特殊性，没有专门的人事档案部门和档案管理人员，档案业务生疏，对人事档案的归档内容不清楚。尤其是民办院校人事部门由于工作繁重、人员变动的频繁，不能及时收集教师个人在民办院校工作期间产生的反映个人成长变化的材料。特别是一些民办院校由于管理工作不规范，对收集个人档案材料不重视，不能把教师学历、职称、专业特长、科研成果、技术创新以及德、能、勤、绩等材料及时补进教师的个人档案，并交人才交流中心归档。

（四）档案内容重政治，缺业务、业绩材料

由于强调归档材料的精练性，导致人事档案中大部分是表格、小结、评语等材料，定性描述多，定量分析少。有的受传统观念影响，只注重收集政治活动的材料，轻业务、业绩类材料。大多数个人活动中形成的获奖材料、学历、进修、学术材料等，由于归档范围、归档制度不明确而漏归档。所以很难保证人事档案能如实反映教师的个人情况。现存人事档案里履历表、政审、职务变动、工资变动等材料基本已不能全面反映每一个人的德、能、勤、绩、体等多方面的真实情况。

（五）人事档案管理手段落后，信息化水平低，多数单位没有采用人事档案计算机管理。

档案管理基本处于手工抄写目录，凭经验、凭记忆查找档案，工作量大，效率低下。人事档案仍延续纸质化管理的老路，职工填好履历表，提交相关证明材料后，就放进档案盒锁进柜子里，不到必要时期，任何信息都无法查找。即使有计算机管理也仅仅停留在性别、年龄、政治面貌等基本信息的记录上，缺乏人事档案系统化、数字化、规范化管理，电子数据利用率低，缺失严重。

## 三、解决途径及措施

（一）构建公益性、服务型的人事档案管理机构，建立合理的收费制度或免费保管流动人员的档案

对民办院校教师人事档案保管费用可采用由单位定期缴纳或保管单位代为收取的方式，减少民办院校教师压力。对辞职或去其他单位的教师档案应

及时通知调档或转档，不得以各种借口扣压个人人事档案。无论公办还是民办教育，教育都属于一个国家的大事，因此应实现民办院校教师与公办教师同等待遇。档案管理规范的民办院校，可建立人事档案室，按国家人事部门的规范要求代管本单位教职工人事档案，以便及时补充档案内容。政府部门应加大对人才交流中心的投入，加强档案基础设施建设和专业人员的培养，减轻档案保管部门的经济压力，使档案保管机构由商业性向公益性、服务性转变。

（二）增强民办院校教师人事档案的意识

通过培训与宣传，普及法律法规和人事档案管理基本知识等，提高档案管理人员业务水平，做好人事档案材料收集归档工作。对人事档案定期检查，及时补充、完善。同时提高教师自身对人事档案的认识和自我保护意识，使得民办院校的人事档案管理朝着自我完善、主动移交、规范管理方向发展。加强与民办院校或教师之间的联系与沟通，督促他们及时更新档案，保证档案的完整性、准确性安全。

（三）健全归档制度，坚持集中收集、经常收集与多渠道、多形式收集

根据档案材料形成的规律，做到嘴勤、手勤、眼勤，了解各有关部门的工作动态和活动规律，掌握材料形成的信息，建立科学的收集与传递制度，及时将有关材料收集归档，防止时过境迁而造成档案材料的遗忘、丢失和损坏。

（四）加强人事档案的信息化管理。利用计算机技术对人事档案进行储存、查找，变“死”档为“活”信息

首先要建立人事档案数据库。实现人事档案的分类、统计、编辑、查询、打印、档案的流转等功能，提高人事档案管理工作效率和质量。其次，加快全文数据库建设。从保护档案实体出发，通过扫描仪把易磨损、利用率高、价值珍贵的档案输入到计算机中。利用部门根据需要调出相关内容，通过屏幕查阅、摘录、打印等。

总之，人事档案管理必须打破传统模式、明确服务方向、扩大服务范围、提高服务质量。激活人事档案管理，实现档案管理的规范化、科学化、现代化，使人事档案更好地为社会服务，适应人才市场需求。

**参考文献：**

［1］卢智诚．加强教师群体整合，提高教师素质——三台一中校本培训［J］．四川教育学院学报，2004，（6）：66～67.

［2］朱玉媛．现代人事档案管理［M］．北京：中国档案出版，1987.

［3］刘琴．人事档案管理问题与对策［J］．档案学通讯，2007，（3）：

67 ~ 69.

［4］范侠．关于聘用制下高校人事档案管理的几点思考［J］．武汉交通职业学院学报，2009，11（3）：74 ~ 75.

［5］罗剑丽．人事制度改革下的高校人事档案管理与高校人力资源管理的思考［J］．科技情报开发与经济，2009，19（35）：143 ~ 144.

［6］黄庆华．流动人员人事档案管理分析［J］，兰台世界，2008，（8）：18.

［7］赵金波．科学发展观视角下的现代人事档案管理理念［J］．世纪桥，2010，（15）：127.

# 加强大学生心理健康档案的管理是高校教育发展的需要

云南中医学院　杨　莎*

**摘　要：** 心理健康教育是目前高校教育中必不可少的重要工作，而建立和完善大学生心理健康档案是做好这一工作必不可少的环节，因此加强大学生心理健康档案的科学管理工作已成为当今时代高校多出人才、出好人才的必然要求。

**关键词：** 大学生　心理健康　档案

大学生心理健康教育是高校全面实施素质教育的重要举措，是高等学校德育工作的重要组成部分，而构建大学生心理健康档案是心理健康教育必不可少的环节。在西方，19 世纪末心理健康教育就作为一门学科确立起来，我国的心理健康教育虽然开始于20 世纪 30 年代，但真正受到重视不过是最近几年的事。从 2004 年教育部要求在直属高校秋季入学的所有大学新生中都建立心理健康档案开始，全国很多高校为学生建立了心理健康档案，但面对目前大学生中存在心理障碍的比例接近 30% 的现状，此项工作的开展还需要进一步完善和提高。

## 一、加强大学生心理健康教育是时代发展的需要

大学教育担负着在当代社会中为社会的价值观转型和道德建立提供行为规范，建构价值观念的职责。从这个意义上说，拥有健康的心理对当代大学生十分重要，它并不亚于大学生对知识的需求。大学生如果没有健康的心理素质，在校期间就无法完成正常的学业，就无法承受各种各样的挫折和压力，毕业后就无法胜任所承担的社会角色。据大学生心理素质状况调查表明，目前近三成的大学生不同程度地存在着心理健康问题。这一数字说明对大学生进行心理健康教育、精心呵护莘莘学子的心灵，不仅是高校思想政治工作的需要，也是我们这个时代培育人才的需要。因此，从 1994 年《中共

---

* 作者简介：杨莎，女，云南中医学院院办档案室馆员，主要研究方向：档案信息管理与应用。

中央关于进一步加强和改进学校德育工作的若干意见》，到2003年《教育部办公厅关于进一步加强高校学生管理工作和心理健康教育工作的通知》、2004年《中共中央国务院关于进一步加强和改进大学生思想政治教育的意见》，中央在不断加强和完善大学生思想政治教育工作体系的过程中，明确要求全国各高校党委切实把大学生心理健康教育工作纳入学校重要议事日程，采取有效措施抓紧抓好。不少高校也在这一意见的指导下制订了大学生心理健康教育计划，确定了相应的教育方法、教育内容，建立起了心理健康教育和咨询的专门机构，配备相应数量的专兼职心理健康教师，积极开展大学生心理健康教育和心理咨询辅导，预防和缓解大学生的心理问题，把帮助大学生树立心理健康意识，培养他们的心理素质，增强他们心理调适能力和对社会生活的适应能力，作为大学教育的一项常规工作来抓。

## 二、对大学生心理健康教育档案管理和利用的现状

对大学生心理健康档案的建立和完善是有针对性地对学生进行心理健康教育的必由之路，而管理工作的优劣直接决定着档案发挥作用的大小。目前各高校的大学生心理健康档案，主要包括学生个人的基本情况、家庭背景、心理健康测评及结果等各种反映学生心理健康状况的记录。这些记录形式多样，其形成有些是定期的、有些是不定期的，但无论是哪种类型的记录，都为有针对性地做好大学生心理健康工作提供必要的依据和凭证。所以，各高校都非常重视对大学生心理健康档案的利用，及时进行收集整理、更新和维护，使之处于一种动态状态，从而确保系统的活力，为这些档案发挥作用打下良好的基础。但从目前的情况来看，在大学生心理健康档案管理制度建设、档案人员的配备等方面，还存在着与日益提高的大学生心理健康教育要求不相适应的情况。

## 三、切实加强大学生心理健康档案建设，实现科学管理的几点建议

为适应目前大学生中存在心理障碍人数居高不下、心理健康问题日益复杂、档案管理要求进一步规范的现状，在高等院校档案管理部门制定大学生心理健康档案管理的规划时，我们既要做到实事求是、循序渐进，又要考虑到现有的人力、物力、财力情况，必须在以下几个方面加强大学生心理健康档案管理建设。

### （一）本着以人为本的精神，制定和完善相应的管理规范和制度

高校大学生心理健康档案管理工作是一项新生事物，在许多高校都还存在着如何建、由谁建、如何管等问题。但从心理健康档案工作是为学生健康

成长而保管和提供心理健康教育依据的工作职责来说，如果我们在大学生心理健康档案管理工作中能够紧紧围绕为学校发展和学生成长服务这一主题来开展工作，同时建立健全档案管理制度，明确岗位责任，确定专人负责、明确到位的档案管理制度，那么高校大学生心理健康档案管理工作必将成为高校教育管理和培养健康合格人才的重要阵地。

（二）正确认识思想政治工作与心理健康教育的关系，重视大学生心理健康档案管理工作的思想，配备相应的档案管理人员

在目前的学生教育管理工作中，所有高校主要领导都非常重视学生思想政治教育工作，但有些高校领导对思想政治教育工作与心理健康教育工作，特别是心理健康档案管理与心理健康教育的相互依赖关系认识不够明确，忽略心理健康档案在有针对性地对学生进行心理健康教育中的重要性。因此，在档案人员配备方面，普遍都存在问题。一方面，高校只是配备兼职心理健康档案人员，使得开发利用心理健康档案信息资源的工作做得很不够。另一方面，档案人员整体水平的参差不齐，特别是在知识结构、人才结构和能力结构方面存在严重问题，有的高校把一些无档案知识的人员安置到档案队伍中。这些做法不但影响了心理健康档案工作的开展，甚至削弱了心理健康档案在开展学生心理健康方面的支持力度。事实证明，高校心理健康档案管理工作者除了要有强烈的事业心和历史责任感外，还要不断进行理论和实践探索，要成为既懂档案业务，又懂现代化科技知识的新型档案管理人员。所以要加速学生心理健康档案实现网络化管理的进程以适应高校发展的需要，培养和使用具有档案业务和计算机管理专用人才。

（三）加大投入力度，实施心理健康教育档案信息化管理

由于心理健康教育具有时效性和可变性相结合的特点，心理健康档案与一般需要永久保存的档案有一定区别，它就像一位病人的治疗档案一样，单纯依靠传统的手工管理和被动服务模式无法适应在未来教育中快捷高效检索、调用档案的要求。而心理健康档案信息化，有利于解决由于高校快速发展而日益增长的心理健康档案信息与有限保管条件之间的矛盾，有利于发挥高校心理健康档案服务的功能，因此必须在人力、财力上得到保证。当然，高校心理健康档案在网上运行时易泄密，这也要求我们增加对信息防范技术投入，不断完善技术保障。但我们相信，随着高校心理健康教育档案和教育体系的不断健全和完善，心理健康教育工作必定能为高校培养合格的社会主义事业接班人作出重要贡献。

**参考文献：**

［1］吴桂敏．高校建立大学生心理健康档案的理性思考［J］．广西教

育学院学报，2007，（3）.

［2］杨孝.大学生心理健康档案的建立与利用研究［J］.咸宁学院学报，2006，（10）.

［3］李开平.关注大学生心理健康 建立心理健康档案［J］.档案与建设，2006，（1）.

［4］陶红宇.计算机网络技术与档案管理［J］.湘潭师范学院学报(社会科学版)，2005，（3）.

［5］邓绍兴，陈智为.档案管理学［M］.北京：中国人民大学出版社，2001.

# 从我院试卷档案管理工作探析高校试卷档案管理

昆明理工大学津桥学院　熊丹丹*

**摘　要：** 本文通过对高校试卷档案的来源、价值、归档要求及方法等方面的分析，揭示出了试卷档案管理中存在的问题，并提出了相应的意见建议。

**关键词：** 高校　试卷档案　管理　问题及建议

考试是教学活动中必不可少的环节，是检测学生对所学知识的理解程度、运用能力和教师教学效果的重要手段，对改进教学工作、提高教学质量具有重要作用。诚然，由此而产生的试卷档案是高校教学档案的一个分支，高校的考试试卷是学校教学水平评估必须考查的重要内容，加强试卷档案管理，既是提高学校办学水平的先决条件，也是学校必须做好的本职工作之一。

## 一、试卷档案的来源、效用和价值

试卷档案顾名思义就是教学活动中因考试而产生的档案，试卷档案在教学活动中形成，反过来又服务于教学活动。要做好高校试卷档案管理工作，首先应明确试卷档案的效用和价值，其效用和价值主要体现在以下几方面。

### （一）对教学工作起着依据和借鉴作用

教学工作是在继承中发展的，因此，每年的试卷文件对下一年甚至很多年都会有借鉴的意义。即使不同的专业教授同一门课程，试卷也可以根据相应专业的特点在原来的基础上作对应的调整。它既为现行教学工作提供执行性文件和工作依据，又为拟订后续的教学文件等提供借鉴和查考。

### （二）为教学管理和教学研究提供信息

试卷档案是自身活动的信息库，它可以为改进教学、提高教学质量、促进教学研究和学术交流提供第一手信息资料，是教学活动和教学研究的依据

* 作者简介：熊丹丹，女，昆明理工大学津桥学院综合档案室档案管理员。

之一。例如，在学校年终评奖时，可以以试卷档案为依据判断教师的教学质量，从而真正体现高校年终评奖的公正和公平。

（三）历史记载和历史凭证作用

试卷档案客观地反映出了教学活动的成效，它往往不经加工而保持原貌，不受政治变化的影响，真实地保存教学过程的证据。这种史实的记载作用是其他东西不可替代的。同时，可以成为事后处理问题、查证、研究和处理教学日常工作的凭证，比如可提供平时成绩、考试成绩等证明及教师考核记录。它为教育研究和历史研究提供系统真实的素材。

## 二、试卷档案的归档要求及方法

试卷档案由试卷文件和试卷两部分构成，一般来说，试卷档案的归档是以学期为周期的。

每学期末，全校各年级各科考试试卷及文件会在学校的教务处汇总，然后统一由教务处交到综合档案室。首先，对交来的试卷档案作初步的核查与整理，即核对档案部门收到的试卷档案与教务交来时清单上的是否一致，并按照年级—专业—班级—课程的顺序把试卷档案放好，为下一步的归档工作做好准备。其次，进入试卷档案归档的正式阶段，按学生入学年份的先后顺序来归，比如学校有 2006、2007、2008、2009 四个年级的学生，那么试卷档案的归档应从 2006 级的开始归。拿到一份试卷档案，要查看试卷文件是否齐全，一份完整的试卷文件应该包括：成绩单（平时成绩和考试最终成绩）、空白试卷、参考答案及评分标准、试卷分析报告、考场登记表及考场情况，如果这些材料齐全，可立卷并按照上述顺序装订起来。对于材料不完整的，在整理过程中专门登记下来，先不装订，等材料补充齐全后再装订。至于试卷，要做的是先查看份数够不够，有没有按照学号的先后顺序放置，若没有问题就可以装订了。有问题的同样要登记下来。待整理完一个年级的试卷档案，把登记下来的所缺材料上报教务处，并与之沟通，帮忙补充材料。与此同时，开始着手下一年级试卷档案的归档。就这样循环着，直到所有的试卷文件和试卷都装订好。下一步工作是编页数装盒。试卷文件编页数可以直接在每页的右上角用铅笔编，因为试卷文件都比较薄。而试卷编页数则采取乘法的方式，看一份试卷多少页再乘以相应的份数就行了。试卷文件的盒子要用归档章在其侧面盖好全宗号、年度、保管期限、机构（问题）、室编号、盒号等，其余的用黑色碳素笔注明年级、专业、班级。试卷只用铅笔写上述材料就行，但在试卷盒子的正面还得添加一些相关的内容。比如年度、上下学期、课程名、教师名、应到、实到、考试时间等。最后，就是打印封面和上机工作。对于试卷文件，还得打印封面以便查阅里面的内容，而试卷是不需要的。试卷文件和试卷都必须上机，先把有关的试卷文件输入电脑再输入试卷。至此，试卷档案的归档工作告一段落。

## 三、试卷档案管理中存在的问题

### （一）试卷档案的收集在时间和数量上不规范

一般情况下，考试完后，老师会有一定的期限用以批阅试卷和在网上登入学生成绩等事项，然后才会把试卷档案移交给教务部门。教务部门再把它交给档案部门，但在实际操作过程中有些老师并没有按规定的期限移交试卷档案，致使档案部门在归档过程中出现中断的情况，因为档案存档存在连续性。还有就是有的老师移交的档案可能不齐全，会出现缺少材料的情况，比如没有分析报告、空白试卷或考场登记表等，这样就使归档过程无法顺利进行。

### （二）试卷档案管理制度不健全

近年来，随着国家《档案法》、《普通高校档案管理工作办法》等一系列档案法规的出台，各高校的档案法规制度建设也取得了长足的进步。但从目前档案管理现状来看，很多高校仍存在着管理制度不健全的问题，尤其是基层教学档案的管理缺乏有效的制约机制，存在着诸多问题。试卷档案作为教学档案的一个分支自然也存在着管理制度不健全的问题。

### （三）试卷档案管理工作队伍不稳定

要做好试卷档案管理工作，需要一支比较稳定且业务能力较强的专、兼职档案工作队伍。但目前许多高校都没有给这些部门配备专职的档案管理人员，其试卷档案的管理基本是由各部门的教务、教学管理人员兼任，而且人员更换非常频繁。由于他们身兼多职，往往忽视档案管理工作，到年度归档立卷时敷衍了事，给试卷档案管理带来很大不利。

### （四）档案工作人员自身档案素质不高

目前，大多数高校的档案工作人员并非出身档案专业，他们本身对档案工作就缺乏相应的了解与认识，没有坚实的档案业务能力。在档案的归档过程中也只是处在摸索的阶段，因此，档案工作中出现的漏归、重归、错归等的现象也就不足为奇了。

## 四、对做好试卷档案管理工作的建议

### （一）加强相关部门或人员的沟通协调及合作

对于试卷档案的收集而言，主要负责的是各高校的教务部门，因此，教务部门要积极和各系秘书或任课老师沟通，督促他们按时按量保质地移交试卷档案。对于确实不能按时移交档案的老师，也应做好协调工作，以帮助他们尽快完成档案的移交手续。只有各部门相互协调、通力合作才能保证试卷档案无论是在数量还是在质量上都有一个很好的提升。

### （二）规范和完善教学档案管理制度

试卷分为必修、选修两种，而选修又有通识选修、专业选修、集体选修等之分，它们各自的归档要求是否存在差异没有一个明确的规定，可能每一学期的归档都会有所改变。试卷档案管理工作作为一种动态的存在方式，要考虑到它与其他工作的相互作用，结合高校教育实践的有关特性和思想理念，应制定、完善教学档案管理工作的各项规章制度，如《教学文件材料的归档范围》、《教学档案的保管期限》、《教学档案案卷格式》、《教学档案档号编制规则》、《教学档案整理细则》、《教学档案开放办法》等，只有教学档案管理制度完善了，相应的试卷档案的管理工作才能更上一层楼，才会有法可依，有章可循。此外，有了可供遵循的规章制度，就可以规范档案工作人员的行为，使试卷档案管理工作步入制度化轨道，并逐渐形成良好的运行机制。

### （三）提高全员档案意识，确立教学档案管理新理念

思想是行动的前提，如果我们脑袋里都没有关于档案的意识，又怎么会作出收集档案的行为呢？当前高校档案部门的当务之急是制定出符合试卷档案管理特点、具有可操作性的、至少是全校统一的归档范围，消除档案收集的现有盲区。有关领导要充分认识试卷档案在教学管理工作中不可或缺的信息情报作用，高度重视教学档案工作，确立信息时代所必需的“教学档案一体化管理”新理念，建立教学档案科学管理新机制，使教学管理工作与档案工作真正有机结合。另一方面，档案部门也应积极向有关领导和广大教师反复宣传档案工作的政策法规，宣传试卷档案归档以及保护试卷档案的重要性。

### （四）加强档案工作人员自身素质和业务能力的培养

身为档案工作人员要管理的并不仅仅是试卷档案而已，他要负责的是全校性的档案。要做到对每类档案都进行良好的管理就必须提升档案工作人员自身的工作、服务素质、专业的业务能力和管理技术。对于兼职的档案工作人员也应采取相关的措施或活动进行业务能力的培训。档案工作人员业务能力的强弱直接关系到档案归档工作的质量。

## 五、总　结

试卷档案作为教学档案的一个重要组成部分，应该得到高校领导及相关

部门的高度重视。有一句话："领导对问题的重视程度决定了解决问题的速度。"是的，只有我们意识到试卷档案的重要性才能更好地去发挥、挖掘、运用其价值。

**参考文献：**

[1] 王安琪．浅谈高校教学管理档案的建设与发展对策［J］．高等教育研究，2002，18（3）：71 ~72.

[2] 王莉．新时期高校档案收集工作对策研究［J］．镇江高专学报，2004，17（2）：110 ~112.

[3] 邓绍兴，陈智为．档案管理学（修订本）［M］．北京：中国人民大学出版社，1999：45 ~49.

[4] 郑善学．论高校档案馆长战略思维的构成要素［J］．中国档案，2009，(9)：36 ~37.

[5] 范明．对高校建设大档案管理体制的思考［J］．中国档案，2009，(12)：27 ~28.

# 浅谈高校博物馆档案管理

云南大学　孙建红*

**摘　要**：自20世纪90年代起，高校博物馆大量建立起来，对我国的精神文明建设起到巨大推动作用。档案管理作为高校博物馆工作的组成部分，对于博物馆整体作用的发挥起着重要作用。本文就高校博物馆档案管理的作用和意义、现状和问题、对策和建议等方面，提出自己的见解。

**关键词**：高校　博物馆　档案　管理

## 一、引　言

自20世纪90年代起，高校博物馆如雨后春笋般建立起来。1997年，我国约有77所高校博物馆，而据2010年10月11日的《羊城晚报》载，我国现在已建成200多所高校博物馆。高校博物馆一方面是对国家级、省级、市级等大型博物馆的补充，另一方面，也是高校的学科建设和科学研究的重要平台。高校博物馆的建立与发展，往往是与其所属高校的历史传统与特色学科紧密联系、与该校所处地理位置和环境有直接关系的。一般高校博物馆具有办馆特色较明显、藏品较丰富、形式多样的特点，例如云南大学的伍马瑶人类学博物馆、植物标本馆、动物标本馆、云南省古生物研究重点实验室的澄江古生物化石博物馆等，在社会主义精神文明建设、传承文化、开展爱国主义教育、科普教育等多方面有着不可替代的作用。从功能上说，高校博物馆不仅是收藏和开展相关研究的重要部门，而且还是面向相关专业学生进行专业教育、面向其他专业学生进行素质教育和面向校外的中小学生和社会公众开放进行科普宣传、为社会服务的重要平台。

高校博物馆建设和管理的一个重要方面是其档案工作。博物馆的藏品是其陈列研究的物质基础，博物馆的藏品档案和展览档案等业务活动档案的建立健全，对于发挥好高校博物馆的功能有着十分重要的作用。但是高校博物馆不同于政府建立的大型博物馆，在经费、人员、设施等软、硬件方面存在

---

* 作者简介：孙建红，女，云南大学档案馆助理馆员。

许多的限制。这就对高校博物馆的档案管理提出了更高的要求。本文对高校博物馆管理工作中的档案管理方面进行研究并提出相关建议，具有一定的现实意义，并请相关专家批评指正。

## 二、高校博物馆档案的主要类别

档案是指过去和现在的国家机构、社会组织以及个人从事政治、军事、经济、科学、技术、文化、宗教等活动直接形成的对国家和社会有保存价值的各种文字、图表、声像等不同形式的历史记录。

高校博物馆的档案主要可以分为藏品档案和业务活动中形成的业务档案，包括对藏品的陈列档案、开放展览形成的展览宣教档案、文化产业开发档案、文书档案等。高校博物馆档案的载体形式，既有纸质文字的，也有音像、图片的，还有光盘、硬盘等电子介质的。

藏品档案是围绕着藏品而建立的，是藏品在收集、征集、鉴定、登记、管理、保护、研究、使用等一系列活动中的真实记录，从而揭示出藏品的历史、科学、艺术价值，它是藏品研究成果的具体体现，也是其他有关学科进行研究的依据。藏品档案多是由藏品的实物本身而建立形成的，也有部分是依据文献资料而形成。藏品档案既有实用价值，又有永久保存价值，是高校博物馆档案中的主体内容。

高校博物馆业务档案是收集、整理、立卷、归档和集中了在各项业务工作活动中直接形成的具有保存价值的材料而形成的。理论上博物馆业务档案包括藏品档案，但因藏品档案的特殊性，往往被单列为一类。业务档案是对高校博物馆业务活动的客观真实记录，例如展览档案的内容就应包括展览的选题、立项、论证、展出等各项重要活动的相关记录。

## 三、高校博物馆档案管理的作用和意义

高校博物馆作为服务师生、服务公众的非营利组织，是我国社会主义精神文明建设的重要组成部分，它对社会的积极作用为做好其档案管理工作赋予了积极的意义。档案是组织或个人在以往的社会实践活动中直接形成的清晰的、确定的、具有完整记录作用的固化信息，做好高校博物馆档案管理工作对于博物馆整体功能的发挥也有着积极的作用。

### （一）高校博物馆档案是对其藏品、展品的客观记录和业务工作依据

档案的“直接形成”性是指档案继承了原件的原始特点，是对原件最真实的记录。换句话说，档案是对原件最好的还原。博物馆藏品档案因其记录的是展藏品，往往有着明显的实物形态，特别是通过现代摄像、照相技术和

计算机技术等记录的展藏品档案是对原品最直接和直观的记录。而各种不同类型的高校博物馆的藏品、展品具有各自的专业特性，其档案亦具有相应的专业档案特点。

高校博物馆藏品档案的建立和完善，是按照一定的规则，依据藏品本身的属性，对藏品收集、征集、鉴定、记录、编排类目，分类收藏、管理、使用等的记录，为开展深入的研究、陈列展出等各项博物馆业务工作提供查考依据和资料。藏品的来源涉及收集、征集、收购、捐赠、发掘、采集、交换、调拨等途径，发生的准确时间、地点和有关人员等都要记录清楚，对某些重要文物或标本等，应查清其来源及流传经过并登记。对藏品的鉴定记录应包括藏品的历次鉴定人鉴定意见、定级评语和运用现代技术、仪器对藏品进行鉴定的各项检测、分析报告等。对藏品研究与著录资料、对藏品的保护方法与措施的记录、藏品的使用记录等都是藏品档案的重要内容。藏品档案是真实的记录，具有直接性、可靠性的特点，对许多学科的研究均能提供极为宝贵的材料。

博物馆藏品档案还为藏品的保管、保护、修复等工作提供科学依据。根据不同藏品的属性、状态、珍稀性等的不同，可以采取不同的措施来保存和保护。有的藏品属于文物，年代久远，可能已经经过了修复，那么，其修复的方案、工艺、效果、修复前后的照片、录像等档案资料将为开展进一步的藏品保护、修复工作提供参考和依据。

### （二）高校博物馆档案增加了原品的安全性

在宣教工作中，需要出版、展出藏品，而有些藏品的特性和珍稀性又要求尽量减少对它们的直接接触，以避免对藏品可能造成的损坏。这种情况下，通过藏品档案就可以较好地满足工作的要求，同时也减少直接接触藏品的次数，保护藏品。

档案是对历史发生的事实客观真实的记录，因而被人们所认可。利用档案作为凭证依据成为档案价值实现的重要方式。对于高校博物馆而言，如果发生博物馆展、藏品的丢失，而没有其档案或档案不全，则不利于公安机关的破案和追回工作。并且，即使发现了原件，如果没有资料证明这就是丢失的物品的话，也很难将其从流通领域追回。而展、藏品的档案则恰是其入馆时所以发生事件的最好存在证明，是真实的历史凭证，为藏品的安全管理提供备查的证据资料。万一藏品被盗或受损，则有据可查，避免造成重大损失。

### （三）高校博物馆档案可为相关业务工作提供参考和借鉴

陈列档案、宣教档案、文化产业开发档案、文书档案等业务档案是对高校博物馆业务活动的客观真实记录，有着十分重要的作用。例如，高校博物馆作为向师生和公众传播科学知识及历史文化遗产的文明窗口和重要场所，陈列展览工作是其各项工作中的一项重要内容，客观翔实地做好展览档案工作，真实记录陈列展览工作的过程和经验，可为博物馆发展历史提供真实的见证，并且可为改进和提高博物馆展览工作提供积极的参考和借鉴。因此，建立健全博物馆展览档案十分重要和必要。同理，其他的业务档案也是十分重要和必要的。

（四）高校博物馆档案是开展宣教工作的重要基础

高校博物馆是面向校内大学生开展专业教育、素质教育的重要基地，也是面向中小学生和公众进行素质教育、科普教育的重要基地。开展宣教工作，除了需要实物展品之外，还需要展、藏品的档案，如一些特殊、珍稀的藏品不便展出实物，就要用相关的图片、文字、录像、视频等进行展示。

目前，许多国家级大型博物馆已经建立了网上数字资料库，其实质就是通过展藏品档案的数字化实现博物馆的数字化，使公众足不出户就能了解到其藏品的种类、特点。这样就既方便了人们对博物馆藏品的欣赏，高效地发挥了博物馆的宣传教育作用，又因为减少了现场参观人次而利于对博物馆展藏品的维护。高校博物馆藏品、展品的数字化建设既是信息化时代博物馆档案建设的重要内容，也为高校博物馆的宣传教育工作提供新的途径。高校博物馆依托高校，具有技术和人员方面的资源优势，建设好网上数字资料库，通过网上博物馆进一步发挥好宣传教育作用，具有重要的意义。

## 四、高校博物馆档案工作的现状与问题

高校博物馆档案管理工作既有一般档案管理的共性，又有不同于一般企、事业单位甚至其他类型博物馆档案管理的特殊性。同时，由于我国高校博物馆的发展时间不长，其各项管理工作，包括档案管理，仍处于不断完善的阶段，存在不足也就在所难免。

（一）高校博物馆档案管理工作在上级和学校档案馆的领导和指导下按章进行

档案管理工作是高校博物馆工作的一个组成部分，是在上级和学校档案馆的领导和指导下开展的。根据《中华人民共和国档案法》和《中华人民共和国档案法实施办法》，教育行政主管部门、地方政府都会对档案工作提出相关规定、条例等，高校自身也会出台档案管理的相关规定，例如云南大学 2002 年出台的《云南大学档案管理办法》，就是对全校档案管理的纲领性文件。高校博物馆的档案管理工作依据国家有关法律，上级的条例、规定和学校内部的相关管理办法开展，基本上处于有序、按章的状态。

（二）高校博物馆档案管理工作资金少，投入不足

高校博物馆从属于高等院校，运行经费主要来自于本校统筹安排。高等院校的资金来源主要是政府拨款（民办高校则主要靠学费），本身经费有限。而高等院校的主要工作任务是人才培养、科学研究和社会服务，经费使用的主要方向在教学、科研、学校条件建设等方面。高校博物馆的存在虽然丰富了学校的文化生活，为我国的社会主义精神文明建设起到了促进作用，但不属于高校的中心工作范畴，博物馆对学校整体绩效提高的贡献份额不大。所以，在缺乏相应的激励机制的情况下，高校博物馆的财力、人员安排往往只能满足其最基本的运行。在实际工作中，高校博物馆有限的经费又主要用于藏品、展品的收集、展览、维护、研究等方面，用于档案管理工作的资金投入更加受到制约。资金不足成为制约高校博物馆档案工作的一个重要因素。

（三）高校博物馆档案管理工作往往没有专人负责

大型政府博物馆，工作人员多，且单位内部分工明确，档案工作有专人负责。一般大型政府博物馆，既有统管全局的馆长、分管各块工作的副馆长，又有分门别类负责具体事务的职能部门，如负责人事工作和职工教育工作的人事部门、负责协调各部门工作的办公室、编辑刊物与建设网站的信息部门、负责面向社会公众介绍宣传博物馆的社交部、负责馆藏展品收藏与保护的部门以及鉴定站、技术部、合作与交流处、保卫科等。而展品档案的管理工作已经细化到其中的某一个部门的工作中，有专门的人员负责。

但高校博物馆的工作人员一般都较少，且往往身兼数职。特别是像依托名人故居、办公地而建立的博物馆以及研究功能大于展览功能的研究所一类的高校博物馆，其工作人员数量往往更少。这样，高校博物馆的档案管理工作人员常常是兼职的。也就是说，尽管建立了基础性的档案管理工作，但高校博物馆档案管理工作往往没有专人负责。

由于人手不足，缺乏专人从事档案管理工作，高校博物馆的档案工作难免会出现不够细致的情况，例如对相关业务活动形成材料的收集、整理、立卷、归档不及时，甚至相关材料分散在不同人手中、未归档统一管理的现象，导致有价值的材料失散。

（四）高校博物馆档案管理工作发展时间短

博物馆的档案管理工作是随博物馆的建立而发展起来的。政府建立的大型博物馆往往有着悠久的历史，其档案管理工作时间长、管理经验丰富。如云南省博物馆始建于 1951 年，现有职工 100 余人，其中，中高级专业技术人员的比例约占职工人数的一半。博物馆的长期发展就为包括档案管理的各项工作的完善奠定了重要基础。

与政府型博物馆相比，高校博物馆起步相对较晚，发展历史不长。少数高校博物馆建馆相对较早，如中国地质大学（北京）博物馆前身为北京地质学院博物馆，始建于1952年；而有相当一批高校博物馆则是近10年左右建立的，例如：

1998年—2002年中国新建高校博物馆

| 省、市（区） | 博物馆名称 | 建馆时间 |
| --- | --- | --- |
| 辽　宁 | 辽宁大学博物馆 | 1998 |
| 甘　肃 | 西北民族学院博物馆 | 2000 |
| 上　海 | 上海师范大学博物馆 | 2001 |
| | 上海东华大学纺织史博物馆 | 2001 |
| 天　津 | 南开大学博物馆 | 2001 |
| 北　京 | 北京师范大学博物馆 | 2001 |
| 山　东 | 山东大学博物馆 | 2001 |
| 江　苏 | 南京大学博物馆 | 2002 |
| 海　南 | 海南师范学院生物多样性博物馆 | 2002 |

由于多数高校博物馆的发展历史较短，因此其档案管理工作积累的经验不足，与国家大型博物馆有较大差距。

（五）高校博物馆的档案不够完善和规范

高校博物馆档案工作要按照《中华人民共和国档案法》、《中华人民共和国档案法实施办法》等法律法规以及高等教育行政主管部门和所在学校的相关规定进行。高校博物馆档案应不仅包括藏品档案，还包括展览档案、财务档案、文书档案、基建档案等。但在现行条件下，相当一部分高校博物馆还不能建立明细、完整的档案，其档案工作不够完善和规范，有的档案收集、征集、整理、归档不够及时、系统、完整、准确。这种情况也与领导重视不够，资金、人员不足，工作人员业务素质不够高等因素有关。

（六）高校博物馆档案管理工作的软硬件建设滞后，数字化程度低

大型政府博物馆，如云南省博物馆、上海博物馆、首都博物馆、故宫博物馆等，都有自己的计算机网络系统、专门的门户网站、进行网站管理及计算机等硬件维护的专业工作人员。在网络搜索引擎上搜索一下它们的名字就可以找到对应网站，并可以在站内进入相应板块浏览。如故宫博物院的网站首页上就设立了本院总说、开放与导览、紫禁城时空、数字资料馆、学术天地、文化专题这六个大的子模块，既有效地加强了其对广大公众的服务功

能，又实现了海量藏品、展品档案的数字化管理，方便了其管理工作。举个例子，如果公众想要了解一下故宫玉器中周朝的玉大璧，就可通过依次点击资料搜寻、数字资料馆、藏品、选择西周、玉石器，输入“玉大璧”，最终得到相应图片与“玉大璧，良渚文化，直径 31.6cm，好径 6.5cm，厚 1.1cm”的档案说明。

而高校博物馆，很多还基本上实现不了这样的数字化管理。其原因，客观上与资金和人员的不足有关，主观上，与对这项工作的重视程度有关。再一方面，可能还与高校博物馆藏品种类、数量相对较少，数字化工作的成本较高有关。用经济学的术语来讲，就是形成不了“规模经济”。规模经济是指当产品的生产数量达到一定规模后，再增加产量时其整体平均生产成本是逐渐降低的。大型博物馆因其馆藏丰富，如故宫博物院就有约 150 万件藏品，因而建立先进的硬、软件系统，投资成本分摊到每份档案是很小的。而藏品相对较少的的高校博物馆单独建立这样的系统的话，无疑成本较高。

总之，高校博物馆的档案管理工作，基本上处于能够按照上级和学校对档案工作的基本要求运行，但存在若干不适应发展要求之处，有待提高水平和质量的状态。

## 五、加强高校博物馆档案工作的对策与建议

为了适应新形势下高校博物馆的建设与发展，其档案工作需要加强。针对高校博物馆的现状和存在问题，特提出以下对策与建议。

### （一）加强学习，提高对高校博物馆档案工作重要性的认识

高校博物馆档案工作是博物馆工作的有机组成部分，对于博物馆的建设发展起着重要的作用。从领导到普通工作人员都应该加强学习，充分认识高校博物馆档案工作的重要性和必要性。领导重视是做好此项工作的基本条件，在有限的资源中合理配置，给予档案工作积极支持，使档案工作的硬件建设和软件建设以及人员培训等得到保障；具体工作人员的重视，则是把档案工作的各项要求落到实处，把工作做实、做细、做好的基础。

### （二）建立健全规章制度

建立健全规章制度并且认真贯彻执行。因为高校博物馆人手少、经费紧张，更要有健全、完整的档案管理的规章制度，对各种档案资料从收集、征集、鉴定、整理、立卷、归档等各个环节都要有明确而细致的规定，例如对涉及的范围、方法、时间要有详细的规定，对于展品的使用，陈列、巡展、查阅、临摹、拍照、出版、出入库、保护等事项，都要有具体而可操作的要求。只有规章制度健全，有具体工作的标准，才能保证档案工作规范。

（三）细化相关工作人员岗位职责

对于高校博物馆的档案工作人员的岗位职责的要求应具体、明确，便于执行和考核。通过岗位职责来规范具体工作人员个人的业务行为，保证相关规章制度得到贯彻落实，相关的业务工作要求得以实现。同时，加强对工作人员完成岗位职责情况的监督检查和考核，建立并实施奖惩分明的激励机制，激励工作人员积极主动地开展工作，做好高校博物馆档案工作。

（四）加强相关工作人员的业务培训，提高其业务素质

由于高校博物馆的档案工作人员多是兼职的，对他们的档案工作业务培训就更加重要和紧迫。应积极支持、创造条件使档案工作人员有更多的机会进修，到其他单位参观考察，交流学习档案工作先进经验；请上级或校内档案馆专业人员定期、不定期地进行检查、指导，帮助他们不断提高档案工作的业务水平和素质。

（五）充分利用高校的人才和网络、硬件的优势，加强高校博物馆档案数字化建设

高校博物馆虽然自身存在规模小、人员少、经费不足等限制，但它归属于高校，可以充分发挥和利用所在高校的人才资源丰富，网络、硬件等条件较好的优势开展其档案数字化工作。高校博物馆开展档案数字化工作，可以请校内的相关专业人员指导，请相关专业的本科生、研究生具体操作，可以利用学校的网络环境和平台，把建成的数字博物馆的内容挂在校园网上。利用学校的公共资源，建设和发展高校博物馆的档案数字化，是一条便捷可行之路。

蓬勃发展的高校博物馆对社会主义精神文明建设的所作出的巨大贡献是毋庸置疑的。在高校博物馆日渐增多、发挥越来越重要作用的形势下，高校博物馆的档案管理工作就显得尤为重要。受发展时间、资金等因素的制约，我国高校博物馆的档案管理工作仍存在设备老旧、人员分工不细致等诸多问题。但我们应该看到，我国高校博物馆的档案管理工作是在不断进步的。我们相信，今后我国的高校博物馆档案管理工作一定会更趋规范化、数字化、便捷化、高安全化，一定会更好地服务于我国的社会主义精神文明建设。

**参考文献：**

［1］全国人大常委．中华人民共和国档案法［Z］．1996－7－5.

［2］张淑华．博物馆藏品档案综述［J］．中国博物馆，2002，（1）．

［3］邢淑霞．博物馆藏品档案建设的基本策略［J］．广州大学学报（社会科学版），2006，（7）．

# 附　录：

## 云南省高教学会档案工作分会简介

云南省高校档案工作协会于1988年5月27日经云南省教委批准成立。2000年根据云南省民政厅、云南省高教学会的相关规定，高校档案工作协会进行重新登记，正式纳入云南省高教学会管理，并作为云南省高教学会的17个分会之一，更名为云南省高教学会档案工作分会。

云南省高教学会档案工作分会是在省高教学会下设的全省性研究高校档案工作的学术团体，接受省教育厅的领导和省档案局的业务指导。会员由全省高校档案工作者及高校档案机构自愿组成。自1988年成立以来，共产生七届理事会。历届理事长分别由教育厅办公室负责人江耀武、赵松涛、王先、何伟全、陈兴华、孙云宾、黄强等同志兼任。团体会员由成立时的15所本科院校，发展到各地州大中专院校及民办院校，目前共有40个会员单位，个人会员100余人。

2010年12月在分会全体会员大会上选举产生了第七届理事会，理事长为黄强同志，秘书长为袁洪同志，2011年初，因袁洪同志工作变动，秘书长由第六届理事会秘书长王晓珠同志代理。

20多年来，云南高校档案工作分会始终坚持以马列主义、毛泽东思想、邓小平理论和“三个代表”重要思想为根本方针，贯彻落实《中华人民共和国档案法》、《高等学校档案管理办法》、《云南省档案条例》等法律、法规，积极开展高校档案工作的理论与实际问题的研究，总结经验，探索规律，有力推动了全省高校档案工作标准化、规范化、信息化和科学化发展。

本会成立以来，开展了丰富多彩的活动：坚持每年召开一次全体会员大会，共同学习和探讨档案工作的理论与实践，加强了各高校之间的联系与交流；坚持编印发行《云南省高校档案工作通讯》，截至2010年12月共刊印73期；协助云南省教育厅、云南省档案局开展档案执法检查，促进高校依法治档；坚持开展高校档案工作表彰及科研成果评奖活动，营造良好的学术氛围；加强与省外高校档案部门之间的业务交流，多次承办全国高校档案工作会议，接待全国高校档案馆同仁的参观，同时多次派出会员到北京、上海、广州、武汉等地高校参观学习；2000年3月正式出版第一本论文集《云南高校档案论文选集》；2002 年 4 月经云南省教育厅同意以云教办［2002］20 号发文成立了“云南省高校档案鉴定咨询专家组”。

我们相信，在省教育厅的领导下，在云南省档案局的指导下，在全省档案干部的共同努力下，我省高校档案工作将更上一个新台阶。

云南省高教学会档案工作分会

2011 年 5 月